高等职业教育优质校建设轨道交通通信信号技术专业群系列教材

信号工程施工

主　编　穆中华　梁宏伟
副主编　苏向上　田世润
主　审　阮祥国

西南交通大学出版社
·成　都·

内容提要

本书针对企业岗位能力需求，介绍了各种信号施工图纸的识读、信号设备的施工标准与方法，以及信号系统调试的内容与方法，注重技能的培养，符合项目化教学要求。

本书可作为高等职业教育铁道信号专业教材，也可作为铁路现场工程技术人员和信号施工人员的培训教材或参考资料。

图书在版编目（CIP）数据

信号工程施工 / 穆中华，梁宏伟主编. —成都：西南交通大学出版社，2020.12（2022.7 重印）

高等职业教育优质校建设轨道交通通信信号技术专业群系列教材

ISBN 978-7-5643-7879-0

Ⅰ. ①信… Ⅱ. ①穆… ②梁… Ⅲ. ①城市铁路 – 铁路信号 – 工程施工 – 高等职业教育 – 教材 Ⅳ. ①U239.5

中国版本图书馆 CIP 数据核字（2020）第 244558 号

高等职业教育优质校建设轨道交通通信信号技术专业群系列教材
Xinhao Gongcheng Shigong
信号工程施工

主　编／穆中华　梁宏伟	责任编辑／梁志敏
	封面设计／吴　兵

西南交通大学出版社出版发行

（四川省成都市二环路北一段 111 号西南交通大学创新大厦 21 楼　610031）
发行部电话：028-87600564　028-87600533
网址：http://www.xnjdcbs.com
印刷：四川森林印务有限责任公司

成品尺寸　185 mm×260 mm
印张　12　插页　2　字数　311 千
版次　2020 年 12 月第 1 版　印次　2022 年 7 月第 2 次

书号　ISBN 978-7-5643-7879-0
定价　35.00 元

课件咨询电话：028-81435775
图书如有印装质量问题　本社负责退换
版权所有　盗版必究　举报电话：028-87600562

前　言

本教材针对企业岗位能力需求，主要讲授各种信号施工图纸的识读、信号设备的施工标准与方法，以及信号系统调试的内容与方法。全书共七个项目：信号工程施工图纸识读、基本施工技能训练、信号电缆施工、信号机施工、道岔转辙设备施工、轨道电路设备施工、信号系统调试。

本课程教学以项目为导向，突出"做中学"。信号施工图纸识读环节通过教师讲解基本图例和识读方法，将真实的现场施工图纸交给学生，要求学生做到熟练读图并能图物对照。施工技能训练环节教师讲解基本技能及要求，学生分组完成一个单项设备的设计、施工和导通，在真实训练中提高技能，熟悉标准。信号系统调试环节教师讲解基本联锁试验内容及方法，学生在真实信号设备上试验，真正掌握信号系统调试的内容和方法。

整个教学设计以学生学习训练为主，教师负责指导，遇到各种问题时共同解决处理，使学生真正熟练掌握施工技能，理解理论知识，最后通过各种问题的故障处理，再次提升理论知识的学习，达到活学活用的目的。

另外，本教材配有高质量的教学课件和教学视频，不仅可以用于专业教学，同时也方便企业职工和学生自学，教材还同步配备1 000道测试练习题库，可用于应知应会知识考核或巩固学习效果。

本教材由郑州铁路职业技术学院穆中华担任第一主编，负责教学设计、全书统稿并编写了项目一；郑州铁路职业技术学院梁宏伟担任第二主编，并编写了项目三和项目七；郑州铁路职业技术学院苏向上编写了项目五；北京全路通信研究设计院集团有限公司田世润编写了项目四和项目六；中国铁路兰州局集团有限公司银川电务段杨栋编写了项目二；中国铁路郑州局集团有限公司郑州电务段阮祥国担任主审。

本书在编著过程中，参考了大量专家及学者的研究成果；郑州铁路局郑州电务段刘喜菊、吴金框提供了技术支持，在此一并表示最诚挚的谢意。

由于编者水平有限，书中难免有疏漏和不足之处，恳请读者批评指正。

编　者
2020年9月

视频资源列表

序号	资源名称	资源内容	资源页码
1	视频学习 1-1	1-1-1 室内布置图识读—信号平面布置内容	5
		1-1-2 室内布置图识读—站场区图形符号含义	
		1-1-3 室内布置图识读—室内设备布置图	
		1-1-4 室内配线图识读—零层电源配线图识读 1	
		1-1-5 室内配线图识读—零层电源配线图识读 2	
		1-1-6 室内配线图识读—组合内部配线图识读 1	
		1-1-7 室内配线图识读—组合内部配线图识读 2	
		1-1-8 室内配线图识读—组合侧面配线图识读	
		1-1-9 室内配线图识读—分线盘配线图识读	
		1-1-10 室内配线图识读—接口柜配线图识读	
2	视频学习 1-2	1-2-1 室外布置图识读—室外电缆箱盒认识	18
		1-2-2 室外布置图识读—信号电缆认识	
		1-2-3 室外布置图识读—电缆径路图和电缆网络图识读	
		1-2-4 室外布置图识读—轨道电路极性交叉配置 1	
		1-2-5 室外布置图识读—轨道电路极性交叉配置 2	
		1-2-6 室外配线图识读—电缆配线图识读	
		1-2-7 室外配线图识读—箱盒内部配线图识读	
3	视频学习 1-3	1-3-1 信号图纸识读能力训练—信号图纸识读方法	33
		1-3-2 大铁信号图纸识读训练—连锁图纸识读能力训练 1	
		1-3-3 大铁信号图纸识读训练—连锁图纸识读能力训练 2	
		1-3-4 大铁信号图纸识读训练—区间图纸能力训练	
		1-3-5 地铁信号图纸识读训练—正线图纸识读	
		1-3-6 地铁信号图纸识读训练—车辆段图纸识读	
4	视频学习 2-2	2-2-1 接线技能训练—焊接与压接	47
		2-2-2 接线技能训练—绕制线环	
5	视频学习 2-3	2-3-1 配线技能训练—定型组合配线	51
		2-3-2 配线技能训练—零层组合配线	
6	视频学习 3-2	3-2 电缆测试	62

续表

序号	资源名称	资源内容	资源页码
7	视频学习 3-3	3-3 电缆敷设	66
8	视频学习 3-4	3-4-1 电缆接续 1 3-4-2 电缆接续 2	70
9	视频学习 4-2	4-2 信号机设备安装	82
10	视频学习 4-4	4-4 信号机导通试验	93
11	视频学习 5-1	5-1-1 道岔转辙设备安装—普通道岔安装调整 5-1-2 道岔转辙设备安装—钩式外锁闭装置安装 5-1-3 道岔转辙设备安装—提速道岔安装和调整	97
12	视频学习 5-3	5-3-1 道岔转辙设备导通试验—四线制道岔 5-3-2 道岔转辙设备导通试验—五线制道岔	116
13	视频学习 6-1	6-1 轨道电路设备安装	122
14	视频学习 7-1	7-1-1 基本联锁试验—进路联锁试验 7-1-2 基本联锁试验—进路解锁试验(取消进路解锁) 7-1-3 基本联锁试验—进路解锁试验(人工延时解锁) 7-1-4 基本联锁试验—敌对信号和敌对照查联锁试验 7-1-5 基本联锁试验—防护道岔和带动道岔联锁试验 1 7-1-6 基本联锁试验—防护道岔和带动道岔联锁试验 2 7-1-7 基本联锁试验—侵限绝缘联锁试验 7-1-8 基本联锁试验—调车中途返回解锁试验	140
15	视频学习 7-2	7-2-1 特殊联锁试验—引导信号联锁试验 7-2-2 特殊联锁试验—千分之六下坡道联锁试验 1 7-2-3 特殊联锁试验—千分之六下坡道联锁试验 2 7-2-4 特殊联锁试验—到发线出岔联锁试验 7-2-5 特殊联锁试验—非进路调车联锁试验	149

目 录

项目一 信号工程施工图纸识读 1
　　任务一 室内信号图纸识读 5
　　任务二 室外信号图纸识读 18
　　任务三 信号图纸识读能力训练 33

项目二 基本施工技能训练 42
　　任务一 常用工具使用 42
　　任务二 接线技能训练 47
　　任务三 配线技能训练 51

项目三 信号电缆施工 61
　　任务一 电缆施工要求及流程认知 61
　　任务二 电缆测试 62
　　任务三 电缆敷设 66
　　任务四 电缆接续 70

项目四 信号机施工 78
　　任务一 信号机施工流程及要求认知 78
　　任务二 信号机设备安装 82
　　任务三 信号机设备配线 86
　　任务四 信号机导通试验 93

项目五 道岔转辙设备施工 97
　　任务一 道岔转辙设备安装 97
　　任务二 道岔转辙设备配线 112
　　任务三 道岔转辙设备导通试验 116

项目六 轨道电路设备施工 122
　　任务一 轨道电路设备安装 122
　　任务二 轨道电路设备配线 132
　　任务三 轨道电路导通试验 137

项目七 信号系统调试 140
　　任务一 基本联锁试验 140

任务二　特殊联锁试验 …………………………………………………… 149
　　任务三　ATS 子系统调试 ………………………………………………… 155
　　任务四　DCS 子系统调试 ………………………………………………… 161
　　任务五　ATP 子系统调试 ………………………………………………… 162
　　任务六　ATO 子系统调试 ………………………………………………… 169
　　任务七　正线列车的全系统试验 …………………………………………… 172

参考文献 ………………………………………………………………………… 178
附　　录 ………………………………………………………………………… 179

项目一 信号工程施工图纸识读

一、信号工程施工流程

信号工程项目通常分为决策阶段、实施阶段和运行使用阶段。

决策阶段的工作是确定项目的性质、规模，进行投资的调查、分析，并制定决策。本阶段决定了整个项目的投资大小、生产规模、产品性能及赢利能力，也是控制成本、节约成本的关键阶段。

运行阶段是项目建设完成后从项目运行到寿命周期结束或项目再次改造升级这一阶段。

实施阶段包括系统（或工程）的设计阶段、施工阶段、试运行阶段。其中，施工阶段是本书的主要介绍内容。

工程项目的施工阶段是项目资金投入最大的阶段，是项目从蓝图转化为实体的阶段。施工阶段又可以分为招投标阶段、安装准备阶段、安装阶段、调试阶段和竣工验交阶段。

下面以城轨信号施工为例，其完整的施工流程如图 1-0-1 所示。

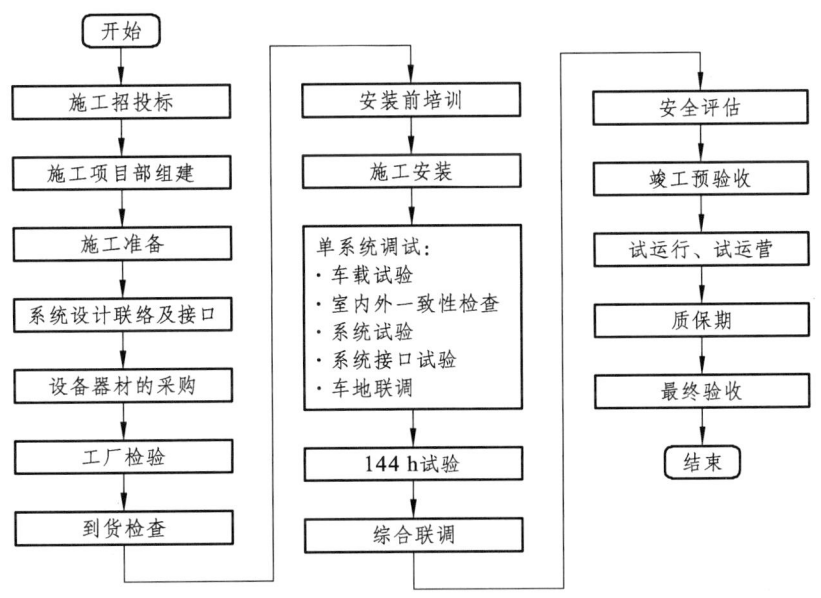

图 1-0-1 城轨信号工程施工流程

二、施工各阶段任务

和其他项目一样，信号工程施工的不同阶段具有不同的工作目标、工作任务和工作内容。每个前期阶段都是下一阶段的基础，如果前一阶段工作出了问题，必然会影响下一阶段工作的顺利进行。下面以城轨信号工程施工为例，介绍各阶段任务。

1. 施工招投标阶段

项目开始前的施工招投标阶段，施工安装公司首先要获得业主招标的信号系统安装工程的施工安装标或从系统总包那里取得施工安装工程合同，没有合同就不能进行以后的安装工作。施工安装公司为获得施工安装合同，必须在招投标时提出满足招标要求的安装计划、施工组织，同时要有合理的施工安装方案、满足项目的先进施工安装措施、有竞争力的施工投票报价。所以，安装公司在招投标阶段的任务是编制有竞争力的标书，力争取得施工安装合同。

2. 施工项目部组建

安装公司取得安装合同后，首先要组建信号系统施工安装项目的项目部。项目部建设需要对整个项目进行全面统筹考虑，兼顾项目特点和安装公司的施工安装能力。项目部及项目部办公室建设依据项目工作量大小、项目工期、项目工艺难易程度，以及项目系统本身特点进行组建。对于工期短的大项目，一般要多组织人力、设备，做好工期计划分阶段投入；对于技术高、工艺新的项目，要多组织技术人员、熟练技工，采购先进的仪器仪表；对于现场交通不便的项目，需要建设多处项目办公地点，以方便项目执行；对于同一区域内有两个项目的，在保证人员和设备满足的情况下也可以合并执行。项目部的合理组建是项目成功的关键。

3. 施工准备阶段

项目部成立后，要及时对项目的开展进行施工准备。项目部主要人员如项目经理、副经理、项目总工、计划工程师、安全质量工程师应首先到位，到现场选择项目部场所、现场调查、准备合格的仓储；准备机具、仪表、车辆；编制设备采购计划、资金使用计划，对安装工人进行三级安全教育、特殊工种安全教育、职工技术培训；熟悉合同文件，组织《施工组织》的编制等。

在施工准备阶段，施工安装公司还有一个与城轨信号系统特点有关的重要工作，即参与信号系统的设计联络，它是施工准备阶段施工安装公司准备工作的重点内容之一。城轨信号系统的安装调试与其他项目有所不同，它是一个涉及行车安全的复杂先进系统，同时与其他专业有多方面接口。通过设计联络形式对技术点逐步探讨之后，完成系统初步设计和详细设计，各个相关专业进行接口谈判，确定接口协议和物理接口形式。这一过程施工安装公司都要派主要技术负责人员参加，以便详细掌握系统的技术情况和系统安装的特殊工艺要求。完成以下工作后，应及时向总包或监理公司提报《施工安装开工报告》。

（1）接收设计及系统的施工安装技术交底。

（2）参加现场定测。

（3）接收设备器材。

（4）签订相关《安全施工协议》。

（5）对设计文件进行审核及与现场核对。
（6）《施工安装技术标准》《施工组织》得到总包或监理公司批准。
（7）调查现场是否具备开工条件。
（8）施工安装公司接到被批准的《施工安装开工报告》。

4. 系统设计联络及接口

城轨信号系统在招标时只是对功能需求招标，系统总包在投标时也只是对实现的系统进行功能描述，并不是真正要安装的系统，所以中标后应首先进行系统设计联络和设计接口联络。在这一过程中，施工安装公司要跟进掌握系统的设计变化，同时注意系统的接口变化。不同系统间的物理接口通常由安装施工实现，设计师联络时应及时掌握这些物理接口的形式及安装方法，也为准备工具仪表赢得时间。详细设计阶段一般不要求施工安装公司直接参加，如果能够参加，需要及时了解安装工艺方法的改变，这一阶段要求施工安装公司掌握设计实际进度，早日拿到系统设计图和施工安装图纸，为购买合同内器材、材料做好准备。

5. 设备器材的采购

在城轨施工安装合同中，一般包含一些常规器材和材料，如电缆、设备支架等，施工安装项目的技术人员要及时了解相关器材的技术要求、规格尺寸、物理化学性能要求。在采购前应对图纸进行审核，准确核对需要采购的器材、材料数量。对有疑问的技术要求、规格尺寸、物理化学性能、材料数量等，应与系统总包技术负责人落实清楚。对购买的产品，如果合同要求样品审核的，需要请业主、监理、总包审核批准后采购。

6. 工厂检验

对于已经采购的产品，要求出厂前符合出厂检验员要求的，在产品销售出厂前要组织业主、监理、总包技术人员去工厂进行检验。工厂检验是保证设备质量的主要手段，同时也是保证施工进度和施工质量的手段之一。安装公司提前联系工厂准备用于检验的产品、相关过程质量记录、检验的仪器仪表、试验程序和场地。对检验满足技术要求的产品要经各方签署出厂检验文件。

7. 到货检验

到货检验是接收设备、器材的必要过程，产品到货前应通知监理、总包、业主准备进行到货检验，同时准备好到货检验合同中规定的文件。经检查，确认已到货物的外观、名称、数量、规格及附件与订货单一致时，方可进入施工设备库房，并签署到货检验记录。对发现不合格的产品必需另外存放并标识"不合格品不得用于安装"，并通知工厂及时退回。对数量短缺的货物以实际到货数量为准，并及时补齐差额。

8. 安装前的培训

总包在安装开始前应对施工安装公司进行相关理论与安装操作工艺培训。理论培训主要包括系统组成；系统各设备的安装方法和工艺，特别是新器材、新设备的安装工艺，个别国外进口设备特殊的安装方法；一些常规器材因为系统的特殊要求而需采用特殊的安装工艺。安装操作工艺培训在安装过程的开始阶段，系统总包的技术人员也会对现场安装进行指导，这时安装公司应集中人员进行现场学习，尽快掌握新的安装方法和工艺。

9. 施工安装

施工安装是安装公司的主要工作任务，是将蓝图转化为实物的过程，在安装准备工作基本完成，现场具备安装条件后进行。对第一件设备的安装，一般要进行由业主、监理、总包方一同参加的"首件设备安装定标"，这是对设备在本条线安装的一个标准，便于全线按一个安装标准展开工作，减少返工，提高效率。安装包括轨旁设备安装、正线设备房设备安装、试车线设备安装、车辆段设备安装，以及控制中心、培训中心、维护中心设备的安装。车载设备安装一般由车辆工厂完成。

10. 单系统试验

单系统试验包括车载试验、室内外一致性试验、系统试验、系统接口试验、车地联调等内容。这些试验由系统集成商/总包商完成，施工安装公司配合试验，但不同阶段配合的具体内容不同。

（1）车载试验是对车载设备进行的静态、动态试验。一般由系统集成商/总包商直接完成，不作为施工安装公司的工作，实际工作中施工安装公司可能会有作业配合。

（2）进行室内外一致性试验时，系统集成商/总包商对控制台[控制中心或站级 ATS（自动列车监控系统）终端]、设备房、轨旁的动作一致性进行检查，施工安装公司的任务是在现场配合试验，对由于安装不当造成的不一致进行处理。

（3）系统试验是对系统中某一单系统（如联锁系统、ATS 系统等）进行设备间通信检验，对应用系统服务器和已经试验并安装好的程序，以及系统的本身功能进行检验。这期间，施工安装公司需配合试验，并解决安装中存在的不能满足系统功能的问题。

（4）系统接口试验是试验信号系统间的接口及信号系统与非信号系统间的设备接口，信号系统间的接口包括正线与车辆段间、车辆段与试车辆线间、联锁与轨旁 ATP（列车自动保护系统）间的接口等。信号系统与其他系统间的接口包括与屏蔽门/安全门的接口、与时钟的接口、与通信系统的接口等。施工安装公司的工作是配合修正物理接口的错误，特别是在与其他系统进行接口试验时，要联系其他专业的施工安装公司一起进行。

（5）车地联调是车载系统与地面（轨旁）系统间的动态联合调试，它指列车在道路上按照设定的车辆运行模式和地面控制方式进行设备的实际运行调试，可能是单车，也可能是多车，依照总包编制的试验计划进行，需要业主、运营机务、运营客运、信号施工、车辆专业等参与，占用一个运行环路甚至整个线路。施工安装公司配合现场调试，对出现的安装工艺和位置问题进行整改，对设备故障进行更换、修理。

11. 144 h 试验

144 h 试验是对系统进行的可靠性可用性检验。连续运行 144 h 后，对信号系统本身发生的故障进行分类统计，得出故障率和无故障时间（TTM），以衡量该系统是否满足合同的无故障时间指标要求。施工安装公司配合工作。

12. 综合联调

综合联调是信号系统与其他系统一起进行的整个地铁运行的调试。各系统同时工作，主要检验各系统间的配合与相互影响。该试验可能发现不同系统间不协调一致、相互干扰的地方，这时就需要施工安装公司根据总包的设备或接口的改变重新安装并配合调试。

13. 安全评估

安全评估是总包与第三方的合同，由第三方（即非业主和信号系统总包）独立完成，是系统能否最终交付运行的系统安全证明。它虽然与施工安装公司没有直接关系，但安全评估包括设备安装，安全评估公司的工程师去现场检查安装设备的安全性也需要施工安装方进行配合。

14. 竣工预验收

竣工预验收对于施工单位相当于施工验收，除了现场对设备管理安装检查验收外，施工单位要准备完整的施工验收报告资料、竣工文件、施工竣工图等，将其与总包的试验文件一起编制竣工档案，提报工程竣工报告。

15. 试运行、试运营

试运行、试运营这两个阶段是由业主和运营公司组织的，相当于系统空载试车和投料试生产阶段。这时还有可能对行车追踪间隔和客流量规模进行试验，主要以运营试验为目的。信号系统总包和施工安装公司作为现场支持，对发现的问题应及时处理。

16. 质保期

质保期是系统投入正式运营后的设备保质期限，一般是维护培训和支持维护工作，这时需要的是现场处理故障的技术人员，需要的人员不多，但由于质保期较长，所以工程必要的备用器材是必需的。

17. 最终竣工验收

最终竣工验收是质保期满后业主对该工程的一个最终评价。施工安装公司向业主最终结算清工程款，收到最终验收报告后本项目工作宣布结束。

任务一　室内信号图纸识读

一、室内布置图识读

（一）信号平面布置图识读

视频学习 1-1

1. 车辆段信号平面布置图

车辆段信号平面布置图是根据委托单位提供的站场缩尺平面图绘制成的有关信号设备布置情况的技术图纸。它应能正确反映出道岔直向位置、列车和调车信号机的布置情况及设置地点、轨道电路区段的划分及股道的运用情况，如附图 A-6 所示。

1）集中区

集中区确定站场内哪些信号设备由信号楼集中控制，用"L"来进行划分。

2）设备坐标

在信号平面布置图最上方有一表格，表格内坐标为信号机或道岔岔尖至信号楼中心的距离，如图 1-1-1 所示。

距信号楼中心（m）	信号机	720 451 425	391		FCD1 340	307	278
		Z1 Z2 Z3	JD1 JD2		FCD1	D1	D2
	道岔					304	275
						5	1

图 1-1-1 信号设备坐标

在信号平面布置图中，信号楼的坐标定为 0 坐标，信号机一栏中，第一行填写信号机坐标值，第二行填写信号机名称，如 Z1 信号机距离信号楼中心距离为 720 m。道岔一栏中，第三行是道岔坐标值，第四行是道岔名称，如 1 号道岔岔尖距信号楼中心距离为 275 m。警冲标坐标则直接在图中警冲标附近标注。

信号机处的两钢轨绝缘原则上应和信号机并列。安装信号机处的钢轨绝缘允许在一定范围内变动。进站、调车信号机处钢轨绝缘允许安装在信号机前方或后方各 1 m 的范围内；出站信号机的钢轨绝缘可装在信号机前方 1 m 或后方 6.5 m 的范围内。如钢轨绝缘处无信号机，需在其上添加该钢轨绝缘坐标，如 53 号道岔前方有钢轨绝缘节，但该处无信号机需在钢轨绝缘上方标注"（119）"，如图 1-1-2 所示。

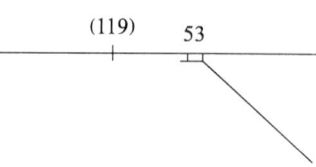

图 1-1-2 绝缘节坐标

3）轨道区段划分

轨道区段由 2 个或 2 个以上的钢轨绝缘构成，包括道岔区段和无岔区段。道岔区段轨道电路，一般不超过 3 组单开道岔或两组交分道岔；无岔区段还需加注区段名称。

4）图纸信息表

在信号施工或竣工图纸中，每页右下角都有该图纸的信息表，用于介绍施工图或竣工图主要内容，包括绘制单位、设计人员信息、工程名称、图别、日期、图号等。图号是快速查找所需图纸的重要标记，在每本图册的目录中，都有每页图的图号。查找时，只需比对图号，就可快速找到相应图纸。图 1-1-3 所示为车辆段施工图的图纸信息示例。

	×××设计研究有限责任公司		轨道交通1号线一期工程	
设 计		信号系统 车辆段 信号平面布置图	图 别	施工
复 核			比 例	200853
专业负责人			日 期	2011-11
所技术负责人			图 号	ZG1HX-S-08-XH02-××××××
院(副)总工程师				

图 1-1-3 车辆段施工图纸信息示意

5）库线有效长度

库线有效长度表用来描述该车辆段用于停放列车的股道有效长度，表中一般包含股道名称、股道的起止位、有效长度数值等内容。库线有效长度在铁路信号中也叫股道有效长度。如表 1-1-1 所示。

表 1-1-1　库线有效长度

股道名称	起	止	有效长/m
6AG～7AG	D6A～D7A	绝缘节	160
8AG～10AG	S8～S10	绝缘节	160
11AG～23AG	S11～S23	D11A～D23A	141
11BG～23BG	D11B～D23B	D11C～D23C	129

停放列车是车辆段的其重要功能之一，存放列车股道的长度对于车辆段内停车数量有着决定作用。目前国内地铁列车一般按 4 节或 6 节编组，所需的库线有效长度一般不小于 140 m。在举例车辆段的停车库股道名称中分别为 AG、BG，说明该车库每个股道可以停放两列列车，一般将入段方向第一区段命名为 AG，第二区段命名为 BG。

6）道岔类型表

平面布置图中附有道岔类型表（见表 1-1-2），该表主要列出了车辆段对应编号道岔的钢轨规格、辙岔号信息。

辙岔号是道岔尖轨长短的表示数据，分母越大说明尖轨越长，道岔曲线半径越大，更适应速度较高的列车运行。

表 1-1-2　道岔类型

类型	辙岔号	道岔编号
50 kg	1/7	1、2、3、4、5、6、7、8、9、10、11、12、13、14、15、16、17、18、19、20、21、22、23、24、25、26、27、28、29、30、31、32、33、34、35、36、39、40
60 kg	1/9	37、38

7）超限绝缘

为了满足平行作业需要，两组道岔之间即使距离很近，也必须用绝缘节隔开，如果该绝缘节与警冲标之间的距离小于 3.5 m，则称为超限绝缘，该绝缘节在平面图上画有圆圈，同时在该绝缘节处标明坐标值，如图 1-1-4 中（52）为超限绝缘节的坐标值。

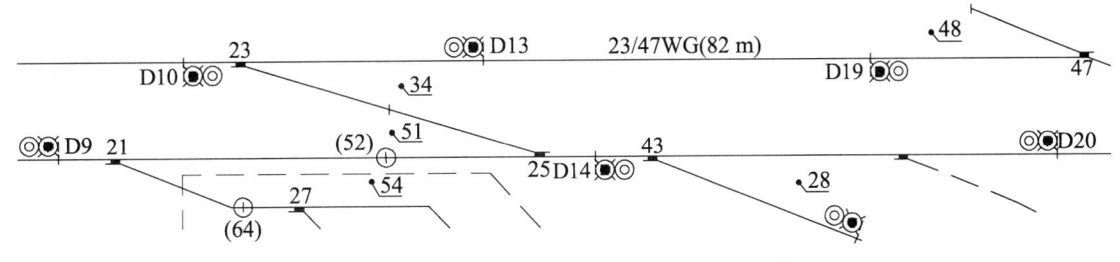

图 1-1-4　超限绝缘节示意

超限绝缘在电路中需要进行特殊防护，以保证侧向行车安全。维护人员在对超限绝缘进行检修和故障处理时，应注意对相邻区段的影响，避免作业不当造成妨碍。例如，办理好 D10-D20 进路后，维护人员在 21DG 处检修作业时，注意不能造成 21DG 轨道继电器落下，否则将导致 D10 信号关闭，影响行车。

8）车辆段正线接口

平面布置图车辆段与正线接口中，分界点在出、入段信号机处，以虚线将正线轨道电路设备与车辆段轨道电路设备分开，如图 1-1-5 所示。实线为车辆段信号设备，虚线为正线信号设备。从图中可以看出，进段信号机为车辆段信号设备，出段信号机为正线信号设备。图中箭头表示车辆运行方向，双线双向运行时，用双箭头表示。

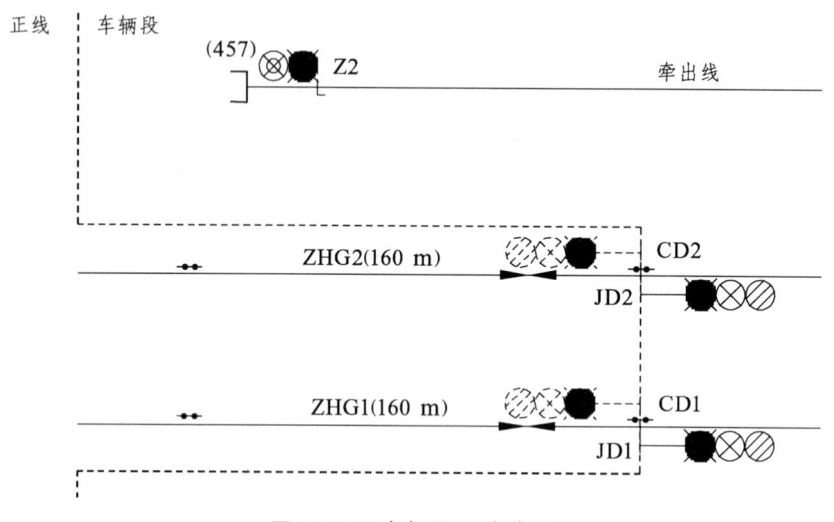

图 1-1-5　车辆段正线接口

2．正线轨道平面布置图

正线轨道平面布置图主要标明室外道岔、轨道电路、信号机等信号设备的布局、名称和位置信息。

道岔一般设置在具备折返功能的车站，或设计有存车线、安全线、出入段线的位置，以实现列车转线、折返作业的需要。

轨道电路一般沿正线线路设置，从车辆段出入段线分界处起，包括存车线、安全线、联络线等位置。轨道电路主要有两个功能：一是实现联锁系统对列车位置的识别，二是实现 ATP 报文从钢轨轨面传输。

信号机一般设置在车站出站位置和道岔前方位置。此外，为了方便排列进路，信号系统还设置了虚拟信号机，虚拟信号机所对应室外并没有实体信号机设备。

PTI（列车定位识别）信标设置在车站列车停车位置，两个车头下方的轨道中间，用来接收列车发送的停稳信息，传递屏蔽门控制指令，实现站台屏蔽门与车门同步开关控制。

同步环线设置在车站站台区域轨道中间，凡设计需要上下客作业的站台，对应的股道就安装同步环线。同步环线用于提供准确的物理位置信息，使列车进站停车对标准确，达到 ±30 cm。

激光反射板设置在车站列车停车位置，仅设置在进站方向侧的车头下方。激光反射板反射列车上发射的激光束，用于实现列车精确对标，列车上的激光接收装置接收到反射激光后，车载 ATC（列车自动控制系统）识别到准确的位置信息，进站列车可进一步提高停车对标精度，达到 ±25 cm。

图 1-1-6 反映了车站名称、编号，各类信号设备的位置分布、名称及编号，公里标等信

息，各种图示符号的含义如表 1-1-3 所示。

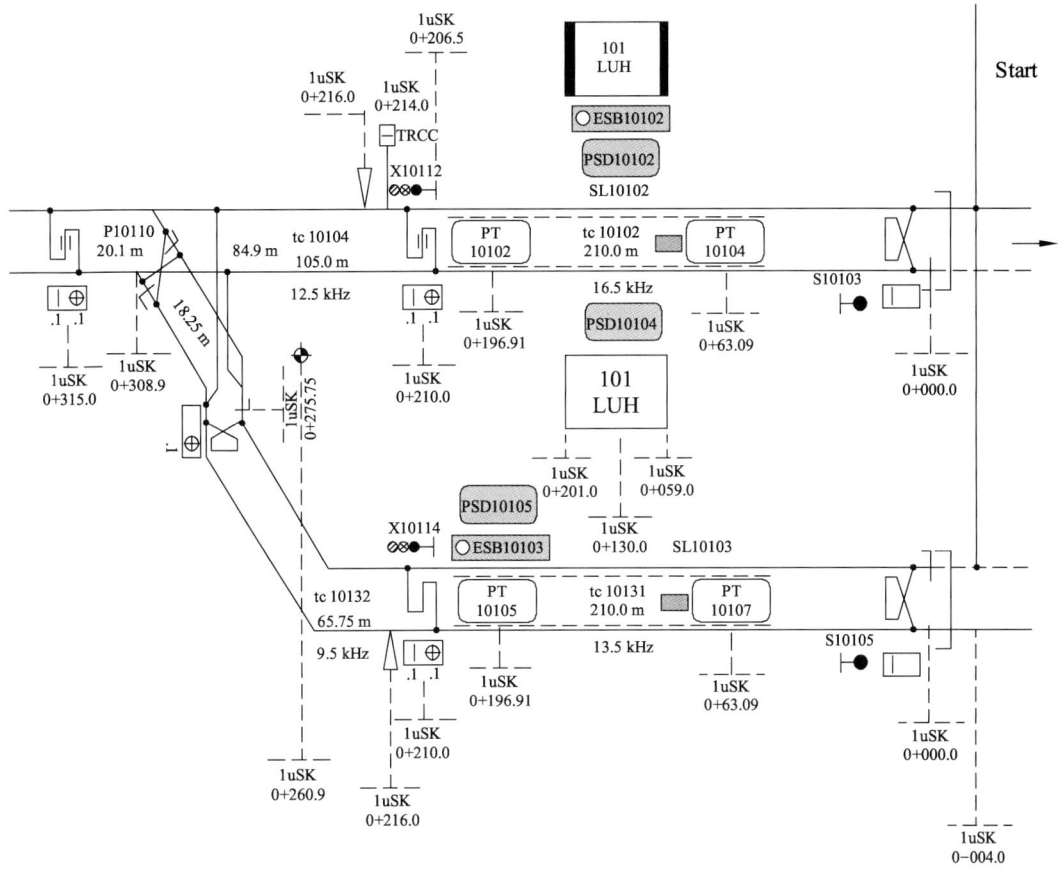

图 1-1-6 正线轨道平面布置图实例

表 1-1-3 设备符号的含义

设备符号	含义	设备符号	含义
tc 10104 105.0 m 12.5 kHz	轨道电路		S 棒
	三显示信号机		S 棒（双向）
	三显示信号机（封绿灯）		终端棒
	阻挡（尽头）信号机	PSD10101	屏蔽门
	终端棒（双向）		激光反射板
PT 10105	PTI 环线（10105 编号数字含义依次为"1 号线-第 01 站-第 05 设备"，设备编号上行从偶数开始编，下行从奇数开始编）	PT 10101	PTI 信标（10101 编号数字含义依次为"1 号线-第 01 站-第 01 设备"，编号顺序同上）

续表

设备符号	含义	设备符号	含义
(安全车挡图形)	安全车挡	SL10101	同步环线
.1 ⊕ .1	FTGS 轨旁盒，⊕表示接收端，｜表示发送端	SU11204	激活环线
✧	警冲标	TRCC	钢轨回流点
	均流线	▽	屏蔽门标
000 AAA（黑底）	联锁站	000 AAA	非联锁站
○ESB10101	EMP 紧急停车按钮	○OB11501	DTRO 自动折返按钮
160.0 m	标识该轨道区段长度	9.5 kHz	FTGS 轨道电路调谐频率

（二）室内设备布置图

微机联锁室内设备包括联锁机、组合柜架、电源屏、控制终端、微机监测柜、ATS 机柜、DCS 机柜、分线柜等设备。这些设备布局的原则是：布线少、互不干扰、既方便施工又利于维护。附图 A-1 为车辆段信号设备室内布置图实例，左上方是行车控制室设备布置图，中间为信号机械室或称为微机室，右边为电源室，左下方是 ATS 和 DCS 室，右下部分为设备名称和数量表说明。

1. 行车控制室

附图 A-1 中的车辆段行车控制室设在四层，由于采用微机联锁设备，控制室设备相对简洁。摆放的主要设备有联锁控显终端（从图中可以看出有两套操作设备）；另外还设有 ATS 工作站，以便于车辆段值班员掌握列车出入段行车状况，该工作站功能只监不控，即车辆段值班员只能监视正线列车运行，不能操作正线行车设备。

2. 信号机械室

信号机械室需安装联锁机柜、接口柜、组合柜、分线柜等设备，设计和施工时应根据信号设备房物理尺寸，合理设置信号设备在房间内的布局，确保安装和维护空间符合标准，如表 1-1-4 所示。

表 1-1-4　信号设备室内布置距离

设备名称	用途	净距离要求/m	备注
组合柜与其他机柜	走道	≥1.0	
控制台、组合柜与墙	主走道 次走道 尽端架	≥1.2 ≥1.0 ≥1.0	控制台 次走道 ≥0.8
电源屏与电源屏或组合柜	净距	≥1.5	
电源屏与墙	净距	≥1.2	

1）设备摆放位置应科学合理

施工时,设备机柜应按照施工设计图位置进行安装。机柜边缘应距离房间入口侧墙壁 2 110 mm,两排组合柜之间的距离为 1 200 mm,联锁机柜与监测台距离为 1 400 mm。

2）组合柜排列规则

计算机联锁仍然需要设置一定数量的组合柜,主要是道岔、信号机、轨道电路、零散组合,本车辆段的组合排列如表 1-1-5 所示,每组数字的第 1 位代表第几排,第 2 位代表第几架,如:21 代表 2 排 1 架,33 代表 3 排 3 架。

表 1-1-5 组合排列

层	组合架				
	21	22	23	24	25
10	X1 D1,D2,D3	X1 D13,D14,D15	X1 D25,D26,D27	X1 D5A,D6A,D7A	X1 D15B,D16A,D16B
9	X1 D4,D5,D6	X1 D16,D17,D18	X1 D28,D29,D30	X1 D11A,D11B,D12A	X1 D17A,D17B,D18A
8	X1 D7,D8,D9	X1 D19,D20,D21	X1 D31,D32	X1 D12B,D13A,D13B	X1 D18B,D19A,D19B
7	X1 D10,D11,D12	X1 D22,D23,D24	X1 D1A,D3A,D4A	X1 D14A,D14B,D15A	X1 D20A,D20B,D21A
6	C1 1/3	C1 23/25	C1 41	C1 55	C1 67
5	C1 5/7	C1 27	C1 43	C1 57	C1 69
4	C1 9/11	C1 29	C1 45/47	C1 59	C1 71
3	C1 13/15	C1 31/33	C1 49	C1 61	C1 73
2	C1 17/19	C1 35/37	C1 51	C1 63	C1 75
1	C1 21	C1 39	C1 53	C1 65	C1 77

为便于维修,组合柜与组合柜之间的间距不得小于 1 m。每排组合柜数量应以 4 个或 5 个为宜,如每排数量多,应在每排组合柜中间留有通道。

3）电源室

电源是信号设备稳定运用的基础。查阅附图 A-1 中的设备名称和数量表,车辆段电源设备包括 3 个智能电源屏,1 个不间断电源、1 个稳压电源屏和 1 个电池柜共同构成供电系统,电源屏距离左侧墙壁 1 235 mm,电池柜距离右侧面距墙面 1 500 mm。

(三) 组合排列表

组合排列表表示了定型组合、零散组合等在组合柜上的位置,如表 1-1-5 所示。表中内容包括将该组合名称、所在位置及其对应信号设备。

"组合架"一栏填入的两位数字是每个组合架编号,十位数字表示排号,个位数字表示架号。如"21"表示第2排第1架。每排组合架数量不宜过多,以4架或5架为宜。

组合在组合架上的位置,从下向上顺序编号。每个组合架有10层组合,从"1"到"10"。用第三个数字表示组合在组合架上的层号,习惯上在层号与架号之间加一横线。如"21-6"表示第2排第1架第6层。

组合架上还设有零层,组合架零层有两种设置方法:当室内电缆在组合架顶部的走线架上敷设时,零层要设置在组合架的最高层;如地面留有沟槽,室内电缆在沟槽内敷设,零层设置在组合架底层。

每个组合所对应位置的方框被划分为两个单元格,上面的单元格中填写该组合的类型,下面的单元格中填写该位置组合对应的信号设备名称。例如,"21-6"组合中,上面单元格中的"C1"表示该组合为道岔组合,下面单元格中的"1/3"表示该组合对应1、3号道岔。

二、室内配线图识读

(一)组合内部配线图

1. 端子编号

每个组合能够插装10个继电器,站在组合正面从左向右顺序编号,从"1"到"10"。在第1个继电器左侧为熔断器板,通常编号为"0",如图1-1-7所示。站在组合背面,可看到在组合最右端有2块端子板(有些组合的侧面端子板分放组合两侧,即左右两边各有1块侧面端子板),如图1-1-8所示。每块端子板有3列端子,从右至左顺序编号为01~06。每列共有18个端子,从上至下依次编号为1~18。

图1-1-7 组合正面示意

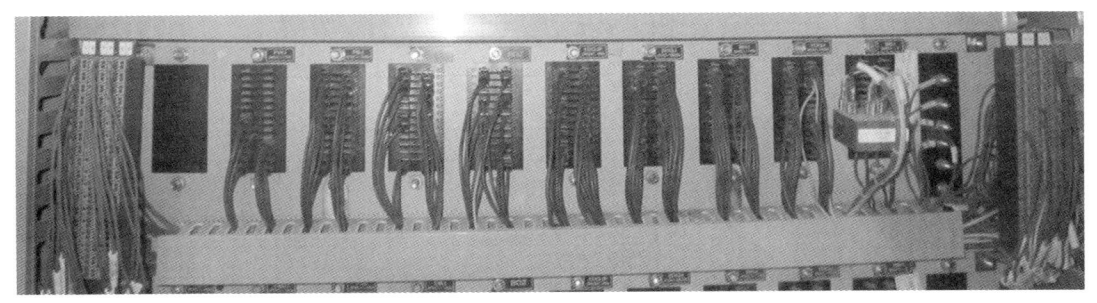

图 1-1-8　组合背面示意

2. 组合内部配线图识读

不同类型的组合使用的继电器数量与种类不同，同一类组合使用的继电器数量、种类及继电器所对应位置都是相同的，组合内部配线也是相同的。在组合内部配线图右下部会标示出所有采用同一类型组合的位置，如附图 A-2 所示。

组合内部配线图包括组合侧面端子与继电器间的配线、侧面端子与组合熔断器间配线、侧面端子与侧面端子间配线、继电器与继电器间配线、继电器与组合熔断器间配线。

组合内部配线图右上部通常为组合内部侧面端子配线，表内 6 列方格表示 01～06 列侧面端子，每列的 18 各方格表示每列的 18 个端子。

左侧部分为继电器端子的配线，每个表头最上方方框内的填写内容表示该继电器所在位置，第 2 行为该继电器名称与型号，其下对应继电器各接点。

组合内部配线图中每个端子上配线不超过两根，即每个方格内最多填写两个配线的号码。下面通过举例介绍组合内部配线图的配线识读方法。

如组合侧面第 06 列第 1 个端子方框内的填写内容表示该侧面端子上有两根配线。一根配线为"06-1～06-2"。由于该配线两端子为同一列可只写端子号，省略列号，在对应 06-1 端子的方格内只需写入"2"，而在对应 06-2 的端子方格内写入"1"就行了。由于 06-1 需接 KZ 电源，在对应方格内旁注"KZ"字样。另一根配线为"06-1～2-41"，其中"2"表示继电器位置，即第 2 个继电器，该继电器为 1DQJ，使用 JWJXC-H125/0.44 型继电器；"41"表示连接至该继电器的第 4 组的动接点，此继电器为加强接点继电器，其"41"接点位置与普通接点继电器的"41"位置不同。在 2-41 对应端子方格内填写有"06-1"，其配线为"1-51～06-1"，与"06-1～1-51"同一根配线。

（二）组合侧面配线图

组合架侧面端子配线包括同一组合侧面端子间的配线、组合与组合间的配线、组合与组合零层间的配线、组合与分线盘间的配线、组合与接口柜间的配线。零层的电源先送到组合侧面，然后再送到组合内部的相应继电器或接点；组合与组合间的接点逻辑通过侧面连接。

下面举例介绍组合侧面端子的配线。如图 1-1-9 所示，最上方第一行填写组合位置，组合类型及对应信号设备名称。"21-6"表示该组合位于 2 排 1 架 6 层，"CX"表示组合类型为道岔组合，"1/3"表示其设备名称，供 1/3 道岔使用。

		06	05	1/3 04	C1 03	21-6 02	01
1	KZ	706-1 506-1					44-403-7
2							
3	KF	706-3 506-3					44-404-8
4							
5				JKG-512-1		JKG-601-2	JKG-601-1
6				JKG-512-1		JKG-501-2	JKG-501-1
7		NSS-DYDZ-54 506-7		JKG-612-17		JKG-601-18	JKG-601-17
8		NSS-DYDZ-59 506-8		JKG-512-17		JKG-501-18	JKG-501-17
9		NSS-DYDZ-35 506-9					
10		NSS-DYDZ-38 506-10					
11		NSS-DYDZ-41 506-11	FL-103L-1				
12			FL-103L-2				
13			FL-103L-3				
14			FL-103L-4				
15	DZ220	D7-L1 506-15		JKG-1007-24		NSS-C3-K2-1	JKG-907-24
16	DF220	D7-L2 506-16		JKG-1008-26		NSS-C3-K2-17	JKG-908-26
17	DJZ220	D7-L3 506-17		JKG-1006-22		NSS-C3-K2-18	JKG-906-22
18	DJF220	D7-L4 506-18	705-L8 CH 505-L8			NSS-C3-K2-19	

图 1-1-9 组合侧面配线

1. 至组合架零层

该组合侧面端子 06-15 对应方框内填写有"DZ220",表示其电源类型;"D7-11"表示其电源引自组合架零层第 7 块端子板的第 11 个端子。

2. 至其他组合

该组合 01-1 端子的方格内填写有"44-403-7",表示有配线至 4 排 4 架 4 层 03 列第 7 个端子,"44"表示组合所在的组合架号,不能省去,否则便成了本架组合间的配线。

06-7 端子方格内填写有"506-7",其表示有配线至本架第 5 层 06 列第 7 个端子,其中"5"表示组合位置层号,不能省略,否则会误认为本组合侧面端子间配线。同时还应填写"MSS-DYDZ-54",表示接维护支持柜。

3. 至接口柜

该组合 04-15 端子方格内填写有"JKG-1007-24","JKG"表示接口柜,查阅室内设备布置图可知,其位于 1 排 4 架的位置。

4. 至分线柜

端子 05-11 至 05-14 方格内分别填写至分线柜配线 "F1-1301-1" 至 "F1-1301-4", "F" 表示分线柜, "1" 表示分线柜编号, "1301" 表示第 13 层第 1 列, "1" 表示第 1 个端子。

（三）组合架零层电源配线图

组合零层电源端子主要作用是将电源屏输出电源通过转接，并在零层串入合适容量的断路器再接入组合柜内，供相关设备使用。凡是本组合柜需要使用的电源，其中每一个极性（道岔动作电源三相）必须在零层串入断路器，避免本组合柜过载时影响其他组合柜设备正常使用。另外零层电源端子还需实现电源环接功能，如 KZ/KF 电源在每个组合架零层需要环接。零层通常还有断路器报警环线。

1. 端子板布置与编号

每个组合架零层能安装 13 块端子板，站在组合架正面，从左至右顺序编号为 D1~D13，包含电源端子板和断路器端子板，根据每个组合柜设备的多少，安装的端子板也有所增减。其中 D1、D2、D3 为电源端子板，端子从上至下顺序编号；D4、D5、D6 为断路器端子板，端子从上至下顺序编号；D7-D13 为 18 柱端子板，左侧列为奇数，右侧列为偶数，每列端子编号从上至下排列。零层端子板如图 1-1-10 所示。

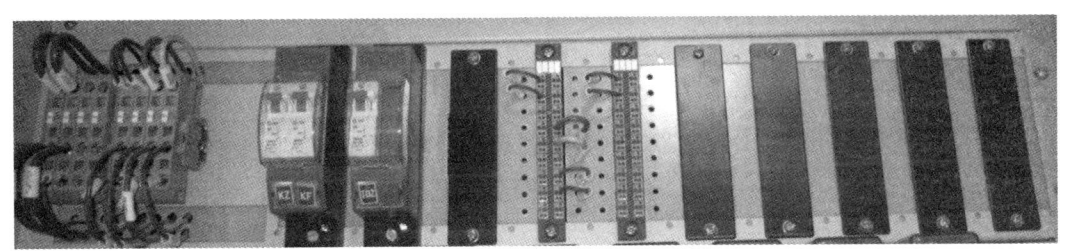

图 1-1-10 零层端子板布置实物

2. 零层电源配线图识读

附图 A-3 为零层电源配线图整体示意。左侧部分表示组合架零层电源环线。从电源屏引进组合架的电源有控制电源 KZ、KF，信号点灯电源 XJZ110、XJF110，道岔动作电源 DZ220、DF220，道岔表示电源 DJZ220、DJF220，三相电 AC-380-A、AC-380-B、AC-380-C，轨道电源 GJZ220、GJF220 等。这些电源从电源屏端子首先引至最近的组合架零层的电源端子板，然后全站组合架的电源端子板同名端子进行环连。

例如，KZ 电源首先从电源屏端子 DYP1-XT3-7 引至 21-D1-1，然后 21-D1-1 与 22-D1-1 相连，直至引至 45-D1-1，最后由 45-D1-1 引回电源屏端子 DYP1-XT3-8，但是中间 41 架、42 架、43 架没有引进 KZ 电源。这样可以有效避免某一点发生断线，而导致其后的组合架缺少 KZ 电源。

右侧部分为组合架零层电源配线。D1 电源端子的 1 端子左侧有 1 根线，表示 KZ 是从电源屏或其他组合环接过来，右侧线连接 "D6-1" 表示该端子与断路器 6 的 1 端子连接；4 端子左侧标注 "CH"，查阅左图可知该电源是由联锁机柜引进，右侧标注 "D7-5"，则表示与零层第 7 块端子板的第 4 个端子相连；其余电源端子作用相同。

D4 断路器端子的 1 端子与 D1-1 相连，标注"RD1"表示其断路器名称，"2A"表示该断路器的容量；2 端子通过断路器与 1 相连，同时与 D7-1 端子间连有配线。其余断路器端子配线按图连接。

D7 为 18 柱端子板，1、2 号端子短接，1 号端子左边连接断路器端子，2 号端子右边连接组合侧面，可参见组合侧面配线图。其余端子依次类推。

（四）接口柜配线图

接口柜是联锁机采集、驱动电路与组合架接口分界处，联锁机所有驱动命令和采集信息均在此处通过电缆与联锁机的采集板、驱动板连接。

1. 端子板布置与编号

举例车辆段接口柜可安装 10 层端子板底座，自下而上编号；采集、驱动分层布置；每层可安装 12 块航空插板，每块端子板前面安装 32 芯航空插座，用于安插联锁机用电缆的 32 芯航空插头；背面是压接端子，连接组合架配线，配线规格一般为 $23 \times 0.15 \text{ mm}^2$ 的多股软线。

2. 接口柜配线图识读

接口柜配线图在表头最上方标明其所在位置，如附图 A-4 所示。"JKG-6（A 机驱动）"表示接口柜的第六层接口端子板用于联锁 A 机驱动。其下标明每块接口端子板编号，如"01、02、03……"。每个端子对应的方框内的第 1 行填写配线至联锁机驱动板或联锁机采集板配线，第 2 行填写至组合侧面端子配线。如 JKG-601-1 端子配线中，"1/3DCJ-A"表示至联锁 A 机驱动板，用来驱动 1/3 号道岔组合的 DCJ（定操继电器）；"21-605-5"表示连接至 2 排 1 架 6 层第 05 列第 5 个组合侧面端子。附图 A-5 为对应的驱动电路图。

（五）分线柜配线图

计算机联锁信号机械室内与室外的联系需经过分线柜端子。分线柜配线的主要作用包括控制道岔、控制信号机点灯、室外送点、连接轨道电缆受电端、辅助电路等。分线柜是判断室内外故障最直接的分界点，熟悉掌握分线柜配线图，对于信号设备日常维护、故障抢修非常有利。

1. 端子板布置与编号

如果设备数量较多，一个分线柜容纳不了全站设备配线端子，有时会安装 2 个分线柜，其编号为 1F 或 F1，2F 或 F2，分别表示第 1 个分线柜和第 2 个分线柜。每个分线柜有 10 层，从下向上顺序编号为 1~10。每层可安装 13 块 6 柱端子板。

示例中车辆段共有 3 个分线柜，每个分线柜设 20 层，即上述分线柜布局将每层一分为二，其布局如图 1-1-11 所示。分线柜分层使用，每层的作用标注在表格中。如第 1 个分线柜的第 1 层供 AP 电源使用，第 2 层供轨道电路送电端使用，第 3~11 层供轨道电路受电端使用，第 12 层用于电话线，第 14~18 层用于道岔，最后两层预留。

F1

层数	用途	层数	用途
10	轨道受电	20	
9	轨道受电	19	
8	轨道受电	18	道岔
7	轨道受电	17	道岔
6	轨道受电	16	道岔
5	轨道受电	15	道岔
4	轨道受电	14	道岔
3	轨道受电	13	道岔
2	轨道送电	12	电话（贯通）
1	AP电源线	11	轨道受电

图 1-1-11　F1 分线柜布局

2．分线柜配线图识读

图 1-1-12 为示例中车辆段第 1 分线柜第 13 层的配线图，在表头最上方标注其位置"F1-13"。从图中可看出该层有 4 块 6 位端子板，每块端子板均有如"01"字样编号。名称一栏填写有对应信号设备类型。每个端子栏分为两行，第 1 行填写电缆名称，第 2 行填写组合侧面端子。例如，F1-1301-1 端子栏内，"1/3-X1"表示为 1/3 道岔 X1 控制线电缆芯线；"21-601-12"表示与第 2 排第 1 架第 6 层第 01 列的 12 端子相连；"34-302-1"表示与第 3 排第 4 架第 3 层 01 列的 1 号端子相连，3 排 4 架为维护支持接口柜。端子对应方框里填写有两个端子编号，表示有两根配线，分别连接不同组合侧面端子。

F1-13

	01 #		02 #		03 #		04 #
名称	道岔	名称	道岔	名称	道岔	名称	道岔
	室外电缆		室外电缆		室外电缆		室外电缆
	组合侧面端子		组合侧面端子		组合侧面端子		组合侧面端子
	1/3-X1		5/7-X1		9/11-X1		13/15-X1
1	21-605-11 34-302-1	1	21-505-11 34-302-5	1	21-405-11 34-302-9	1	21-305-11 34-302-16
	1/3-X2		5/7-X2		9/11-X2		13/15-X2
2	21-605-12 34-302-3	2	21-606-12 34-302-7	2	21406-12 34-302-11	2	21-305-12 34-302-15
	1/3-X3		5/7-X3		9/11-X3		13/15-X3
3	21-605-13 34-501-9	3	21-505-13 34-501-11	3	21-405-13 34-501-13	3	21-305-13 34-501-15
	1/3-X4		5/7-X4		9/11-X4		13/15-14
4	21-605-14 34-501-10	4	21-505-14 34-501-12	4	21-405-14 34-501-14	4	21-305-14 34-501-16
5		5		5		5	
6		6		6		6	

图 1-1-12　分线柜配线图

任务二 室外信号图纸识读

一、室外布置图识读

（一）信号电缆及室外箱盒认识

1. 信号电缆认识

1）电缆型号

城轨信号采用的电缆通常有两类，普通信号电缆和数字信号电缆。

（1）普通信号电缆。

信号电缆从芯线扭绞方式分为普通型和综合扭绞型两种；从护套类型分为塑料护套、综合护套和铝护套三种，其中又分为带铠装和不带铠装两类；从绝缘上分为聚氯乙烯绝缘和聚乙烯绝缘两种。

普通型电缆芯线分层顺一个方向扭绞。综合扭绞型电缆的芯线分成若干四芯星绞组、二芯对绞组，再分层按一定要求扭绞。综合扭绞减少了芯线间电磁场干扰，优化了电气参数。塑料护套电缆用于楼内。综合护套由聚乙烯薄膜和铝箔粘接制成，为半密闭型护套，带铠装的可用于室外直埋；不带铠装的用于室外需要有电缆槽、管的有效防护。铝护套为密闭型护套，无论是否带铠装，均可用于室外直埋。

信号电缆型号由汉语拼音字母和阿拉伯数字组成，其含义如表1-2-1所示。

表1-2-1 信号电缆代号含义

序号	代号	含义	序号	代号	含义
1	P	信号电缆	5	A	综合护套
2	T	铁路	6	L	铝护套
3	Y	聚乙烯绝缘（护套）	7	22	钢带铠装聚氯乙烯外护套
4	V	聚氯乙烯护套	8	23	钢带铠装聚乙烯外护套

普通信号电缆类型如表1-2-2所示。

表1-2-2 信号电缆类型

护套类型	电缆型号	含义
塑料护套	PTYV	聚乙烯绝缘聚氯乙烯护套
	PTYY	聚乙烯绝缘聚乙烯护套
	PTY22	聚乙烯绝缘钢带铠装聚氯乙烯外护套
	PTY23	聚乙烯绝缘钢带铠装聚乙烯外护套
综合护套	PTYA22	聚乙烯绝缘综合护套钢带铠装聚氯乙烯外护套
	PTYA23	聚乙烯绝缘综合护套钢带铠装聚乙烯外护套
铝护套	PTYL22	聚乙烯绝缘铝护套钢带铠装聚氯乙烯外护套
	PTYL23	聚乙烯绝缘铝护套钢带铠装聚乙烯外护套

视频学习1-2

（2）数字信号电缆。

普通信号电缆虽能基本满足信号系统的要求，但其传输性能和可靠性不能适应信号技术进步和发展的需求。故需研制新型信号电缆替代现有信号电缆，实现电磁兼容，强电、弱点共揽传输。

内屏蔽数字信号电缆内有绝缘单线、四线组绞合、内屏蔽通信四线组单元组合。绝缘单线采用内皮层、中间发泡层、外皮层三层一次共挤包在铜导体上。四线组采用高速精密星绞综合工艺。通信四线组单元用复合铜带纵包实现电磁屏蔽。

内屏蔽数字信号电缆代号含义如表1-2-3所示，型号如表1-2-4所示。

表1-2-3 数字信号电缆代号含义

序号	代号	含义	序号	代号	含义
1	SP	数字信号电缆	5	A	综合护套
2	T	铁路		L	铝护套
3	YW	物理发泡聚乙烯绝缘（皮-泡-皮绝缘结构）	6	23	双钢带铠装聚乙烯外护套
4	P	内屏蔽		03	聚乙烯外护套

表1-2-4 内屏蔽数字信号电缆型号名称

型号	名称
SPTYWP03	皮-泡-皮物理发泡聚乙烯绝缘聚乙烯外护套铁路内屏蔽数字信号电缆
SPTYWP23	皮-泡-皮物理发泡聚乙烯绝缘聚钢带铠装聚乙烯外护套铁路内屏蔽数字信号电缆
SPTYWPA03	皮-泡-皮物理发泡聚乙烯绝缘综合护层聚乙烯外护套铁路内屏蔽数字信号电缆
SPTWPA23	皮-泡-皮物理发泡聚乙烯绝缘综合护层钢带铠装聚乙烯外护套铁路内屏蔽数字信号电缆
SPTYWPL03	皮-泡-皮物理发泡聚乙烯绝各绝缘铝护层聚乙烯外护套铁路内屏蔽数字信号电缆
SPTYWPL23	皮-泡-皮物理发泡聚乙烯绝缘铝护层钢带铠装聚乙烯外护套铁路内屏蔽数字信号电缆

2）电缆端别判断

用手锯、电工刀等工具将每盘电缆外圈端头剥开，长度约为150 mm，面对电缆端头，若绿色四线组在红色四线组的顺时针方向侧，则本端为电缆A端，反之为B端，如图1-2-1和1-2-2所示。

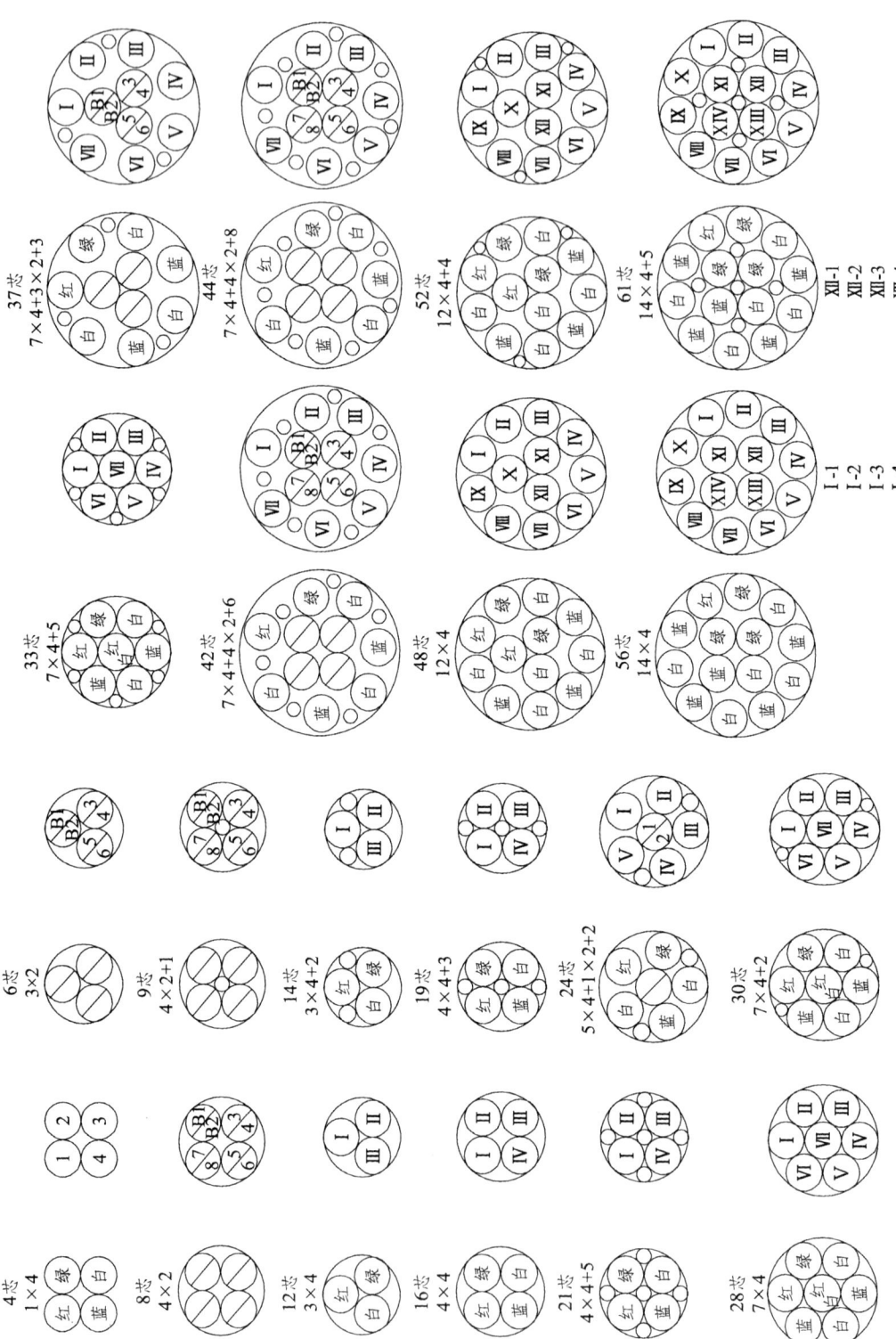

图 1-2-1 综合扭绞电缆 A 端截面

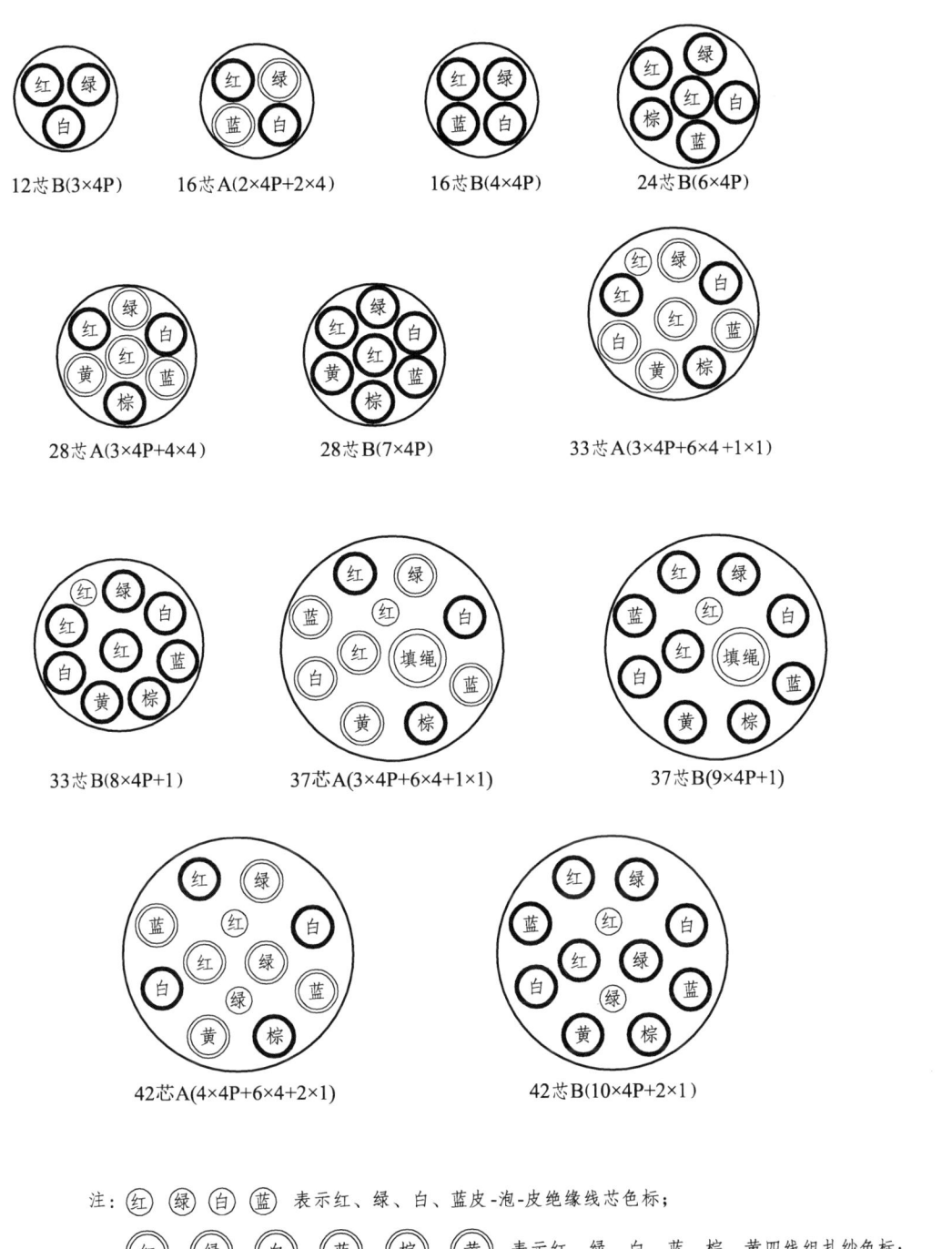

注：红 绿 白 蓝 表示红、绿、白、蓝皮-泡-皮绝缘线芯色标；

红 绿 白 蓝 棕 黄 表示红、绿、白、蓝、棕、黄四线组扎纱色标；

红 绿 白 蓝 棕 黄 表示红、绿、白、蓝、棕、黄屏蔽四线组扎纱色标。

图 1-2-2 铁路内屏蔽信号电缆 A 端截面

3）电缆编号

综合扭绞信号电缆的芯线编号方式为：先外层后内层，每层按红、绿、白、蓝、白、蓝……的玻璃丝颜色顺序绕行编星绞组序，用罗马数字"Ⅰ、Ⅱ、Ⅲ……"表示，每一星绞组内则

- 21 -

按红、白、蓝、绿的绝缘颜色顺序编芯线号，用阿拉伯数字"1、2、3、4"表示。例如，红色星绞组里红色绝缘芯线编号为"Ⅰ-1"，绿色星绞组内白色绝缘芯线编号为"Ⅱ-2"。对绞组序从星绞红组旁的对绞组开始，按顺时针方向编，用"D"表示，每一对绞组内先编红色绝缘芯线，后编白色绝缘芯线，依次编号，其表示方法为"D-1，D-2，D-3…"；层绞单芯电缆从星绞红组旁红色绝缘芯线开始编，顺时针顺序编绿、白、蓝、白……绝缘芯线，先编外层后编内层，依次用阿拉伯数字表示，其表示方法为"1、2、3…"。

信号数字电缆芯线编号方法与综合扭绞信号电缆相同。

以上均以 A 端为例，B 端芯线编号以 A 端编号为准。B 端绕行方向为逆时针方向。

（二）电缆箱盒认识

室外信号电缆箱盒主要包括信号变压器箱、分向电缆盒、方向盒和终端电缆盒四类。

1. 信号变压器箱

信号变压器箱主要用于轨道电路和信号机，如图 1-2-3 所示。

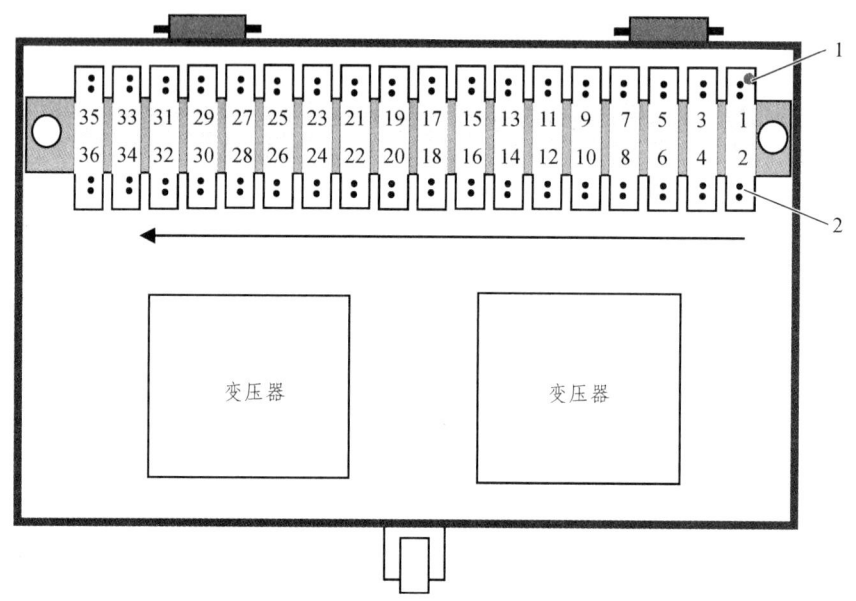

图 1-2-3　变压器箱端子编号示意

其端子编号规则为：站在变压器箱引线口一侧，自右向左依次编号，靠近箱壁的端子为奇数端子，靠设备一侧的端子为偶数。

2. 分向电缆盒（方向盒）

分向电缆盒按照端子类型分为两类，一类是传统的 HF-4 和 HF-7 型分向电缆盒，一类是采用万可端子的 HF2-4 和 HF2-7 型分向电缆盒。目前，HF-4 和 HF-7 型分向电缆盒多用于既有线，而 HF2-4 和 HF2-7 分向电缆盒多用于高速铁路和城轨交通。城轨信号系统的分线箱大部分安装在洞壁上，基本上每架信号机或道岔处都有一个分线箱，分线箱的外形尺寸为 350 mm×300 mm×180 mm，箱体内能够安装 2 块 21 位万可端子排，用于电缆分线和电缆转接，具体结构如图 1-2-4 所示。

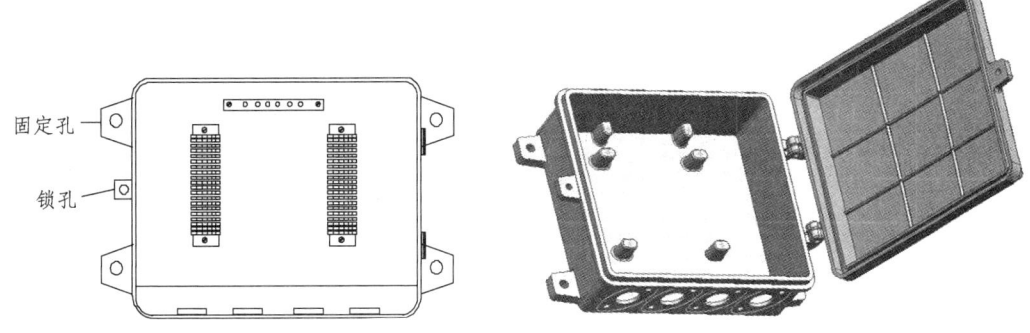

图 1-2-4 分线箱结构及模型

新型的方向盒采用万可端子板,其箱盒为方形。HF2-4 型方形盒安装有 4 块 6 位万可端子板,或 2 块 12 位万可端子板,用于主干电缆与分支电缆的连接处。

HF2-7 型分向电缆盒有 1 个主管、6 个副管,可安装 2 块 21 位万可端子板,用于主干电缆与分支电缆的连接处,如图 1-2-5 所示。万可端子分向电缆盒端子编号方式为:面对信号楼,以右手侧位置的端子远端为 1 号端子,按顺序依次编号。

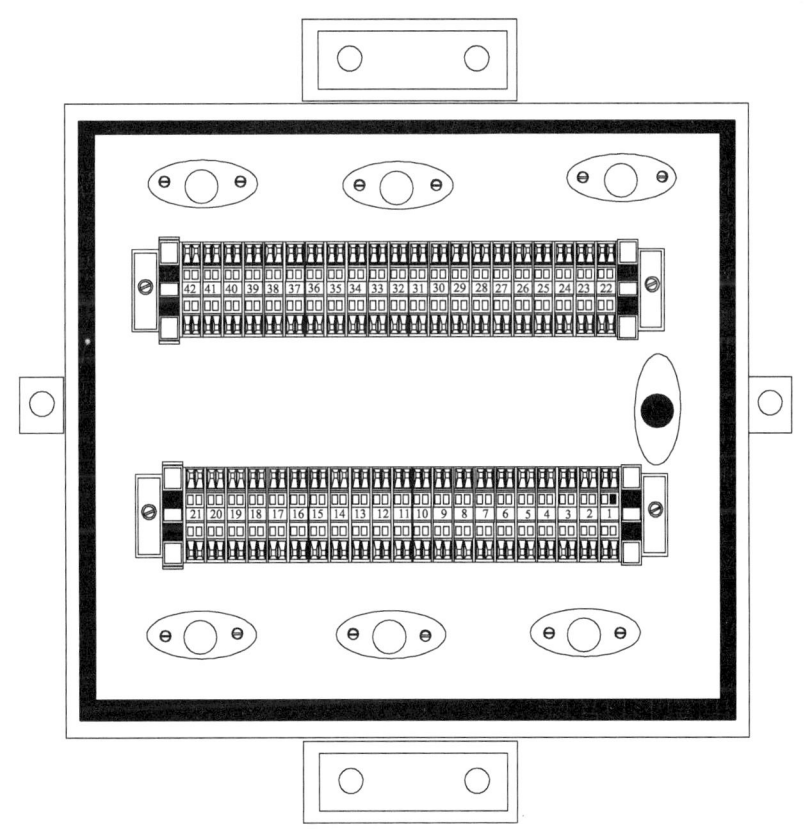

图 1-2-5 HF2-7 方向盒端子编号示意

用于既有线车站的分向电缆盒有 HF-4 型和 HF-7 型。HF-4 型方向盒有 1 个主管,4 个副管,安装 4 块 6 柱端子板;HF-7 型方向盒有 1 个主管,7 个副管,安装 7 块或 11 块 6 柱端子板,如图 1-2-6 所示。

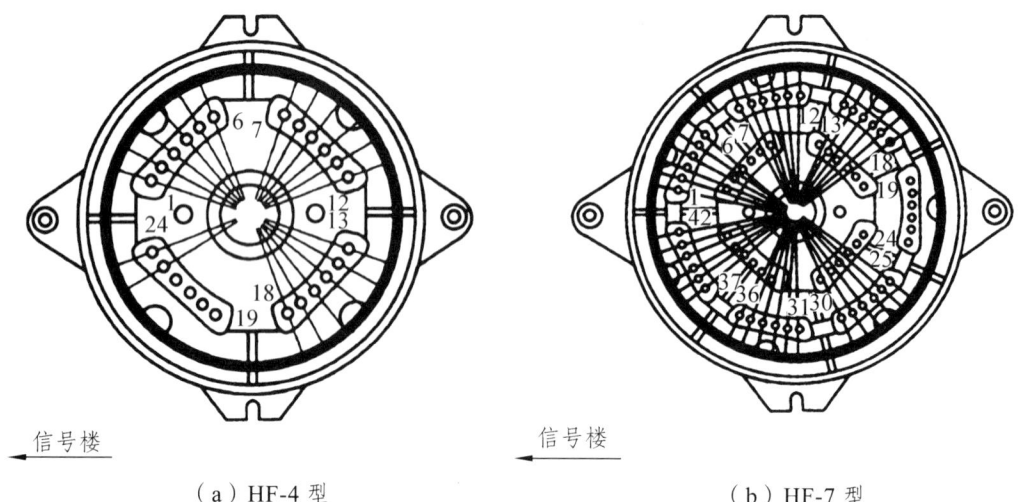

(a) HF-4 型　　　　　　　　　　　　(b) HF-7 型

图 1-2-6　分向电缆盒

普通柱式分向电缆盒编号方式为：面向信号楼，从"1 点钟"位置起顺时针编号。HF-7 电缆盒的外圈 7 个 6 柱端子编完后，再编内圈的 4 个 6 柱端子，顺序与外圈相同。

3. 终端电缆盒

终端电缆盒用于连接信号终端设备。城轨信号系统中的终端电缆盒有 HZ0 盒、HZ12 盒和 HZ24 盒。

HZ0 型电缆盒内部没有端子板，只可安装在轨道电路的送受端，用于实现电缆与钢轨引接线的连接

HZ12 型电缆盒只有一个电缆引入孔，即只进不出，内部可安装 2 块 6 柱端子板，或 1 块 12 位万可端子板，即 12 个端子，只能用在电缆的末端。

HZ24 型电缆盒有一个电缆引入孔，一个电缆引出孔，可进行电缆的中继，内部可放置一台小型变压器，可安装 4 块 6 柱端子板，或 2 块 12 位万可端子板，即 24 个端子，实现与设备连接，其端子编号如图 1-2-7 所示。

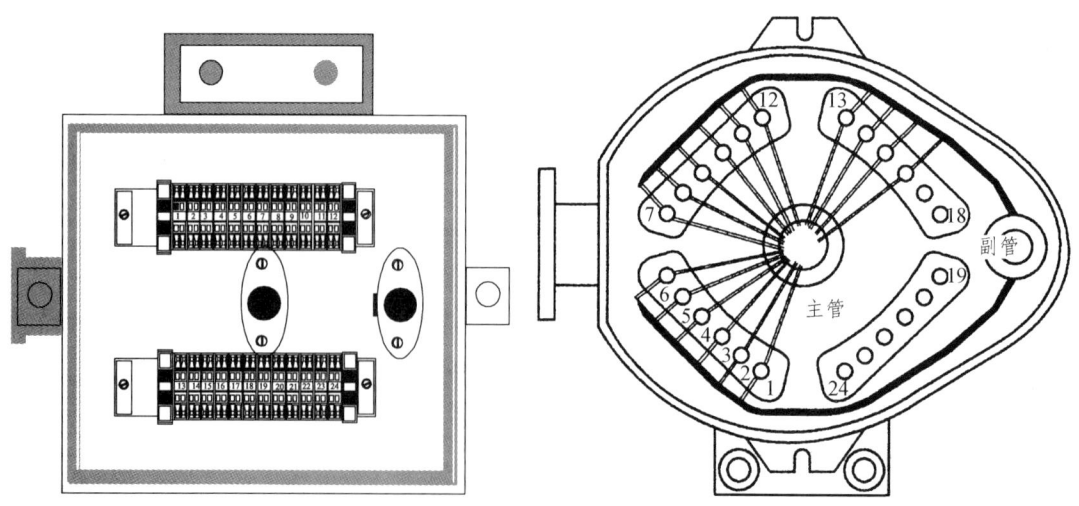

图 1-2-7　终端电缆盒（HZ24）端子编号示意

终端电缆盒端子编号均从近基础端开始,顺时针编号,靠近法兰侧的为 1 号端子,1 号端子处点红漆为标记。

(三)电缆认识

1. 极性交叉概念

有钢轨绝缘的轨道电路,为了实现对钢轨绝缘破损的防护,要使绝缘节两侧的轨面电压有不同的极性或相反的相位,这就是轨道电路的极性交叉,如图 1-2-8 所示。

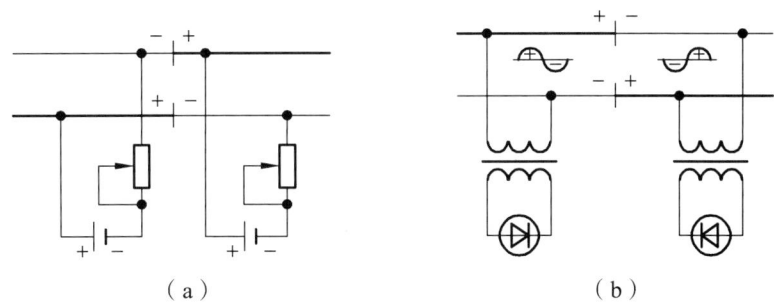

图 1-2-8 轨道电路极性交叉

图中,粗线表示接电源正极,细线表示接电源负极。

2. 极性交叉的作用

极性交叉可防止在相邻轨道电路间的绝缘节破损时引起轨道继电器的错误动作,如图 1-2-9 所示。1G 和 3G 是两个相邻的轨道电路,它们没有实现极性交叉。当 1G 有车占用而缘破损的情况下,流经轨道继电器 1GJ 的电流等于两个轨道电源所供电流之和,1GJ 保持吸起,这样会危及行车安全。若按极性交叉来配置,绝缘破损时,轨道继电器中的电流为两者电流之差,只要调整得当,1GJ 和 3GJ 都会落下,从而实现故障—安全原则。

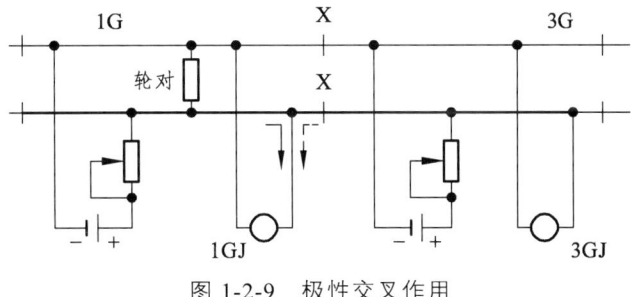

图 1-2-9 极性交叉作用

对于交流供电来说,只要两相邻轨道电路的电流相位相反,它们的瞬间极性也相反,就能得到极性交叉的效果。

而对于频率电码轨道电路来说,因相邻区段的编码不同,无法实现极性交叉,必须采用频率防护的方法,即相邻区段采用不同的频率。

3. 极性交叉的配置

在无分支线路上,极性交叉配置比较容易,只要依次变换轨道电路供电电源的极性即可。

而在分支线路上,即有道岔处,极性交叉的配置就要复杂一些,因为道岔绝缘节可以设在道岔直股,也可设在弯股,不同的设置,就将影响整个车站极性交叉的配置。

检查站内轨道电路能否极性交叉,可以利用封闭回路图。方法是以单线条绘出站内轨道平面图,在图上要标出划分轨道区段的钢轨绝缘位置,还要标出道岔区段的道岔钢轨绝缘位置。

不实行轨道电路电码化的道岔区段,可先把道岔绝缘设在直股上,这样道岔绝缘受力均匀,使用寿命会长一些。

实行轨道电路电码化的道岔区段的道岔绝缘应布设在弯股上。如果道岔绝缘设在直股上(见图 1-2-10),当列车对着岔尖行驶时,在机车导轮通过岔尖后(如图中的 A 点),除在一距离(从 A 点到 B 点)内,有一个接收线圈 L_2 接收到信息外,在很长一段距离内(从 B 点到 C 点)L_1 都接收不到信息,只有当列车的导轮驶出绝缘节 C 点后,才开始正常接收信息。机车信号在此段时间内,很可能无码,造成混乱,给行车带来不良影响。

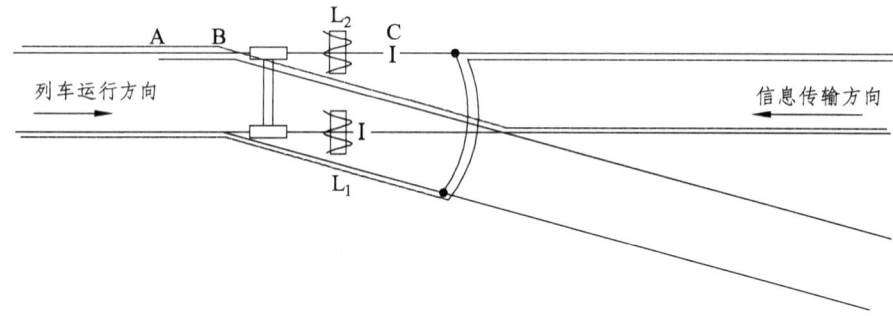

图 1-2-10　道岔钢轨绝缘安装在直股对机车信号的影响

图 1-2-11 为某站下行咽喉的单线条轨道平面图,其中ⅠG 与ⅡG 正线实现电码化,其他线路不考虑电码化。

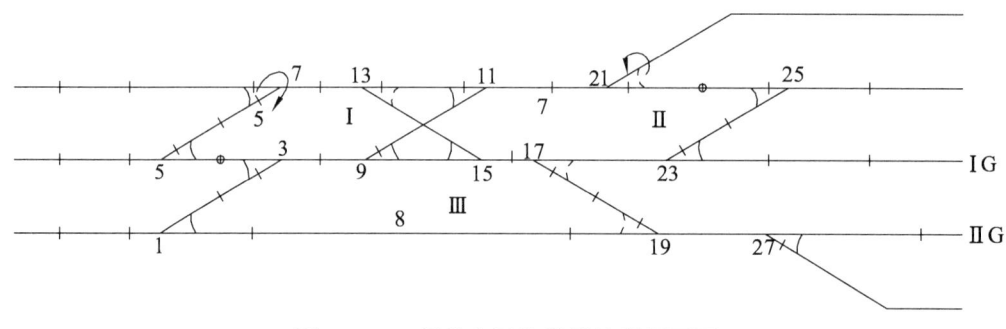

图 1-2-11　极性交叉的单线轨道平面图

图中有 3 个封闭回路(交叉渡线形成的小回路已经做到了极性交叉)。检查极性交叉时,先在相当于道岔辙叉处用虚线圆弧将道岔钢轨绝缘圈于封闭回路铅外面,再用虚线小圆把交渡线间的钢轨绝缘圈住,表示这些绝缘都不影响封闭回路的极性交叉。然后,分别统计 3 个封闭回路的绝缘节数量。结果是:回路Ⅰ有 5 个绝缘节,回路Ⅱ有 7 个绝缘节,回路Ⅲ有 8 个绝缘节。绝缘节数量是偶数的网路Ⅲ可以做到极性交叉,是奇数的回路Ⅰ和Ⅱ就做不到极性交叉,需要通过移设道岔钢轨绝缘来解决。可以将计算在回路内的道岔钢轨绝缘设法移到回路外。例如,将 21 号道岔的钢轨绝缘移设到弯股,回路Ⅱ的绝缘节数量就变成了偶数。也可以将一些道岔钢轨绝缘移设到弯股,增加回路绝缘节数量。例如,将 7 号道岔的钢轨绝缘移到弯股,使回路 1 具有 6 个绝缘节,这样就做到了极性交叉。所以,只能通过移设不考虑电码化的正线接车进路上的道岔钢轨绝缘来满足极性交叉。

通过移设道岔钢轨绝缘,一般是能够实现极性交叉的。当这样做还达不到极性交叉时,可在线路上加设一对钢轨绝缘,采用"人工交叉法"。如图 1-2-12(a)所示,在交叉渡线的叉挡设置有一侵限的钢轨绝缘,该钢轨绝缘两侧钢轨极性相同。在工务允许锯轨或已有轨缝的情况下,可以加装一对"极性绝缘",在"极性绝缘"的两侧用跳线将两钢轨交叉连接,来满足极性弓叉,如图 1-2-12(b)所示。如果不能锯轨也无现成轨缝加装"极性绝缘",布置轨道电路送、受电端时,应在叉挡侵限绝缘两侧布置送电端,以防钢轨绝缘破损造成轨道继电器错误动作。

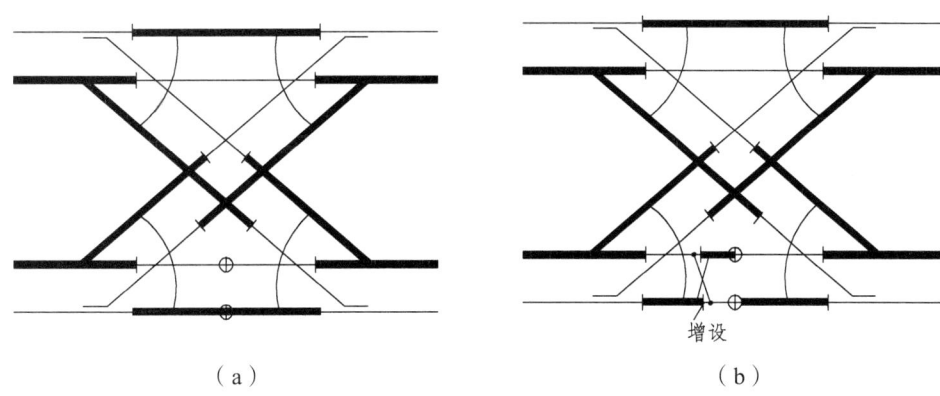

(a)   (b)

图 1-2-12 人工极性交叉

(四)电缆网络图与电缆径路图

1. 图形符号意义

常见电缆网络图与电缆径路图符号如表 1-2-5 所示。

表 1-2-5 电缆径路图中符号表示意义

符号	连接设备	
	箱盒类型	设备名称
□—●⊗⊘	XB$_1$	进段信号机及变压器箱
Ⅱ Ⅰ—○●⊘○	XB$_1$	进站信号机及变压器箱
㉔ ○●⊘○	HZ24	出发信号机及终端电缆盒
⑫ ○●⊘○	HZ12	出发信号机及终端电缆盒
㉔ ○○⊗○ ○●○	HZ24	出站信号机及终端电缆盒
㉔ ●○	HZ24	调车信号机及终端电缆盒

续表

符号	连接设备	
	箱盒类型	设备名称
 ⑫	HZ12	调车信号机及终端电缆盒
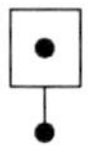	XB_1	轨道电路送电端
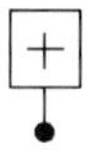	XB_1	轨道电路受电端
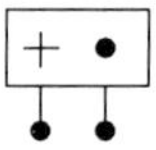	XB_1 或 XB_2	轨道电路一送一受端
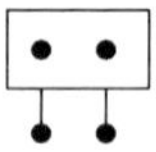	XB_1 或 XB_2	轨道电路双送端
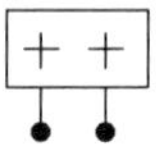	XB_1 或 XB_2	轨道电路双受端
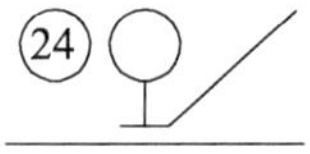 ㉔	HZ24	单机牵引道岔及终端电缆盒
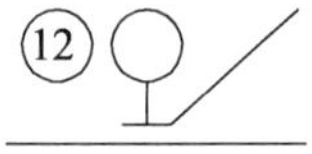 ⑫	HZ12	单机牵引道岔及终端电缆盒
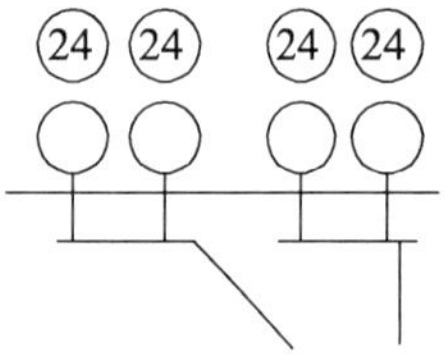 ㉔㉔ ㉔㉔	HZ24	双机牵引道岔及终端电缆盒
⑦	HF7	7方向盒
④	HF4	4方向盒

2. 电缆网络图与电缆径路图

电缆径路图是进行室外信号设备安装的重要图纸,它包括轨道电路极性的配置,轨道电路送、受电端的布置,室外电缆网络连接设备的类型和位置,室外信号设备的串接顺序和电缆径路,以及每根电缆的长度和芯数。

电缆径路图参见附图 A-7。电缆网络图与电缆径路图识读方法比较类似,电缆网络图与电缆径路图都是将室内外电缆连接的设备、电缆规格与数量及其用途呈现出来。所不同的是电缆网络图将电缆连接设备以网状图形式呈现,没有清晰地表示出室外电缆的敷设径路,而电缆径路图能更加准确地表示出电缆走向。下面以车辆段电缆网络图（见图 1-2-13）为例学习电缆网络图与电缆径路图识读方法。

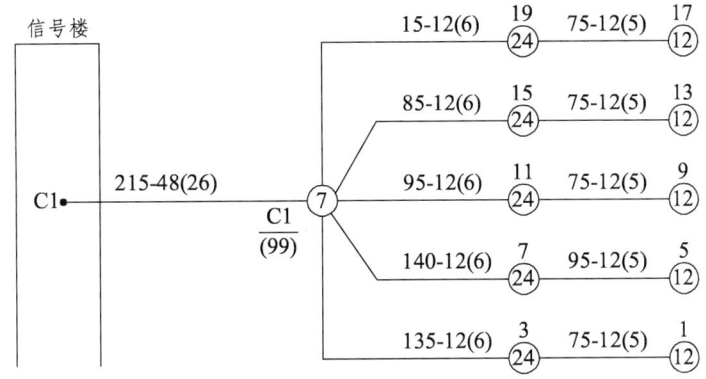

图 1-2-13　举例车辆段电缆网络

如图 1-2-13 所示，电缆网络图中的信号楼部分，标有"C1""C2""C3"，表示电缆编号，其中，"C"表示道岔，"1""2""3"表示对应电缆，依据其走向顺序编号。连接轨道电路送电端设备电缆用"G"表示，连接轨道电缆受电端设备电缆用"S"表示，连接信号机设备电缆用"X"表示。

从图中可以看出，"C1"号电缆从信号楼出来，连接至 7 方向盒。该方向盒旁标注有"$\frac{C1}{(99)}$"，"C1"表示该方向盒编号，命名原则与上述电缆编号相类似；"(99)"表示其坐标，距离信号楼中心 99 m。电缆线上标注有"215-48（26）"，其中"215"表示该电缆长度为 215 m，"48"表示该电缆有 48 根芯线，"(26)"表示备用 26 根芯线。

从 C1 方向盒出来有 5 根电缆，分别连接 3#、7#、11#、15#、19#道岔的 HZ24 盒。由于 1/3#道岔为双动道岔，因此 1#道岔的电缆需要从 3#道岔的电缆盒中引出，电缆长度 75 m，使用 12 芯电缆，备用 5 芯。

其余电缆网络识读方法与上述内容一致，可自行识读。

3．对电缆网络的要求

1）信号电缆网络

（1）每架信号机的点灯用电缆芯线数，可参看施工图纸中的各类信号机点灯电路。

（2）为了方便维修，城市信号中正线信号机、车辆段进段信号机和铁路信号中列车信号机的变压器箱或电缆盒内均应引入一对电话线。

（3）如车站采用色灯透镜式信号机，每架列车信号机的主灯丝报警用的两根导线并接后进楼。

2）道岔电缆网络

（1）每台直流转辙机用电缆盒需引入的导线数，要根据该道岔是单动或者是多动的第几动定。每台交流转辙机用终端电缆盒需引入控制导线 5 根。

（2）为方便维修，将每台转辙机用的电缆盒内设的电话线并接后引入楼内。

3）轨道电路送、受电网络

轨道电路送、受电端内各有两根控制导线。

（五）室外电缆配线图

室外信号设备通过信号电缆与室内设备连接，室外电缆配线图以示意图的形式，表明了室内分线柜与室外电缆网络设备的连接情况。

熟练掌握电缆配线图的内容和含义，是信号施工和维修人员必须掌握的基础知识，下面以车辆段电缆配线图为例进行解读，如图1-2-14所示。

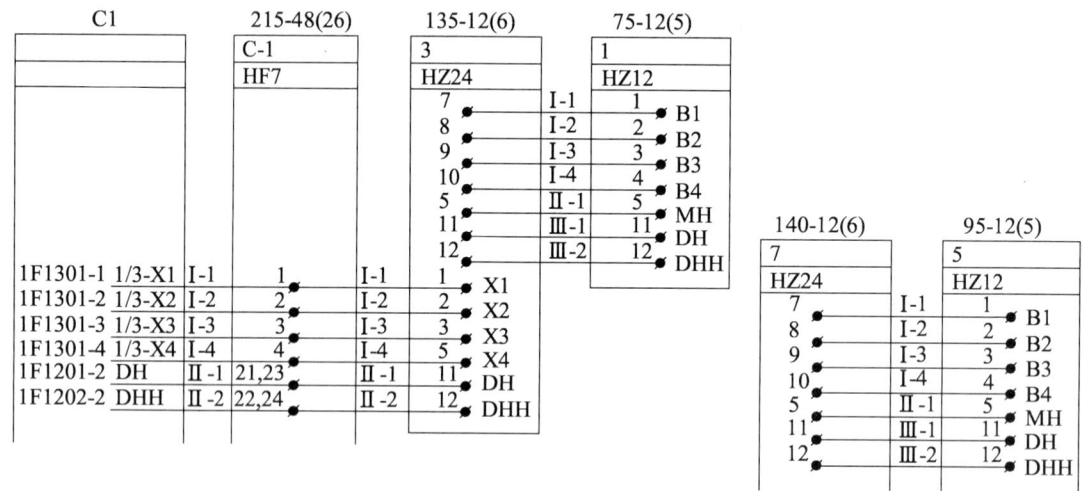

图 1-2-14　信号机电缆配线图

1. 图纸基本符号意义

图1-2-14中，长方框分别表示分线柜、方向盒、信号变压器箱及电缆终端盒。每个方框的第一行填写设备名称或编号，例如，"1"表示该设备为1#道岔的转辙设备；第2行填写设备类型，例如，"1"下方填写"HZ12"，表示该设备为HZ12型的电缆终端盒。图中实心圆点"●"（有时也用"●"）表示各设备的端子；两个圆点之间的细实线表示电缆芯线。

2. 电缆配线图识读

从图中可以看出信号电缆"C1"为车辆段室外分线柜至室外C-1方向盒干线电缆、再从C-1分线，最终连接至相关转辙机终端盒。在分线盘、方向盒、信号变压器箱及电缆终端盒的端子旁边填写有该端子所对应的编号；在分线盘及设备终端所对应的电缆终端盒的端子旁标注有电缆芯线名称；在方向盒、信号变压器箱及电缆终端盒表示的方框左上角标注有电缆长度及芯线使用情况；两连接设备之间表示的电缆芯线上标注其对应的电缆编号。下面举例说明电缆配线图的识读。

从图中可以看出，信号楼分线盘端子"1F1301-1"上配线为3#道岔的X1控制线，首先连接至C-1方向盒的"1"号端子，其电缆长度为218 m，有48根电缆芯线，备用26根芯线，使用该根电缆的第1组星绞组序的红色芯线。然后从C-1方向盒分出，连接至3#道岔的HZ24电缆终端盒的"1"号端子，使用该根电缆的第1组星绞组序的红色芯线，其电缆长度为135 m，12根芯线，备用6根。1/3#道岔为双动道岔，3#道岔的X1控制线由1#道岔的终端电缆盒7端子引出，使用电缆长度为75 m，12芯备6。其电缆连接顺序为1F1301-1#→C-1 1#→3#道岔 1#。

注意，图中端子旁标注的电缆芯线名称为"DH"或"DHH"，表示其为电话线。

（六）外箱盒配线图

城轨正线信号室外设备主要包括转辙机、信号机、信标及计轴器。车辆段信号室外设备与铁路车站信号室外设备类似，主要包括转辙机、信号机及轨道电路送、受电端。

城轨信号多采用 LED 信号机，其室外箱盒配线如图 1-2-15 所示。既有线车站信号多采用色灯信号机，其信号机室外箱盒配线见附图 A-8。

城轨正线转辙机采用 ZYJ9 型电动转辙机，铁路信号正线提速道岔多采用 ZYJ7 型液压转辙机或 ZYJ9 型电动转辙机，侧线道岔可采用 ZD6 型电动转辙机。城轨信号和铁道信号使用的转辙机内部配线图均为道岔控制电路图中室外部分，由于道岔类型不同，道岔采用的转辙机型号也不同，转辙机定位闭合接点不同，转辙机室外箱盒配线方式也是多种多样的。附图 A-9 给出了一些常用的转辙机室外箱盒配线图。

轨道电路箱盒按照箱盒内部安装设备不同，分为轨道电路送电端、轨道电路受电端、一送一受端、双送端、双受端，其具体内部配线如图 1-2-16 所示。图中举例的轨道电路为车辆段 50 Hz 型轨道电路，并未叠加电码化。对于铁路信号来说，其车站正线轨道电路设备均需叠加电码化，需在轨道电路送、受电端添加隔离盒。

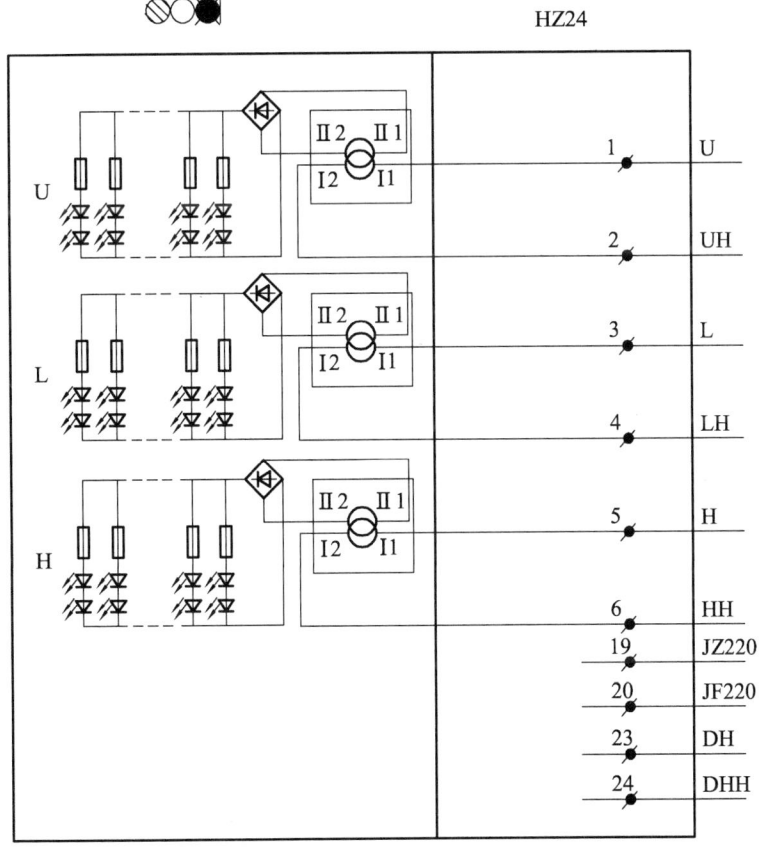

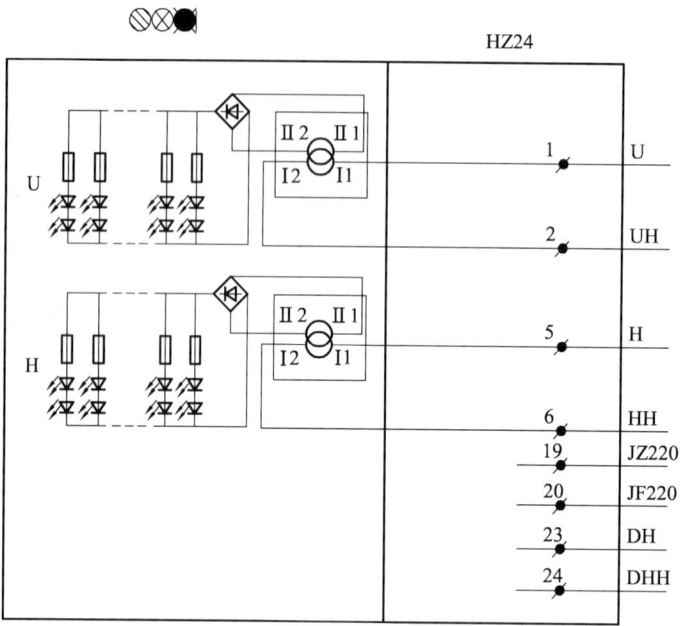

图 1-2-15 城轨信号机箱盒配线图

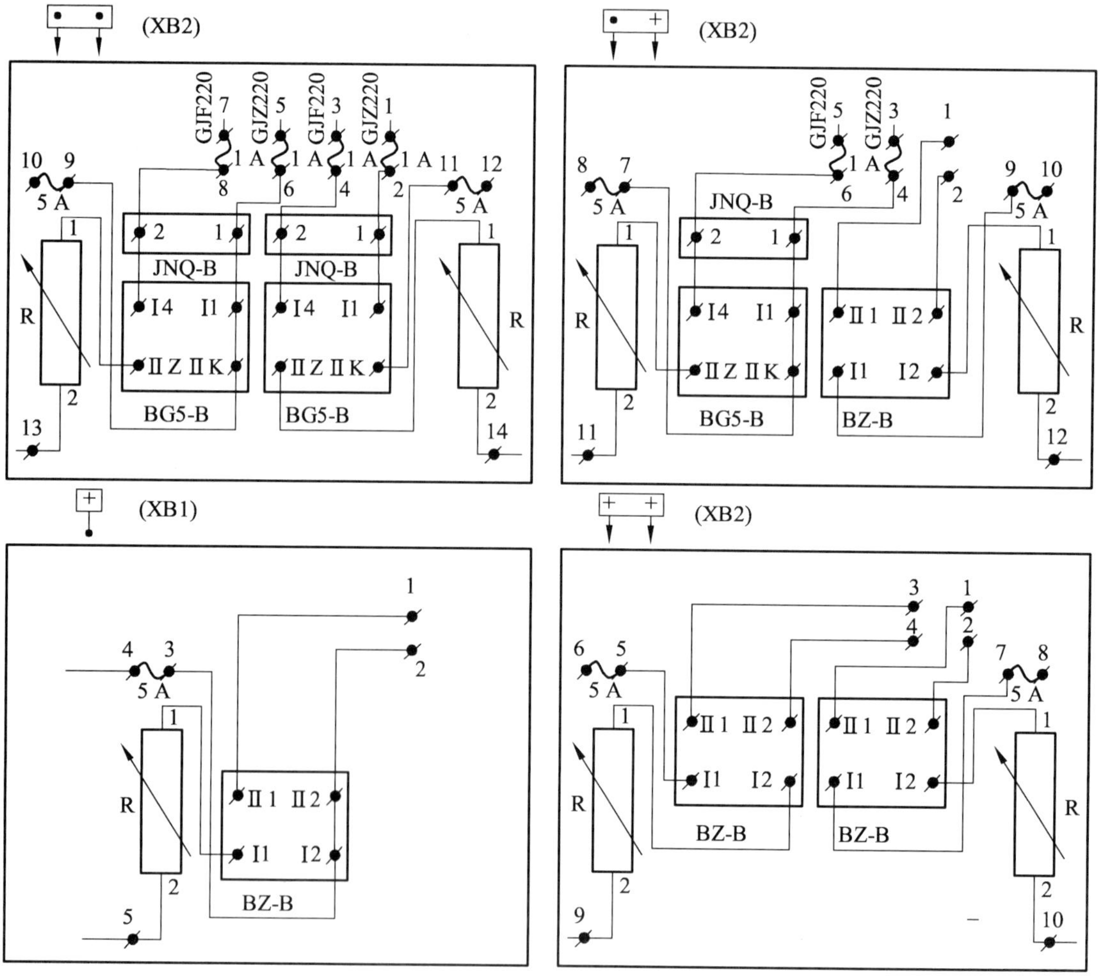

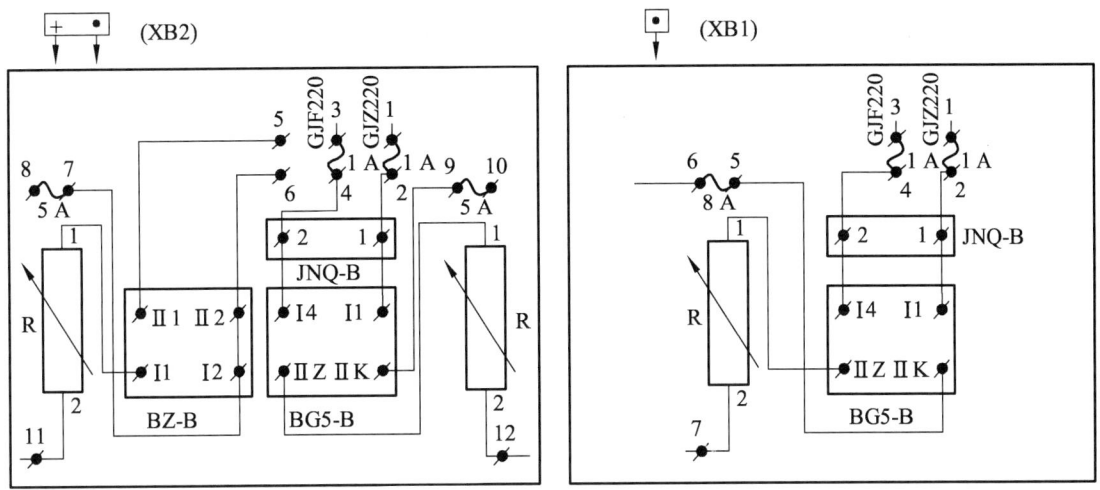

图 1-2-16 车辆段轨道电路送受电端箱盒配线图

任务三 信号图纸识读能力训练

一、车辆段图纸识读能力训练

(一)图册认知

车辆段信号施工图册中图纸可分为布置类、原理类、配线类和进路表。

1. 布置类图纸

车辆段信号布置图主要包括:

1)室内设备布置图

室内设备布置图反映室内联锁机柜、MSS 机柜、ATS 机柜、DCS 机柜、组合柜、接口柜、防雷分线柜、电源屏在室内信号机械室的安装位置。

2)组合排列表

组合排列表反映组合柜各层使用组合类型及使用设备。

3)继电器类型表

继电器类型表反映各类组合的继电器名称和型号。

4)车辆段信号平面布置图

车辆段信号平面布置图反映车辆段信号机灯光配列及坐标、道岔定位位置及坐标、轨道区段的划分等情况。

5)电缆径路图

电缆径路图反映轨道电路极性的配置,轨道电路送、受电端的布置,室外电缆网络连接设备的类型和位置,室外信号设备的串接顺序和电缆径路,以及每根电缆长度和芯数。

6）电缆网络图

电缆网络图与电缆径路图类似，能反映出室外设备的串接顺序、电缆长度和使用情况，但不能显示出室外各电缆盒在站场的布置情况。

2. 原理类图纸

原理类图纸包括：

1）信号机点灯电路图

信号机点灯电路图包括进段信号机点灯电路、出发信号机点灯电路、调车信号机点灯电路、终端信号机点灯电路。

2）道岔控制电路图

道岔控制电路图按照道岔的类型不同，有单动道岔控制电路、双动道岔控制电路。按照转辙机型号不同，分为四线制道岔控制电路、五线制道岔控制电路和六线制道岔控制电路。

3）轨道电路图

车辆段轨道电路多采用 50 Hz 轨道电路，按照受电端数量分为一送一受轨道电路图和一送双受轨道电路图，最多有一送三受轨道电路图。

4）驱动采集电路图

计算机联锁需要控制室外的信号设备，如信号机和道岔，同时也要采集有关信号设备的状态以及对驱动命令的回采。驱动和采集是通过继电器接点经接口架接至计算机联锁的驱动板和采集板实现的，需进行驱动和采集电路图的设计，完成各组合架端子至接口架端子的配线连接。

5）报警电路图

报警电路图包括灯丝报警电路及熔丝报警电路。

6）接口部分电路图

接口部分电路图包括正线接口电路图、车辆段与洗车线接口电路图及车辆段与试车线接口电路图。

3. 配线类图纸

1）室内施工配线图

室内施工配线图主要包括电源电缆配线图、零层电源环线图、组合内部配线图、组合侧面配线图、分线盘配线图、接口柜配线图、维护支持柜配线图。

2）室外施工配线图

室外施工配线图包括电缆配线图、室外设备箱盒配线图。

4. 进路表

进路表以进路为主体，逐条将排列进路需顺序按压的按钮、防护该进路的信号机名称和显示、进路要求检查并锁闭的道岔编号和位置、进路应检查的轨道电路区段名称，以及与所排进路敌对的信号填写清楚，是联锁试验和竣工验收时检查工程质量的重要依据。

（二）识读练习

1. 室内施工图纸识读练习

1）识读方法

（1）先局部，即首先能够看懂单张图纸。

（2）后全面，即在看图时要弄清楚各类图纸之间的关系，要将各类图纸结合起来看。

2）图纸间联系

室内图纸间联系如图1-3-1所示。

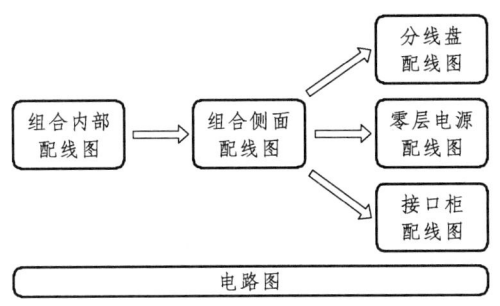

图1-3-1　室内图纸间相互联系示意

电路原理是所有图纸的基础。组合内部配线图描述了同一个组合内部继电器间的联系，以及继电器与侧面间的联系，在原理图上表现为同一"方框"中的内容（有时用虚框表示）。组合侧面配线图描述了不同组合，或不同设备间的联系，在原理图上表现为"方框"与"方框"间的联系内容。以组合侧面配线图为中心，关联到分线盘、零层和接口柜等。在识图练习中，可选择一个实际设备，如信号机、道岔等，以原理图为基础，从组合内部到组合侧面，最后延伸到分线盘、零层以及接口柜，真正理解图纸间的关系。

2. 室外施工图纸练习

室外施工图纸识读方法与室内施工图纸识读方法相同。室外图纸间联系如图1-3-2所示。

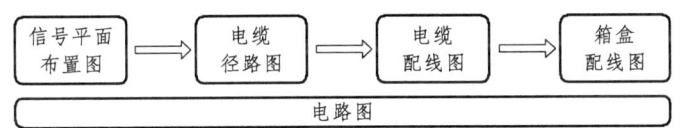

图1-3-2　室外图纸间相互联系示意

室外图纸识读先从信号平面布置图入手，弄清站场设备布置，然后看懂电缆径路图，使用倒推法，找到某项设备的电缆送电顺序，再从电缆配线图中找到该设备的电缆芯线，最后识读箱盒配线图，看懂设备间连接。

二、线图纸识读能力训练

（一）图册认知

1. 布置类图纸

（1）信号平面布置图。

（2）室内信号平面布置图。

（3）电缆径路图。

（4）组合排列表及继电器类型表。

2. 原理类图纸

正线信号施工图纸中的原理类图纸与车辆段信号施工图册中的原理类图纸有差异。在进行识图练习前，请先掌握正线信号设备的工作原理。

正线信号施工图册的原理类图纸包括：

（1）信号机点灯电路图。
（2）道岔控制电路图。
（3）计轴点控制电路图。
（4）屏蔽门控制电路图。
（5）动态信标控制电路图。
（6）紧急停车按钮电路图。
（7）扣车按钮电路图。
（8）折返按钮电路图。
（9）驱采电路图。
（10）灯丝、熔丝报警电路图。
（11）接口部分电路图。

3. 配线类图纸

1）室内施工配线图

室内施工配线图主要包括电源电缆配线图、零层电源环线图、组合内部配线图、组合侧面配线图、分线盘配线图、接口柜配线图、维护支持柜配线图。

2）室外施工配线图

室外施工配线图包括电缆配线图、室外设备箱盒配线图。

（二）识读练习

正线信号施工图纸的识读方法与车辆段基本相同，进行识图练习时，可分为室内施工图纸识读练习和室外施工图纸识读练习。

要求以信号机点灯电路图或道岔控制电路图或计轴控制电路图或屏蔽门控制电路图或紧急停车按钮控制电路图为平台，指定一架信号机、一组道岔、一个计轴点、某站屏蔽门或紧急停车按钮，在图纸中找到其设备、组合位置和每个端子在配线图中的位置，并写出配线铭牌。

三、计算机联锁施工图纸识读

（一）图册认知

计算机联锁图册中图纸可分为布置类、原理类、配线类、联锁表。

1. 布置类图纸

布置类图纸主要说明信号室内外设备的安装位置，在计算机联锁施工图册中常见的布置图有信号平面布置图，电缆径路图（也叫电缆平面布置图，有些图册中还有双线轨道平面布置图），室内信号设备布置图和组合架与轨道架排列表。

1）室内布置图

室内信号设备布置图、组合架排列表和轨道架排列表主要说明室内各信号设备机柜、组合架和轨道的安装位置，以及各组合所在组合架和轨道架的位置。

2）室外布置图

信号平面布置图和电缆径路图主要说明室外信号设备（道岔、轨道电路、信号机和各类箱盒）安装位置及电缆连接顺序和走向。

2. 原理类图纸

原理类图纸包括信号机、轨道电路和道岔的控制电路图，驱动采集电路图，灯丝、熔丝报警电路图，电码化原理图和结合部分电路图。

1）信号机点灯电路

信号机点灯电路按照信号机种类的不同，可以分为进站信号机点灯电路、出站信号机点灯电路和调车信号机点灯电路，其动作原理参看《信号联锁设备》。

2）轨道电路原理图

轨道电路原理图按照受电端数量不同，分为一送一受轨道电路、一送双受轨道电路和一送三受轨道电路。按照其工作原理，分为 25 Hz 轨道电路和高压脉冲轨道电路。工作原理参看《信号基础设备》。

3）道岔控制电路

道岔控制电路按照道岔的类型不同，分为单动道岔控制电路、双动道岔控制电路；按照转辙机型号不同，分为四线制道岔控制电路、五线制道岔控制电路和六线制道岔控制电路。

4）驱动采集电路

计算机联锁需要控制室外的信号设备，如信号机和道岔，同时也要采集有关信号设备的状态以及对驱动命令的回采。驱动和采集是通道过继电器接点经接口架接至计算机联锁的驱动板和采集板实现的，需进行驱动和采集电路图的设计，完成各组合架端子至接口架端子的配线连接。

5）灯丝、熔丝报警电路图

为了方便维修，联锁车站还设置了一些报警电路，如主灯丝断丝报警电路、熔丝断丝报警电路。

列车信号灯泡主灯丝回路发生断线故障（俗称"断丝"），通过主灯丝断丝报警电路在联锁控显机显示屏幕和信号灯泡断丝报警显示终端上显示报警信息。

目前，车站联锁已普遍采用断路器、隔离器取代熔断器和闸刀开关，克服了熔断器可靠性差、更换不便，以及闸刀开关带载操作易拉弧损坏等缺点。为了及时确定脱扣的断路器所在排架位置及断路的电源类型，设置了断路器报警电路。当负载过载或短路时，串接在电路中的断路器脱扣，使相应的组合排架报警器报警灯点亮的同时，断路器报警继电器 RBJ 励磁，致使控显机显示屏上显示报警信息。

6）电码化原理图

车站电码化技术要很好地解决地面向机车发送信号显示信息的连续性、可靠性问题，实时检测信息是否确实发送至轨道,若出现中断,电码化电路应立即给出声光报警,在必要时关闭防护该区段所在进路的信号机。

7)结合部分电路图

车站联锁设备与结合部分电路图大致分为两类:一是自动闭塞结合电路图,说明车站与区间闭塞设备的联系,车站向区间线路发车时,需要检查区间闭塞条件,区间设备的正常工作也必须检查车站联锁设备的有关联锁条件;二是场间联系电路图,编组站或区段站的车场与车场之间,既有列车作业又有调车作业,为保证行车安全,必须在车场之间建立一定的联锁关系。

3. 配线类图纸

1)室内施工配线图

室内施工配线图主要包括零层电源环线图、组合内部配线图、组合侧面配线图、分线盘配线图、接口柜配线图。

2)室外施工配线图

室外施工配线图分为两种:一种是电缆配线图;另一种是箱盒配线图或者叫室外设备定型图。上述这些配线图在前文中已详细介绍,这里就不再一一说明。

4. 联锁表

联锁表是根据车站信号平面布置图所展示的线路、道岔、信号机、轨道电路区段等情况,按规定的原则和格式编制的。联锁表以进路为主体,逐条地把排列进路需顺序按压的按钮、防护该进路的信号机名称和显示、进路要求检查并锁闭的道岔编号和位置、进路应检查的轨道电路区段名称,以及与所排进路敌对的信号填写清楚,是联锁试验和竣工验收时作为检查工程质量的重要依据。

(二)识读练习

1. 室内施工图纸识读练习

1)识读方法

(1)先局部,即首先能够看懂单张图纸。

(2)后全面,即在看图时要弄清楚各类图纸之间的关系,要将各类图纸结合起来看。

2)图纸间联系

室内图纸间联系如图 1-3-3 所示。

识读时以原理电路图为平台,将组合内部配线图、组合侧面配线图、分线盘配线图、零层电源配线图和接口柜配线图结合起来看。其中,组合侧面配线图与其他四种图纸之间都有配线关系,在电路原理图中都能够体现出来。

2. 室外施工图纸识读练习

1)识读方法

同室内施工图纸识读练习方法相同。

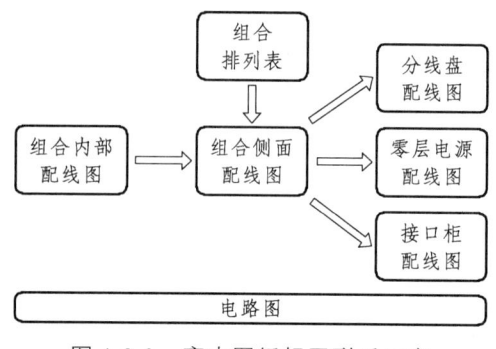

图 1-3-3 室内图纸相互联系示意

2）图纸间联系

室外图纸间相互联系如图 1-3-4 所示。

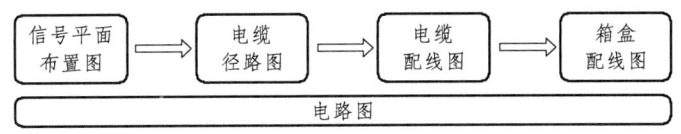

图 1-3-4　室外图纸间相互联系示意

识读时以信号设备控制电路图为平台，确定信号设备在室外位置、电缆连接顺序，参看电缆配线图相应内容和对应的室外箱盒配线图。

识图练习要求：以一张信号机点灯电路图或一张道岔控制电路图或一张轨道区段电路图为平台，指定一架信号机、一组道岔或一个轨道区段，在图纸中找到其组合位置和每个端子在配线图中位置并写出配线铭牌。

四、间自动闭塞施工图册识读

（一）图册认知

区间自动闭塞图纸可分为布置类、原理类和配线类图纸。

1. 布置类图纸

布置类图纸主要说明区间闭塞室内外设备的安装位置，在区间自动闭塞施工图册中常见的布置图有区间信号设备布置图、区间电缆径路图和区间室内设备布置图。

1）区间信号平面布置图

在区间信号设备平面布置图上应标明通过信号机的编号和坐标，每个闭塞分区的长度、载频配置、补偿电容的容量和数量，相邻站分割点，反向运行预告标等。

双线自动闭塞区间反方向按自动站间闭塞运行，反方向进站信号机前方设置预告标。预告标设在反方向进站信号机外方 900 m、1 000 m 及 1 100 m 处。

2）区间电缆径路图

区间电缆径路图包括：每根电缆长度、芯数和备用芯数；室外信号设备串接顺序和电缆径路；电缆连接的设备类型。

图中小方框表示该段电缆的使用情况。其中：FS——发送；JS——接收；DD——点灯；XDS——下行灯丝报警；SDS——上行灯丝报警；DH——维修电话。

3）区间室内设备布置图

室内设备包括区间移频柜、综合柜、组合架和区间电源屏，室内布置需要结合车站室内设备布置进行。

（1）移频柜布置：区间移频柜除安放发送器、接收器、衰耗器外，还有零层。区间移频柜的上、下两个闭塞分区的接收机构成并机。移频柜零层由 10 块 3×18 端子板，1 块断路器板、5 块电源端子板组成。

（2）区间综合架：放置电缆模拟网络、点灯隔离变压器，并实现室内室外设备的连接。

（3）区间组合柜：区间组合架(QZ)每架 10 层，但每个组合占用两层的位置，每个组合最多 22 个继电器。每个闭塞分区用 1 个组合。

2. 原理类图纸

自动闭塞电路图包括闭塞分区电路图、区间 $n+1$ 电路图、站间联系电路图、区间设备报警电路图。

1）闭塞分区电路图

闭塞分区电路图是一个闭塞分区电路的接线图，每个闭塞分区一张图。闭塞分区电路图包括通过信号机点灯电路（离去区段没有）、发送电路、发送编码电路、接收电路、小轨联系电路和内方闭塞分区或进、出站信号机联系电路、复示继电器电路。电路原理参看《区间闭塞设备维护》（穆中华，西南交通大学出版社）中的项目二。

2）区间 $n+1$ 电路图

ZPW-2000A 型自动闭塞发送采用 $n+1$ 冗余方式。每个车站按上、下行分别设一个 +1 发送器，发送器内设自动检测。设备正常时，其发送报警继电器 FBJ 吸起。当发送器发生故障时，FBJ 落下，自动转换至 +1 发送器。电路原理参看《区间闭塞设备维护》中的项目二。

3）站间联系电路图

区间设备分设于两端车站，位与两站管辖区分界处两侧的闭塞分区要互相利用对方的有关条件，故必须设站间联系电路。一个车站有 4 套这样的站间联系电路。电路原理参看《区间闭塞设备维护》中的项目二。

4）区间设备报警电路图

区间设备报警电路图包括移频总报警电路和区间信号机主灯丝报警电路，电路原理参看《区间闭塞设备维护》中的项目二。

3. 配线类图纸

自动闭塞配线图包括区间移频柜零层端子配线表、区间综合架零层端子配线表、区间组合架零层电源端子配线表、区间组合架侧面配线表、点灯隔离变压器侧面配线表、区间电源屏及室内电源配线图、组合内部配线图、区间室外电缆配线图。

（二）识读练习

图纸识读方法可参考计算机联锁施工图纸识读方法。

1. 室内施工图纸识读练习

区间室内施工图纸间联系如图 1-3-5 所示。

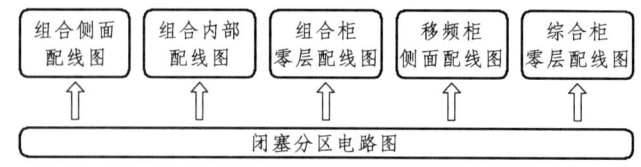

图 1-3-5 区间室内设备图纸间相互联系示意

闭塞分区电路图是区间施工图纸的基础，图中既有区间组合的内部配线和组合的侧面配线，又包括移频柜的侧面配线和综合柜的零层配线，因此，以某个闭塞分区的电路图为基础，从中找到对应的其他配线，在读图的同时，也理解了图纸间的联系。

2．室外施工图纸识读练习

区间室外图纸相互联系如图 1-3-6 所示。

图纸识读练习要求：以区间闭塞分区电路图为平台，任选一闭塞分区，确定其区间设备室内外位置和任意端子在配线图中位置，同时编写配线铭牌。

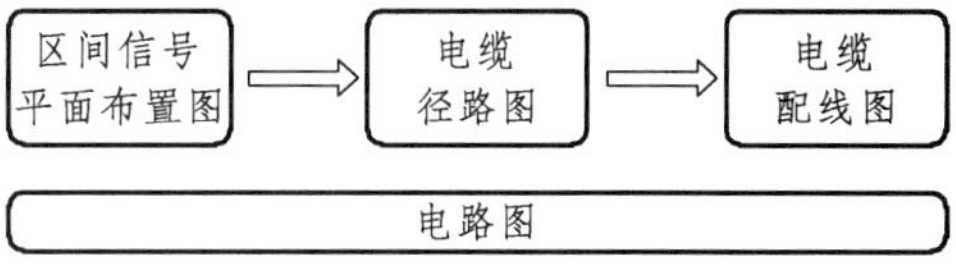

（三）考核标准

1．应知应会考核

采用闭卷方式考核，考核内容如下：

（1）信号工程施工流程。

（2）各信号布置图中基本设计原则。

图 1-3-6　区间室外图纸相互联系示意

（3）室内外设备端子编号原则。

（4）图形符号表示意义。

（5）配线铭牌编写。

2．图纸识读技能考核

随机抽取车辆段施工图册、正线施工图册、计算机联锁施工图册、区间自动闭塞图册中的任一项，能够正确识读其中任意信号施工图纸，考核时限为 10 min。考核方式采用笔试加口试。评分标准如表 1-3-1 所示。

表 1-3-1　图纸识读技能考核评分表

项目及配分	考核内容及评分标准	扣分因素及扣分	得分
图纸识读（3分）	1．设备图形符号不清楚，每项扣 1 分		
	2．设备用途不清楚，每项扣 1 分		
	3．设备状态不清楚，每项扣 1 分		
	4．设备间连接不清楚，每项扣 2 分		
	5．端子编号规则不清楚，每项扣 2 分		
	图纸识读总计 3 分，上述内容按规定扣分，扣完 3 分为止		
图物对照（5分）	1．设备型号识别不清楚，每项扣 2 分		
	2．根据图纸不能快速找到设备，每项扣 2 分		
	3．根据设备不能快速找到图纸位置，每项扣 2 分		
	4．电源供电顺序不清楚，每项扣 2 分		
	5．熔断器作用及容量不清楚，每项扣 2 分		
	图物对照共计 5 分，上述内容按规定扣分，扣完 5 分为止		
其他（2分）	1．损坏图纸，扣 1 分		
	2．未按规定着装，扣 1 分		
	其他共计 2 分，上述内容按规定扣分，扣完 2 分为止		
合计			

项目二 基本施工技能训练

任务一 常用工具使用

一、斜口钳的使用

（一）斜口钳介绍

斜口钳主要用于剪切导线和元器件多余的引线，还常用来代替一般剪刀剪切绝缘套管、尼龙扎线卡等。斜口钳的实物如图 2-1-1 所示。

斜口钳一般也称为斜嘴钳，斜嘴钳的尺寸一般分为：4″、5″、6″、7″、8″。大于 8″的比较少见，比 4″更小的一般称为迷你斜口钳，约为 125 mm。

斜口钳的刀口可用来剖切软电线的橡皮或塑料绝缘层。钳子的刀口也可用来切剪电线、铁丝。剪 8 号镀锌铁丝时，只需刀刃绕表面来回割几下，然后只需轻轻一扳，铁丝即断。铡口也可以用来切断电线、钢丝等较硬的金属线。电工常用的有 150 mm、175 mm、200 mm 及 250 mm 等多种规格。可根据内线或外线工种需要选购。钳子的齿口也可用来紧固或拧松螺母。

图 2-1-1 斜口钳实物

（二）斜口钳的使用方法

使用工具的人员必须熟知工具的性能、特点、使用、保管和维修及保养方法。使用钳子是用右手操作，将钳口朝内侧，便于控制钳切部位，用小指伸在两钳柄中间抵住钳柄，张开钳头，这样分开钳柄较灵活。

斜口钳使用注意事项：

（1）使用前，应检查绝缘柄的绝缘是否良好。

（2）使用钳子要量力而行，不可以用来剪切钢丝，钢丝绳和过粗的铜导线和铁丝。否则容易导致钳子崩牙和损坏。

（3）钳头不可代替手锤作为敲打工具。

二、剥线钳的使用

（一）剥线钳介绍

剥线钳用于剥直径在 6 mm 以下电线的绝缘层，它由刀口、压线口和钳柄组成。剥线钳的刀口上有 0.5～3 mm 的多个不同孔径的切口，以便剥不同规格的芯线绝缘层。剥线钳的钳柄上包有耐压值在交流 500 V 以上的绝缘保护套。其外形如图 2-1-2 所示。

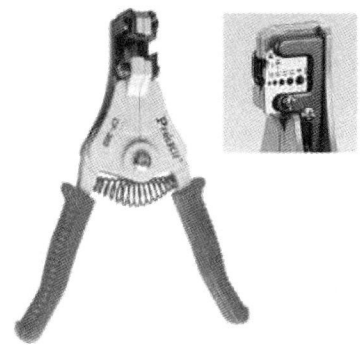

（二）剥线钳的使用方法

（1）根据缆线的粗细型号，选择相应的剥线刀口孔径。

（2）将准备好的电线放在剥线钳的刀刃中间，选择好要剥线的长度。

（3）握住剥线钳手柄，将电线夹住，缓缓用力使电线外表皮慢慢剥落。

图 2-1-2 剥线钳及其刀口

（4）松开手柄，取出电线，这时电缆芯线应整齐露出，其余绝缘塑料完好无损。

三、压线钳的使用

（一）压线钳介绍

压线钳是一种压制各种线材的工具。在铁路信号或城轨信号施工中，通常用来制作万可端子或普通线环，也可用于电缆接续，应根据不同用途，选用不同种类型号的压线钳。压线钳实物如图 2-1-3 所示。

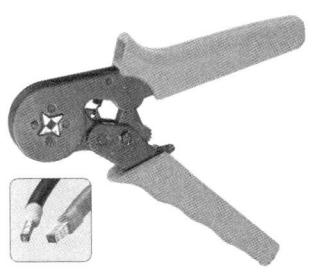
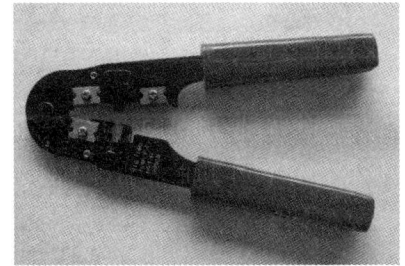
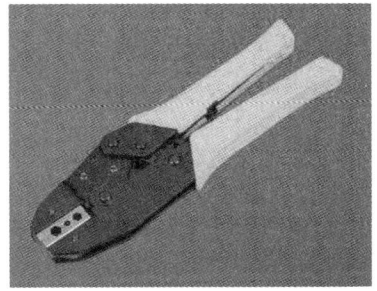

图 2-1-3 压线钳实物

（二）压线钳的使用方法

（1）将电缆芯线绝缘层剥去 1.5~2 cm 的长度。
（2）将裸露的铜芯线穿入万可端子套筒中，确认裸铜芯线端部已穿至万可端子筒根部。
（3）用压线钳对万可端子金属部位进行压接。
（4）检查芯线正确压接成功，是否牢固可靠。

（三）压线钳使用注意事项

（1）根据压接端子类型，选择合适的压线钳。
（2）钳头不可替代手锤作为敲打工具。

四、电烙铁的使用

常用电烙铁分内热式和外热式两种。内热式电烙铁的烙铁头在电热丝的外面，这种电烙铁加热快且质量轻。外热式电烙铁的烙铁头是插在电热丝里面，它加热虽然较慢，但相对比较牢固。电烙铁直接用 220 V 交流电源加热。电源线和外壳之间应是绝缘的，电源线和外壳之间的绝缘电阻应大于 200 MΩ。信号施工通常使用功率为 30 W、45 W、75 W 和 100 W 的电烙铁。

（一）焊接操作姿势

电烙铁的拿法有三种，如图 2-1-4 所示。反握法动作稳定，长时间操作不宜疲劳，适于大功率烙铁的操作。正握法适于中等功率烙铁或带弯头电烙铁的操作。一般在焊接组合内部配线时多采用正握法。握笔法适用于轻巧型的电烙铁，如 30 W 的内热式电烙铁，它的烙铁头是直的，头端锉成一个斜面或圆锥状，适宜焊接面积较小的焊盘。

（a）反握法　　　　　（b）正握法　　　　　（c）握笔法

图 2-1-4　电烙铁的握法

焊锡丝一般有两种拿法，如图 2-1-5 所示。由于焊丝成分中铅占一定比例，而铅是对人体有害的重金属，因此操作时应戴手套或操作后立即洗手，避免食入。

（a）连续锡焊时焊锡丝的拿法　　　　（b）断续锡焊时焊锡丝的拿法

图 2-1-5　焊锡丝拿法

使用电烙铁要配置烙铁架，一般放置在工作台右前方，电烙铁用后一定要稳妥放置在烙铁架上，并注意烙铁头不能碰到导线等其他物件，以免发生短路等故障。

（二）五步法焊接

标准的手工锡焊应该采用图 2-1-6 所示的五步法焊接。

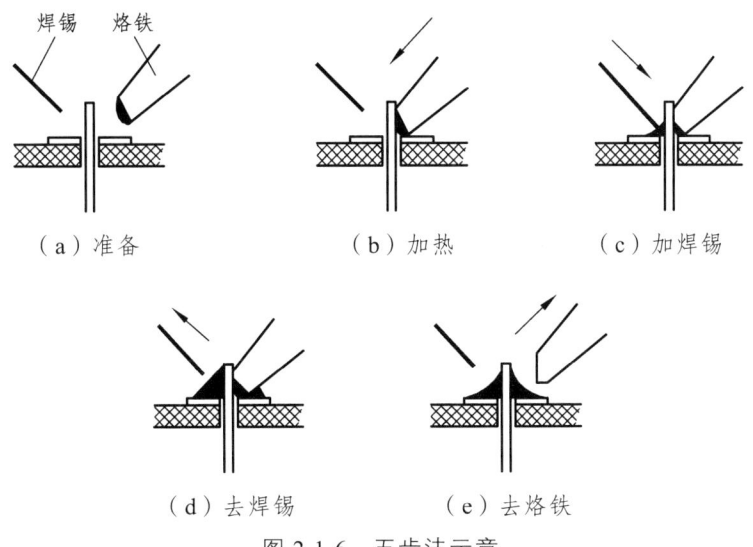

图 2-1-6　五步法示意

（1）准备。准备好焊锡丝和烙铁。此时特别注意的是烙铁头部要保持干净才可以沾上焊锡（俗称吃锡）。

（2）加热。将烙铁接触焊接点，注意首先要保持烙铁加热到焊件各个部分（如印制板上的引线和焊盘等），其次要注意让烙铁头的扁平部分（较大部分）接触热容量较大的焊件，烙铁头的侧面或边缘部分接触热容量较小的焊件，以保持焊件均匀受热。

（3）加焊锡。当焊件加热到能熔化焊料的温度后，将焊锡丝置于焊点与烙铁头之间，焊料开始熔化并润湿焊点。

（4）移开焊锡。当熔化一定量的焊锡后将焊锡丝移开。

（5）移开烙铁。当焊锡完全润湿焊点后移开烙铁，注意移开烙铁的方向应该是大致 45°的方向。

上述过程，对一般焊点需 2~3 s。对于热容量较小的焊点，例如印制电路板上的小焊盘，有时可将上述步骤（2）（3）合为一步，（4）（5）合为一步。五步法具有普遍性，是掌握手工烙铁焊接的基本方法。特别是各步骤之间停留的时间，对保证焊接质量至关重要，只有通过实践才能逐步掌握。

部分作业者中通行一种焊接操作法，即先用烙铁头沾上一些焊锡，然后将烙铁放在焊点上停留，等待加热后焊锡润湿焊件。这种方法是不正确的操作方法。虽然这样也可以将焊件焊接起来，但却不能保证质量。因为当焊锡融化到烙铁头上时，焊锡丝中的焊剂敷在焊料表面，由于烙铁头温度一般为 250~350 ℃，在烙铁放在焊点之前，松香焊剂将不断挥发，而当烙铁放到焊点上时，由于焊件温度低，加热还需一段时间，在此期间焊剂很可能挥发大半甚至完全挥发，因而在润湿过程中由于缺少焊剂导致润湿不良。同时由于焊料和焊件温度差很多，结合层不容易形成，很难避免虚焊。更由于焊剂的保护作用丧失后焊料容易氧化，焊接质量得不到保证。

（三）电烙铁使用注意事项

1. 选择合适的烙铁头

选择正确的烙铁头尺寸和形状是非常重要的，选择合适的烙铁头能使工作更有效率及增加烙铁头之耐用程度。选择错误的烙铁头会使焊接不能发挥最高效率，焊接质量也会因此而降低。

烙铁头大小与热容量有直接关系，烙铁头越大，热容量相对越大，烙铁头越小，热容量也越小。进行连续焊接时，使用越大的烙铁头，温度跌幅越少。此外，由于大烙铁头的热容量高，焊接的时候能够使用比较低的温度，故烙铁头就不易氧化，会增加其使用寿命。短而粗的烙铁头传热较长而细的烙铁头快，而且比较耐用。扁的、钝的烙铁头比尖锐的烙铁头能传递更多的热量。一般来说，烙铁头尺寸以不影响邻近元件为标准。选择能够与焊点充分接触的几何尺寸能提高焊接效率。

2. 新电烙铁的处理

新买的电烙铁在使用前必须先"挂锡"，具体方法是：将电烙铁通电烧热，待刚刚能熔化焊锡时，涂上助焊剂，再把焊锡丝均匀地涂在烙铁头上，使烙铁头均匀地吃上一层焊锡。使用久了的电烙铁应将烙铁头部锉亮，然后通电加热给烙铁头表面"挂锡"。

3. 电烙铁的清洁

进行焊接工作前必须先把清洁海绵湿水，再挤干多余水分，这样可使烙铁头得到最好的清洁效果。如果使用非湿润的清洁海绵，会使烙铁头受损而导致不上锡。

4. 焊接工作中的注意事项

（1）尽量使用低温焊接。高温会使烙铁头加速氧化，降低烙铁头寿命。当烙铁头温度超过 470 °C 时，它的氧化速度是 380 °C 的两倍。

（2）勿施压过大。在焊接时，请勿施压过大，否则会使烙铁头受损变形。只要烙铁头能充分接触焊点，热量就可以传递。另外选择合适的烙铁头也能帮助传热。

（3）选用活性低的助焊剂。活性高或腐蚀性强的助焊剂在受热时会加速腐蚀烙铁头，所以应选用低腐蚀性的助焊剂。注意：切勿使用砂纸或硬物清洁烙铁头。

（4）经常保持烙铁头上锡。这可以减低烙铁头的氧化机会，使烙铁头更耐用。使用后，应待烙铁头温度稍为降低后再加上新焊锡，使镀锡层有更佳的防氧化效果。

（5）保持烙铁头清洁及平整。电烙铁使用一段时间后，会在烙铁头部形成黑色氧化物，烙铁头就可能不上锡，此时必须进行清理。清理时先把烙铁头温度调到约 250 °C，用清洁海绵清洁烙铁头，然后再上锡(如果使用非控温烙铁，先把电源切断，让烙铁头温度稍微降低后再上锡)。如出现凹坑或氧化块，应用细纹锉刀修复或者直接更换烙铁头。

（6）不要猛力敲打电烙铁，以免震断电烙铁内部电热丝或引线而产生故障。

（7）不用烙铁时，应小心地把烙铁摆放在合适的烙铁架上，以免烙铁头受到碰撞而损坏。

（8）进行焊接工作后应先把温度调到约 250 °C，清洁烙铁头，再加上一层新锡作保护。

任务二　接线技能训练

视频学习 2-2

一、定型组合焊接练习

信号组合内部、组合侧面端子之间，以及组合侧面端子与组合柜零层 18 柱端子之间的连接常采用 23×0.15 mm² 或 16×0.15 mm² 的多股铜芯软线在焊接片上实行焊接连接，如图 2-2-1 所示。焊线施工程序如下：

（1）将焊接片表面用什锦平锉或砂布打磨，除去表面氧化层，涂以松香酒精溶剂，用直头 75 W 电烙铁沾焊锡在焊接片表面挂一层薄锡。注意，不可将穿线孔堵住。

（2）用剥线钳剥去铜芯软线约 5 mm 长的绝缘外皮，用手将裸线头拧紧。

（3）套上塑料胶管。AX 继电器插座板需 $\phi 8 \times 15$ mm 的塑胶管，18 柱端子板及侧面端子板需 $\phi 6 \times 20$ mm 的塑胶管。

图 2-2-1　多股线焊接示意

（4）左手持线头从焊接片穿线孔下方向上穿出，在此焊接片、铜芯软线下方垫一硬纸片，以卡住线头并防止漏锡烫坏下方的塑胶管，然后用烙铁头迅速压一下焊接片上面的裸线头，使线头向前平直地与焊接片贴紧，并涂以少量松香酒精溶剂（如果采用含松香的焊锡丝焊接，可不用松香酒精溶剂助焊）。

（5）右手稳握电烙铁，对准线头贴平放下烙铁头以加热焊点，在烙铁头和焊接片之间塞入适量焊锡丝，焊锡丝会很快融化并裹住裸线头，及时将电烙铁抬起，焊锡被烙铁头提起又落下，形成一半椭球形隆起，此时，左手不得移动，轻轻向焊面吹一口气，焊锡表面稍"暗"凝固后，方可松开左手。

（6）左手轻拽线头，确认无假焊，焊接牢固后将塑胶管推上，完全套住焊接片。

（7）焊接时，焊锡要成椭圆形，包住线头，不露毛刺，堵严穿线孔，并不得向下滴漏。

（8）对同一列端子，由下向上顺序焊接。焊接时，可在所焊焊接片下方垫一硬纸片，以防漏锡烫坏下方的塑胶管。对多列端子，先焊左列后焊右列。

二、万可端子压接练习

万可（WAGO）端子接线是目前国内外信号普遍采用的一种接线技术，它以抗振动、快速接线和免维护等优点逐步取代了传统的焊接端子和螺栓端子，既保证了快速和舒适的操作，又提供了更高层次的安全保障。其接线方法如下：

（1）端子上的圆孔为配线孔，方孔为工具孔。

（2）将 3 mm 宽的扁平螺丝刀刀头的平面朝向配线孔。将螺丝刀垂直插入与配线孔对应的方孔中，并确认弹簧保持打开状态，如图 2-2-2 所示。

（3）将已剥好线头的导线（8~9 mm）顺靠近测试孔一侧的配线孔壁，插入配线孔中。必须将导线插到配线孔底，如图 2-2-3 所示。

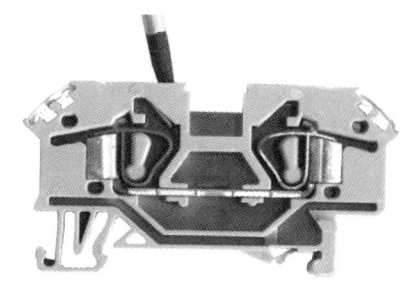

图 2-2-2　螺丝刀操作示意

 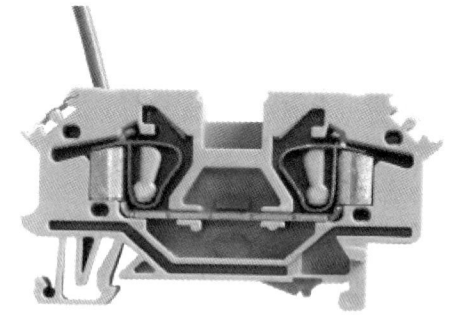

图 2-2-3　配线操作示意

（4）抽出螺丝刀，上线工作完成，如图 2-2-4 所示。

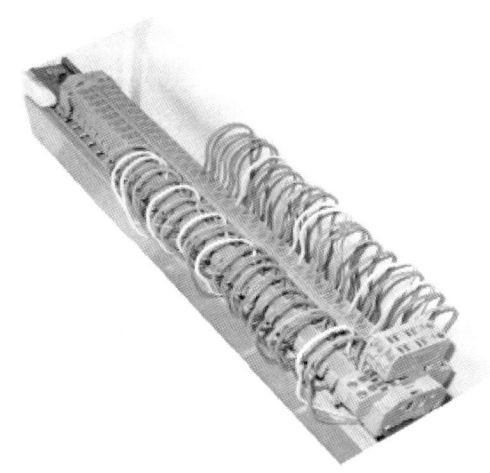

图 2-2-4　万可端子接线示意

三、绕制线环练习

常用绕制线环有两种：一种采用 7×0.52 mm^2 绝缘软线绕制，多用于转辙机内部配线、轨道箱盒内部配线、信号机变压器箱与信号机机构内部配线中，有时也用于组合架零层；另一种用电缆硬芯线绕制的线环，多用于室外方向盒、电缆终端盒与室内分线柜中。

（一）7×0.52 mm² 绝缘软线绕制线环方法

（1）将 7×0.52 mm² 的铜芯软线的绝缘护皮用剥线钳剥去 50 mm 左右，裸露出里面的铜丝线芯，轻轻将线头拧在一起。

（2）在铜芯软线上穿上 $\phi 5 \times 20$ mm 塑胶套管。

（3）将单根 0.52 mm² 的铜丝穿过塑胶套管，与铜芯软线并齐，如图 2-2-5 所示。

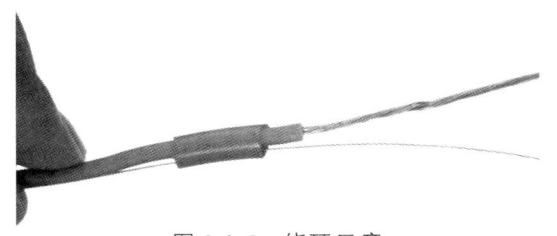

图 2-2-5　绕环示意

（4）在裸露线芯根部预留约 2 mm 间隙，将单根 0.52 mm² 的铜丝缠绕在 7×0.52 mm² 铜芯软线裸露的铜丝线芯上。缠绕圈数根据所制线环的直径大小有所区别，一般 $\phi 4$ mm 的线环需缠绕 28 圈左右，$\phi 5$ mm 的线环需缠绕 34 圈左右，$\phi 6$ mm 的线环需缠绕 40 圈左右。直径每增加 1 mm，缠绕圈数增加 6 圈，如图 2-2-6 所示。

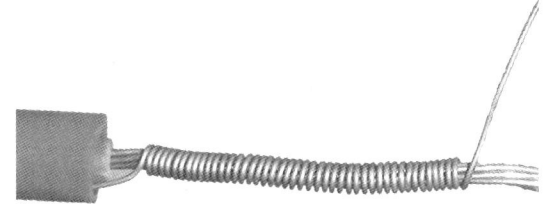

图 2-2-6　线芯缠绕示意

（5）将铜丝线芯与单根铜丝分为两股，绕制成螺旋形状，再用斜口钳将多余根部剪去，仅保留 5 mm 左右长度，套上绝缘套管，如图 2-2-7 所示。

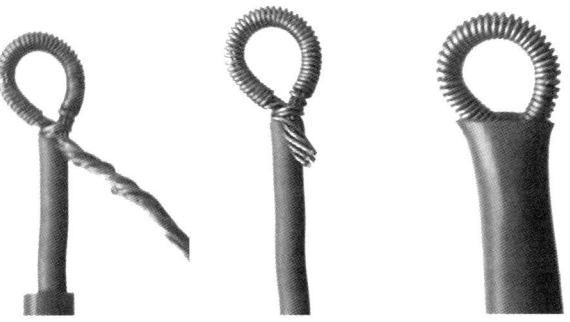

图 2-2-7　绕制线环示意

（二）电缆硬芯线绕制线环方法

（1）用剥线钳剥去绝缘外皮 40~50 mm，剥线时不得损伤芯线。

（2）用左手拇指与食指捏住离绝缘皮端部 2~3 mm 处的铜芯线根部。

（3）用尖嘴钳将铜芯线向左押至与电缆芯线身垂直，然后将裸芯线按顺时针方向弯成圆环状，圆环的直径略大于端子螺杆的直径 1~2 mm。

（4）将线环尾部多余芯线用斜口钳减掉，线环便完成了，如图 2-2-8 所示。

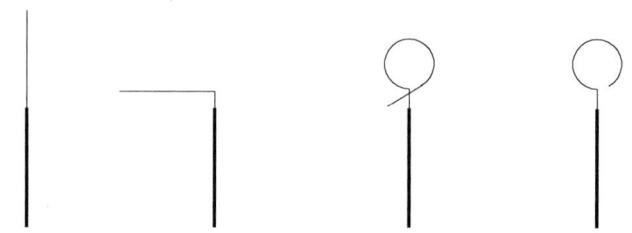

图 2-2-8 电缆硬芯线绕制线环示意

四、压接制环练习

绕制线环方式是螺栓端子传统接线工艺，其人为操作性较强，容易造成线环的大小、线脖长短不一致，特别是使用电缆硬芯线绕制成的线环在长时间使用过程中，容易出现断线现象，从而造成信号设备停用。为提高接线质量，螺栓端子接线应采用防震压接线环方式或用 WAGO 端子接线方式取代螺栓端子接线。压接环可用于室内外多种配线上，根据端子螺杆的直径选择大小合适的线环。其压接制环方法如下：

（1）用剥线钳开剥电缆芯线，使芯线露出 5~6 mm 的铜芯线，如图 2-2-9 所示。

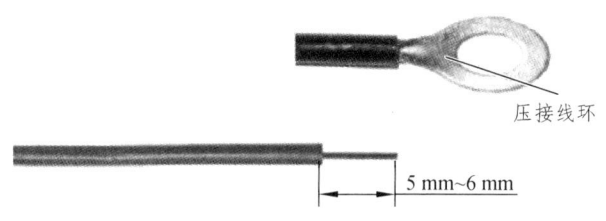

图 2-2-9 芯线开剥及压接线环示意图

（2）选择允许压接截面面积与芯线截面面积相符的压接线环，将铜芯线穿入待压接线环的引线管内。

（3）压接钳主钳口面向压接端子侧，副钳口面向芯线侧，然后将压接钳压到底，做到一次压接成功。松手后压接钳钳口应自动打开，表示压接成功。钳口、端子及压接芯线正确放置位置如图 2-2-10 所示。

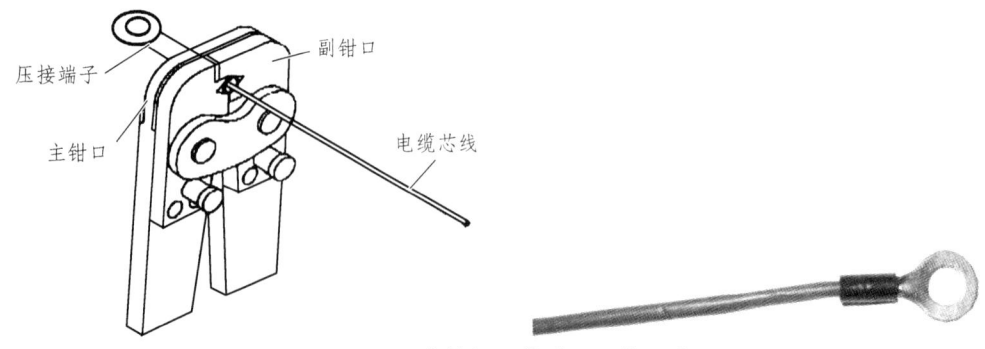

图 2-2-10 芯线与压接端子压接示意

任务三 配线技能训练

一、室内配线练习

（一）组合侧面配线

组合侧面端子配线包括本架组合侧面端子之间配线、本架组合侧面端子与本架零层端子之间配线、本架组合侧面端子与其他架组合侧面端子配线、组合侧面端子与分线柜端子间配线、组合侧面端子与接口柜端子配线。组合侧面配线要按照设计要求使用合适的铜芯绝缘软线，一般多使用 23×0.15 mm² 规格软线。

1. 本架内组合侧面端子配线

在组合架背面，每层组合的右侧有两块分别含 3 列 18 柱端子的端子板，6 列从右至左顺序编为 01~06，每列从上至下顺序编为 1~18。配线时可使用侧面端子配线板以方便放线，提高施工效率。配线板可用三合板或塑料板制作，如图 2-3-1 所示。该配线板仅对应一块 3×18 端子板，因此每个组合侧面需使用两块侧面端子配线板。图中小圆圈示意 $\phi 3$ mm 的圆孔，对应组合侧面端子位置，每两列圆孔对应一列侧面端子，这是因为有些侧面端子上有两根配线，每根配线各对应一个小圆孔。两黑点为 $\phi 7$ mm 的圆孔，用来固定侧面端子配线板。

配线前，将 10 个侧面端子配线板用铁丝串连起来，挂在组合架背面走线架上，与组合侧面端子板之间留出足够距离，以方便放线完毕后焊接端子或插接万可端子。每个组合架挂 2 列，共 20 个侧面端子配线板。每个侧面端子配线板对应 1 个组合侧面端子板。

配线时步骤为：

（1）放线时，一人专门识读组合侧面配线表，确认每个侧面端子上电线的数量和去向，指挥同事放线，并用彩笔及时做出记号（放一根线要给配线表两端做记号）。

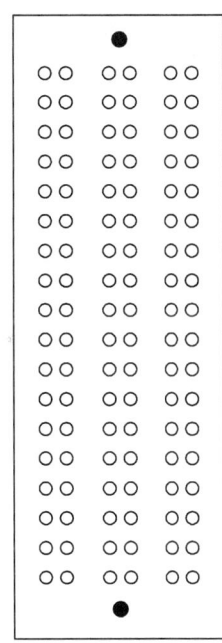

图 2-3-1 侧面端子配线板

（2）另两人负责放线，放线时电线采用直角拐弯，两端穿过线孔后各留 100 mm 系扣，以防线条从线孔坠出。

（3）放线时，先放本组合侧面端子之间的短跨线，再放不同组合侧面之间的连线。可以先放第 10 层组合，再放第 9 层，直至第 1 层。

（4）对于侧面端子至组合架零层 18 柱端子的连线，应该先放第 10 层组合，再放第 9 层，依此类推。如此顺序可使长软线遮盖短软线，外观显得平直顺畅。放组合侧面至零层 18 柱端子板配线时，也可制作 18 柱端子配线板挂装在需配线的零层 18 柱端子板上。

（5）放线完毕后，需对照侧面配线表仔细核对每个端子上的软线数量，应无漏放、错放。

（6）使用不同颜色的废电缆芯线对电线进行粗绑，以区别组合的层号和端子列号。

（7）本架组合侧面端子到零层的配线，可穿上配线铭牌，将零层一端配线暂时缠绕在零层端子板上。

2. 架间组合侧面端子配线

架间配线包括组合架与组合架之间的配线、组合架与借口柜之间配线等。其放线方法基本一致，具体步骤如下：

（1）用 ϕ4.0 mm 的铁线做成若干穿线环，将其固定在组合架背面顶层走线架穿孔处、零层端子框的上部固定螺栓上，用以走线把竖把；固定在零层端子框的下部固定螺栓上，以便走零层线把横把；固定在每个组合侧面端子板右后方、继电器框的下部固定螺栓上，以便走每个组合侧面的竖线把和横把。

（2）放线时，同样由专人识读配线表，指挥其他人放线，并及时在配线表上做出配线记号。

（3）放线时，及时穿挂走线架穿线孔、穿线环，力求直角拐弯，两端进配线板线孔后，留足 150 mm 系扣，以防线条从线孔坠出。

（4）从同一组合侧面不同端子去另一个同组合不同端子的几根线可以同时放线，以提高效率，但必须注意穿配线板线孔时不得穿错。

（5）放线顺序是先放本排，再放排间，最后放分线盘；先放顶层，再放底层。这样可使竖把表面直线贯通、平顺整齐。

（6）一架的架间线放完后，清点每个线孔的线头数，与配线表准确核对有无漏放、错放，再放下一架线间配线。

3. 组合侧面配线绑把

由于联锁试验时难免出现加线、改线情况，所以组合侧面配线绑把待联锁试验之后进行。

（1）先将本架内配线的竖把粗绑芯线解除，将竖把线合并。各支线把粗绑线先不拆除。

（2）整理配线时，从本架走线架穿线孔下部开始，先理出最下面第一层侧面至外架的线条，用废电缆芯线先扎成一束，放在大竖把正面外层；将去零层的线条也理出一束，放在大线把的左侧最内层；下面各层线条分别整理成线束，依层相叠。梳理时，尽量避免出现交叉，由下向上"梳"到走线架上方，使竖把表面平顺贯通，随即用废电缆芯线两道粗绑扎紧。

（3）理线时，可使用头部扁圆形竹片，不宜用螺丝刀等铁器，以防伤及绝缘外皮。

（4）在已粗绑线把下方，另取一根废电缆芯线缠绕两期，略为收紧，以能上下滑动为宜，称为滑圈。其作用是使下方尚未绑扎的一段线把初拢成形。随着"滑圈"向下滑动，逐段理线绑扎。每分出一横把时，需重设"滑圈"。

（5）到零层底部，将去零层的线条水平向左成横把分出。在每层组合侧面端子板底部横把时，由于端子板平面高出组合架平面约 80 mm，横把应垂直于组合架平面分出。出横把时，应避免三角空洞出现。

（6）绑横把时，应将引至 06 列的线条置于横把外表面，将至 01 列的线条置于最内侧，其他各列线条分层叠放。难免出现的交叉可至于竖把里面，以使表面直线平顺贯通，如图 2-3-2 所示。

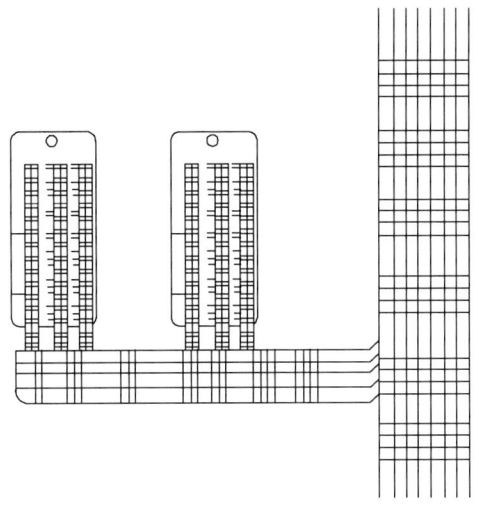

图 2-3-2　侧面端子配线绑把

（7）理横把时，注意不可使架内配线线把和架间配线的"列号"和"端子号"丢失或错位。应充分信用侧面端子配线板尚未拆除、架间配线的线条可以抽动的条件，进行线条的交叉换位，然后"对号入座"穿入架内配线塑料线绑扎的线号中。如果该列架间配线线条相当多，可以将配线中的同列线条合并，重新用塑料绑线编一次号。

（8）组合侧面的横把出竖把时应立即粗绑，垂直于组合架平面 40 mm 再粗绑一道，当与组合侧面端子板平面持平时绑扎一道，随即拐直角弯至端子板下方成水平横把，按列区分别绑扎六道。

（9）细绑在联锁试验之后进行，用彩色塑料线替代电缆芯线，每道用 4 股，两股之间间距 40 mm，也可用扎带代替。

（10）粗绑后，可将侧面端子配线板取下，注意在软线上穿上配线铭牌并打结，避免接线时错配。

4. 接线

组合架线把粗绑后，便可进行组合架零层端子和组合侧面端子的接线。

（1）组合侧面端子放线完毕之后，进行组合侧面端子配线的接线，接线顺序为从高层到低层，直至第一层；对于同层多列端子从左列至右列，同列端子从下到上逐个连接。

（2）接线时有两种接线方式：一种是焊接式，侧面端子板使用普通侧面端子板，按照前文中基本施工技能的焊接端子方法进行焊接；另一种是压接式，侧面端子板使用万可端子板，按照压接工艺压接。

（3）在高凳上作业时，应精神集中，防止跌伤。

（二）组合架零层配线

组合架零层在 3 块 4 柱端子板的端子上有引自电源屏的电源环线，使用 XV 型电力电缆进行环连；电源端子再用 7×0.52 mm^2 的软线与断路器端子连接，以提供本架用电源；熔断器输出端子与 18 柱端子板端子相连，18 柱端子板上、分咽喉使用的方向电源、条件电源的环线使用 42×0.15 mm^2 的软线。

1. 柱端子板配线

XV 型电力电缆从走线架距 4 柱端子板左侧 30 mm 处衬板钻孔引下，直角拐弯细绑后，做环上端子，如图 2-3-3 所示。

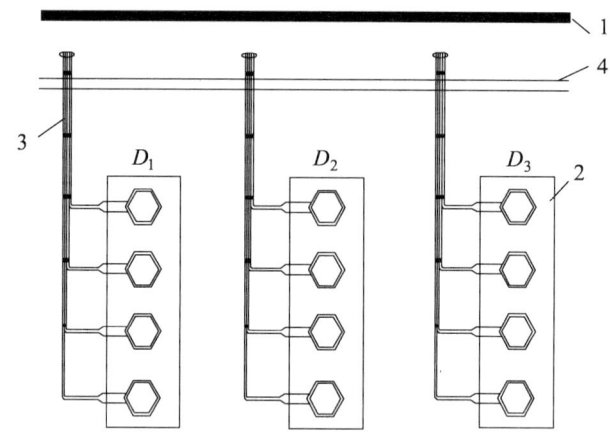

1—走线架；2—零层电源端子板；3—电源线把；4—组合架。

图 2-3-3 组合架零层电源端子配线

2. 断路器板配线

断路器端子的连线在组合架背面制环上端子螺栓。电线在组合架背面的走线架衬板钻孔引下，也可以经穿线孔合入背面零层配线的线把中，然后在断路器板下方向上引出。

3. 18 柱端子板配线

架间电源环线软线从走线架正面的走线架衬板钻孔，在最左边 18 柱端子板左侧 30 mm、013 号端子板右侧 30 mm，以及其他两端子板间隔中间引下，用塑料线细绑，对准端子水平分出做头（芯线做鹅头状），向右上单号端子，向左上双号端子，如图 2-3-4 所示。

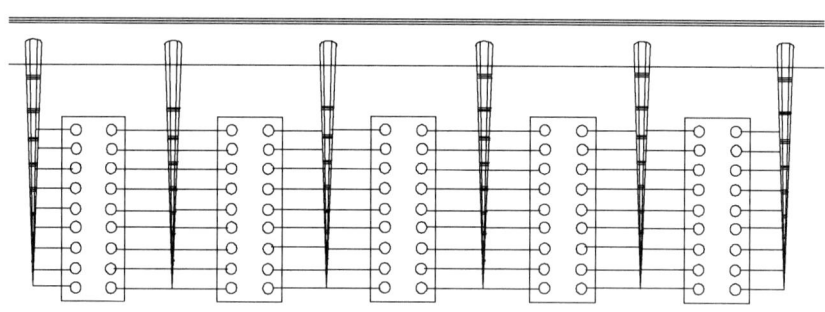

图 2-3-4 组合架零层 18 柱端子配线

（三）分线盘配线

分线盘是室外电缆与室内电线进行连接的地点，也是电源屏向室外提供电源的位置。因此，配线有三部分：电缆的引入和配线、电源线的引入和连接、机架线的引入和配线。

1. 电缆的引入和固定

根据设计，信号楼的一层设有电缆引入口和电缆地下储放室，并有电缆壁柜直通向高层的机械室。分线盘一般设在与机械室同层的电缆柜内。

电缆引入楼内后,将电缆的储备量整齐盘成 S 形平方在储放室,再顺序、并排又不交叉地经电缆壁柜向上引至分线盘。用电缆木夹将电缆固定在分线盘下部电缆架上,每根电缆宜留出 3~4 m 的做头长度。木夹孔径以紧固电缆为宜。各电缆的铭牌悬挂在电缆根部,以方便日后查找故障。

2. 电源线引入和配线

根据室内电源电缆配线图,将从电源屏沿地沟引来的 GJZ、GJF 电源线,也绑成一把,用自粘胶带缠绕成电缆状,固定在电缆木夹上。电源线可与电缆芯线一起进行分线、绑把,不同的是,电源线是在断路器背面做环上端子的。

3. 电缆成端和屏蔽接地

电缆开剥和屏蔽接地引接线引出同箱盒电缆。

(1) 为每根电缆套上灌胶膜胎。

(2) 在外护套外面用自粘胶带缠绕,以免灌胶时胶液渗漏。

(3) 在芯线组合铝护套间用脱脂棉或白布带堵严,以免灌胶时渗漏胶液。

(4) 向灌胶膜胎内关注 JL 冷封胶。

(5) 用 M6×35 mm 铜制螺栓将钢带、铝护套的屏蔽引出线接于分线盘(柜)下方接地端子排。

(6) 用 M6×35 mm 铜制螺栓将屏蔽四线组屏蔽引出线与接地端子排连接。

4. 电缆配线

电缆配线在面向继电器室的正面进行。配线方法与组合架零层端子配线类似。

(1) 将备用芯线做成竖弹簧状,置于电缆根部木夹两侧,剩余芯线用塑料线或线卡绑一道。

(2) 按照分线盘端子配线表,将每根电缆分成左右两把:发送线和各层 01~06 号端子板和 07 号端子板单数号端子的芯线置于左侧;接收(检测)线和各层 07 号端子板双数号端子和 08~013 号端子板的芯线置于右侧。这种分法不是绝对的,以左右两把芯线对称为原则。

(3) 从左边第一根电缆起由左至右绑横把。绑把时,将左边第一根电缆分向左边的芯线与右边第一根电缆分向左侧的芯线包在横把的外侧表面,外观应平顺贯通。对于较粗线把,可用 8 股塑料线或线卡,每隔 40 mm 绑一道。

(4) 在两侧竖角钢内侧,芯线线把拐弯向上成竖把。拐弯时,应分层拐弯,先折弯里层芯线,逐步分层,最后折弯外层芯线,以实现理想角度。然后绑扎竖把。

(5) 绑至每一层端子板底部高度时,两竖靶向中间分出该层端子板的芯线成横把。当线把较细时,可用 4 股塑料线或线卡绑一道,每道间隔可适当缩小。

(6) 横把向中间绑扎,绑至端子板的侧面时,将连到该列端子的芯线分出成小竖把。分小竖把与控制台零层配线相同,将连到相邻两端子板双、单数号端子芯线成一小竖把绑扎。

(7) 每一小竖把向上,在每一端子高度都应绑扎,及时分出连接该高度左、右两端子的芯线,没有芯线分出时也应绑扎,以便"对号入座"。小竖把更细,可用 2 股塑料线或线卡绑一道。

（8）细绑完后，按电缆配线图，室内外人员配合进行一次认真导通，及时纠正错误。

（9）各芯线从小竖把开始留足 150 mm。其中 100 mm 成鹅头弯，余下 50 mm 做环上端子。

5. 机架线配线

组合架、综合架沿走线架引至分线盘的是多股软线。多股软线在分线盘背面，从走线架衬板的穿线孔引下。与电缆配线方法相同，沿走线架两侧分左右两竖把，然后再向中间做横把。只不过电缆配线是由下而上，而多股软线是由上而下绑把分线。另外，电缆芯线是在端子侧面做环上端子，而多股软线是正对端子焊片进行连接的。

二、室外配线练习

（一）方向盒配线

1. 普通 6 柱螺栓端子方向盒配线

HF-4 和 HF-7 电缆盒端子均是面向信号楼方向，从"1 点钟"位置开始顺时针编号。HF-7 电缆盒的外圈 7 个 6 柱端子编完后，再编内圈的 4 个 6 柱端子，顺序与外圈相同，如图 2-3-5 所示。因此，埋设 HF-7 电缆盒时，要求胶室间隔正对盒底座固定螺栓孔的一侧朝向信号楼。

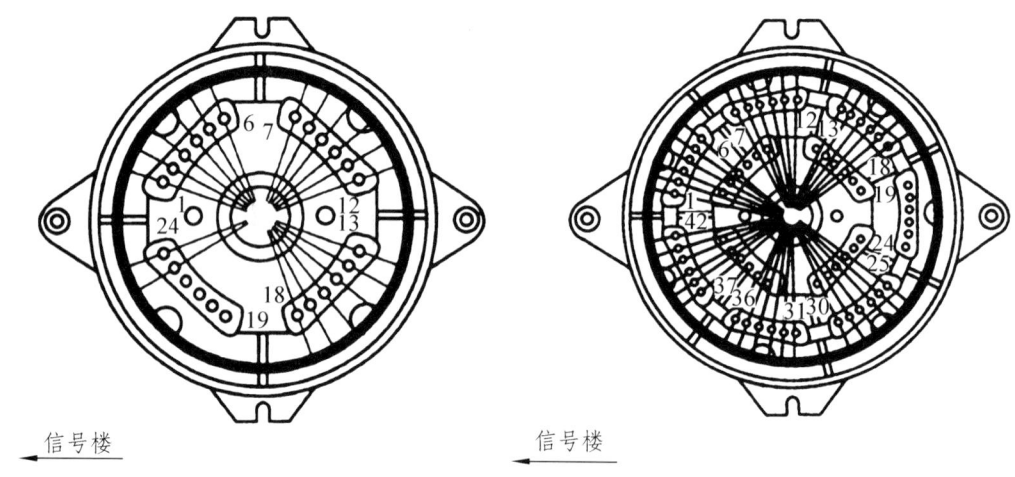

图 2-3-5　方向盒端子配线

分向电缆盒主管电缆芯线做成竖立鹅头弯在盒中间成辐条状分布，副管电缆芯线成环状线沿盒边分布，余留量做成鹅头弯形。为了使副管的环状走线均匀美观，在绑至某端子处抽出连接该端子的一根芯线后，随即用相同颜色废电缆芯线填入抽出芯线的空位，在接头处用塑料绑线或扎带绑扎一道，这样既紧密，从外观上看又是直线贯通。如此边分边补，一圈下来，使横把粗细均匀。整线使主管芯线与同端子上的副管芯线处在同一"半径"上，并使主管芯线鹅头弯大小、高低一致，使副管鹅头弯形状、尺寸相同。备用芯线缠绕成直径 15～20 mm 的弹簧状，置放在本电缆周围，如图 2-3-6 所示。

图 2-3-6　HF-7 方向盒配线

2. 万可端子方向盒配线

对于采用万可端子的 HF2-4 和 HF2-7 方向盒配线，电缆是由箱体底边的引线孔引入的，由信号楼来的主干电缆一般安装在分线箱的右侧，分支电缆依次安装在分线箱的左侧；主、支电缆线走箱体底部时绑扎在一起，绑扎应整齐美观。主干电缆由两组万可端子中间走线，对应端子上下出线，芯线备用量预留成鹅头状。分支电缆由右侧引线管向左侧顺序引入，对应端子配线，芯线备用量也成鹅头状，箱内的电缆备用芯线缠绕成直径为 10 mm 的弹簧状，放在对应电缆的底部并排放整齐，如图 2-3-7 和图 2-3-8 所示。

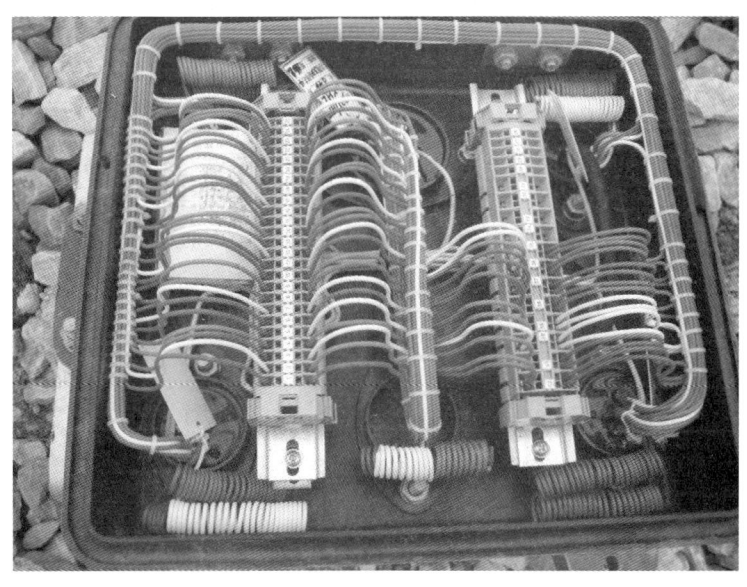

图 2-3-7　HF2-7 方向盒配线

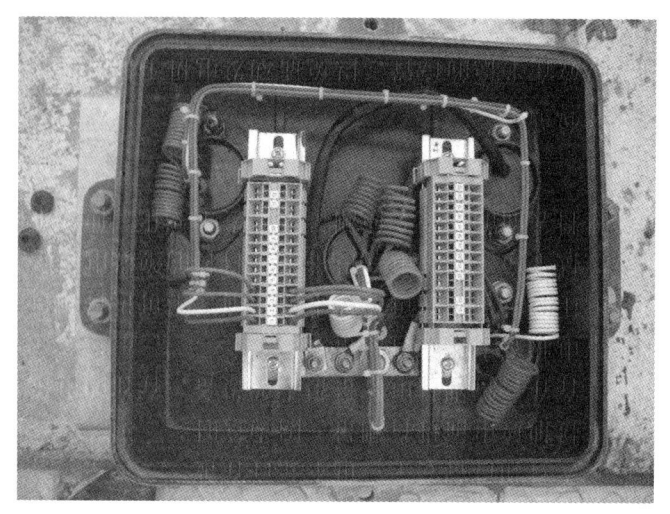

图 2-3-8　HF2-4 方向盒配线

（二）变压器箱配线

1. 普通 6 柱螺栓端子变压器箱配线

变压器箱引入电缆时，一般按电缆芯数多少的顺序，由右向左（站在引线口一侧看）依次从灌胶室底部电缆引入孔引入。这样符合作为终端连接信号设备的电缆芯线使用较小号端子的要求。

为方便绑扎芯线线把，配线前先卸下二柱端子板。

（1）在每根电缆内护套的根部，用塑料绑线绑扎 3 或 4 道，分出电缆的备用芯线。

（2）分出每根电缆的备用芯线，按上最远端端子留足长度，缠绕成直径 15～20 mm 的弹簧状，置放在本电缆周围。

（3）每根电缆的剩余芯线向上理顺捋直，用塑料绑线约距箱底 100 mm 向上绑，按配线图向所连接端子分线。

（4）根据"对号入座"原则，先从第一胶室的电缆中分出上 1、2 号端子的芯线，其他芯线在端子板下方 30 mm 理顺折成直角向后面胶室方向捋直，如果 1、2 端子还有过渡端子，随即合入其他电缆引过来的上 1、2 号端子的芯线（也是从端子板下方 30 mm 处理顺折成直角捋过来），在直角拐弯处绑扎成横把，向第二胶室方向捋直，如图 2-3-9 所示。

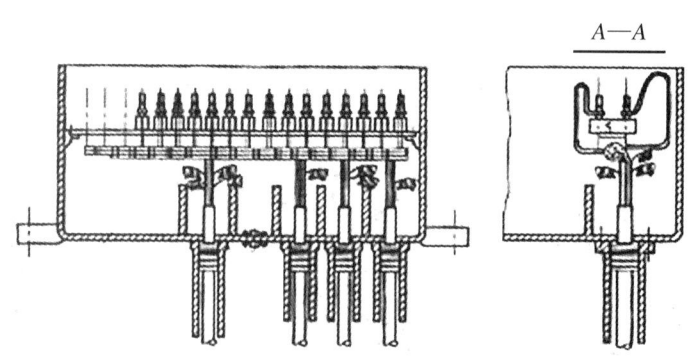

图 2-3-9　变压器箱电缆配线

（5）依次边分边绑，就将所有连接该二柱端子板的两个端子的芯线分出，剩下芯线合股后理顺绑横把，直至最后一根电缆。

（6）将连接奇数端子与连接偶数端子的芯线分到胶室两侧，装上二柱端子板。

（7）核对芯线号及所连接端子号与"电缆配线图"一致无误，留出统一的可接3次线环的长度余量，做线环。

（8）将上奇数端子的芯线从线把水平分出，垂直于线把方向，在离箱壁10 mm处直角拐弯竖直向上，将可接3次线环的长度余量弯成鹅头状上端子。

（9）将连接偶数端子的芯线从线把水平分出，垂直于线把方向押直，在离二柱端子板边缘10 mm的下方经直角拐弯，竖直向上，在所连接端子上方做鹅头弯后连接端子。

（10）在端子上电缆芯线线环的同时，还要根据"室外设备配线图"，将连接箱、盒内信号器件及从信号机、转辙机和钢轨引接线引来的电线及时做环，套在端子上，及时加垫圈、螺母拧紧。

2. 万可端子变压器箱配线

电缆配线时，首先要用棉纱将电缆芯线押直，然后分线绑把；电缆横把绑扎，对准端子向左右两侧分线，在下部绕直径约30 mm的环两圈，向上对准端子出线，然后做下鹅头弯，鹅头弯的长度必须保证有三次做头的余量，且应做到整个电缆盒的鹅头弯基本一致，如图2-3-10所示。电缆绑扎使用2×100 mm的尼龙扎扣。

图2-3-10　万可端子板变压器箱电缆配线

（三）终端盒配线

1. 普通6柱螺栓端子终端盒配线

以HZ24盒为例，主管电缆芯线的备用量是做成竖立鹅头弯在盒中间成辐条状分布的，副管电缆芯线备用量做成鹅头弯形沿盒边分线的，副管的环状线把距盒壁顶面20 mm，如图2-3-11所示。

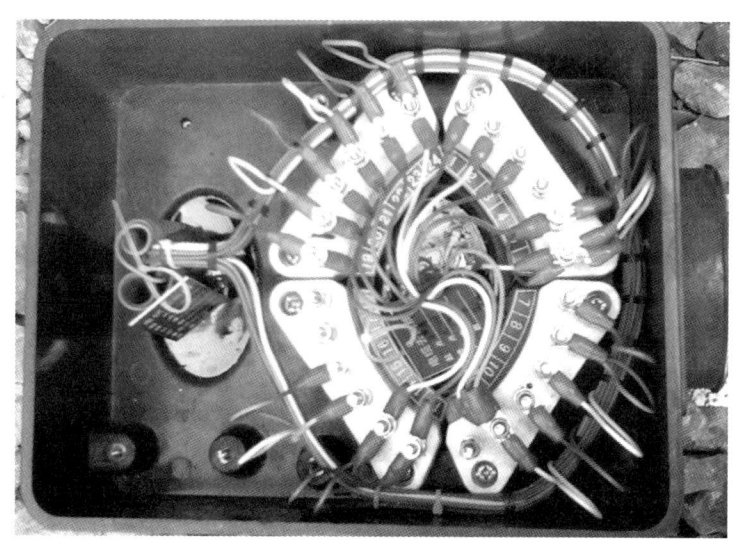

图 2-3-11 HZ24 盒电缆配线

2. 万可端子终端盒配线

电缆配线时，首先要用棉纱将电缆芯线抻直，然后分线绑把；电缆盒主管引出的电缆芯线绑至与端子座平齐时盘 $\phi 30$ mm 的预留环，然后引致端子上，用专用的万可端子插接工具上线，备用芯线也如此操作。电缆盒副管的芯线绑扎两道后，将备用芯线盘成 $\phi 15$ mm 螺旋状整齐地放在胶室内，然后绑至高出端子约 10 mm 时分线绑扎。在对应的端子处出线，然后做下鹅头弯，鹅头弯的长度必须保证有三次做头的余量，且应做到整个电缆盒的鹅头弯基本一致，如图 2-3-12 所示。

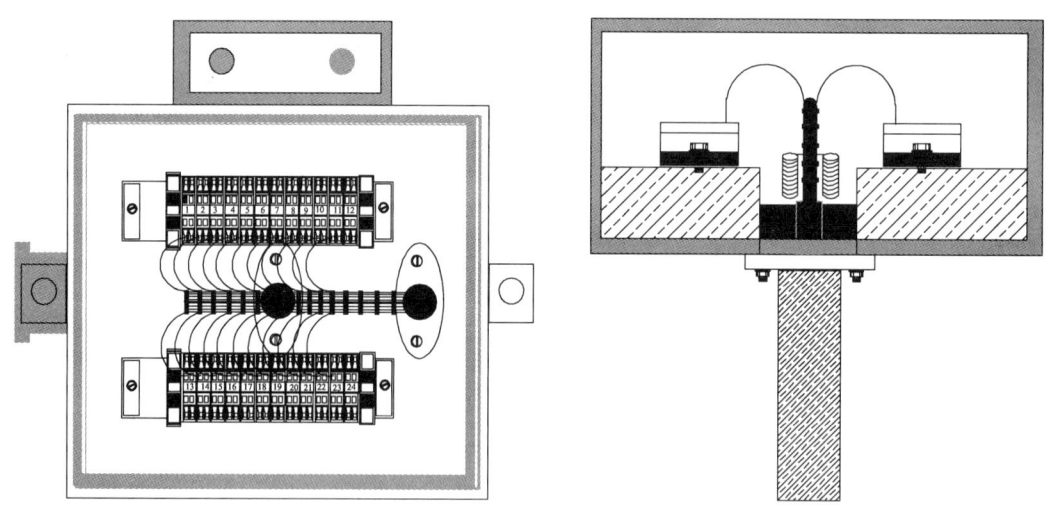

图 2-3-12 HZ 盒电缆配线

项目三　信号电缆施工

任务一　电缆施工要求及流程认知

信号电缆是城轨信号系统和铁路信号系统室内外设备信息采集和指令发布的通道，只有信号电缆敷设和配线正确，信号系统的工作才能协调一致、安全可靠。

一、一般规定

（一）电缆型号、规格及主要电气特性的要求

（1）在 20 ℃时，信号电缆导电线芯的直流电阻每千米不大于 23.5 Ω。
（2）信号电缆芯线间绝缘电阻、任一芯线对地绝缘电阻，使用 500 V 兆欧表（或高阻兆欧表）测试，每千米不得小于 500 MΩ。
（3）综合扭绞电缆线间绝缘电阻、任一芯线对地绝缘电阻，使用高阻兆欧表测试，每千米不得小于 3 000 MΩ。
（4）内屏蔽数字信号电缆每千米不得小于 10 000 MΩ。
（5）特殊规格的电缆，其电气特性应符合设计规定。

（二）电缆径路的选择

电缆线路施工前，应按照设计文件进行施工调查和路径复测。涉及其他单位的设备搬运、穿越铁路和公路、通过桥隧时，应按书面协议，并取得主管单位的配合再进行施工。

电缆径路的选择应符合下列要求：
（1）相关两设备间距离较短。
（2）通过股道及障碍较少。
（3）施工及维护方便。
（4）避开线路和其他建筑物的改、扩建处。
（5）避开牵引回流线及接触网杆塔基础。

（6）避免在道岔的岔尖、辙叉心和钢轨接头处穿越股道。

（7）壁挂电缆径路选择应避开消防、照明、配电箱、信号机和其他隧道内建筑物。

（8）避免通过酸、碱、盐性等有化学腐蚀性物质地带，各种管道径路复杂地带，土壤松软容易塌陷的地带，以及坚石、池沼、污水坑等处。

电缆工程敷设前应进行单盘测试。电缆敷设后及接续配线前，应进行施工测试。接续配线前的测试数据作为电缆隐蔽工程测试记录。

二、信号电缆施工流程

信号电缆及光缆线路工程施工一般可按图 3-1-1 所示流程进行，并根据施工组织设计和现场实际情况进行相应调整。

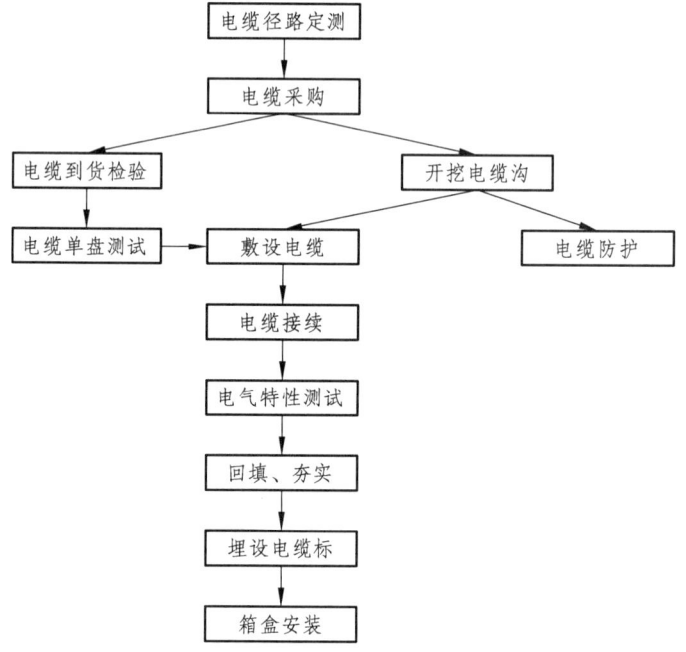

图 3-1-1　信号电缆工程施工流程

任务二　电缆测试

一、兆欧表的使用

视频学习 3-2

轨道交通信号设备及线缆在仓储、运输过程中，由于绝缘材料受热、受潮、污染及老化等原因，其绝缘电阻有可能达不到规定的标准，而造成使用中漏电或短路等事故。这就要求信号设备及线缆必须在安装前进行绝缘性能检查，以确保施工质量。现场一般使用兆欧表来测量设备的绝缘电阻。

兆欧表又称为摇表，是用来测量被测设备的绝缘电阻和高值电阻的仪表，它由一个手摇发电机、表头和三个接线柱（即 L：线路端、E：接地端、G：屏蔽端）组成。

（一）兆欧表选用原则

兆欧表的选择主要考虑其测量电压和测量范围。高压下工作的绝缘材料选用具有较高测量电压的兆欧表以保证测量值的可信性；低压工作的绝缘材料耐压较低，为了保证设备的安全，应选用测量电压较低的兆欧表。不要使兆欧表的测量范围过多地超出被测绝缘电阻的数值，即尽量使指针指示在兆欧表刻度线中间刻度较稀的部分，以免读数产生较大的误差。

1. 额定电压等级选择

信号设备测量一般选用测量电压为 500 V 或 1 000 V 的兆欧表，因为信号设备工作电压不高，最高也不过是 380 V。

2. 电阻量程范围选择

兆欧表表盘刻度线两侧有两条粗黑线，粗黑线之间的区域为准确测量区域。所以在选表时应使被测设备的绝缘电阻值在准确测量区域内。图 3-2-1 所示为 ZC25 型兆欧表的实物。

（二）兆欧表的使用

1. 测量前的准备

测量前必须切断被测设备电源并接地短路放电。决不允许用兆欧表测量带电设备的绝缘电阻，这样不仅得不到正确结果，而且可能危及人身和设备安全；也不允许在被测设备的电源被切断而未接地放电前进行测量，因为这时

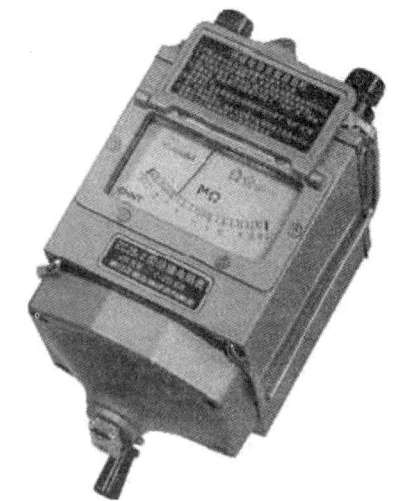

图 3-2-1　ZC25 型兆欧表

设备对地仍可能有电位差存在，特别是电容量很大的设备，存在的电位差可能很高。总之必须保证设备处于完全不带电状态方可进行测量。

（1）有可能感应高电压的设备，在可能性未消除前，不可进行测量。

（2）被测物表面应擦拭干净。测量电气设备绝缘材料的绝缘电阻是为了了解绝缘材料本身的绝缘性能，而绝缘材料表面的污染会使测量结果发生变化，使之不能反映绝缘材料的真正性能。

2. 选择兆欧表放置位置

（1）兆欧表使用时应放在平稳的位置，以免摇动发电机手柄时，表身摇动影响读数。有水平调节的兆欧表，应该先调整好水平位置。

（2）放置地点应远离大电流的导体和有外磁场的场合，以免影响读数。

3. 校表

测量前应将兆欧表进行一次开路和短路试验，检查兆欧表是否良好。将两连接线开路，

摇动手柄，指针应指在"∞"处，再把两连接线短接一下，指针应指在"0"处，符合上述条件者为良好，否则不能使用。兆欧表的校表方法如图 3-2-2 所示。

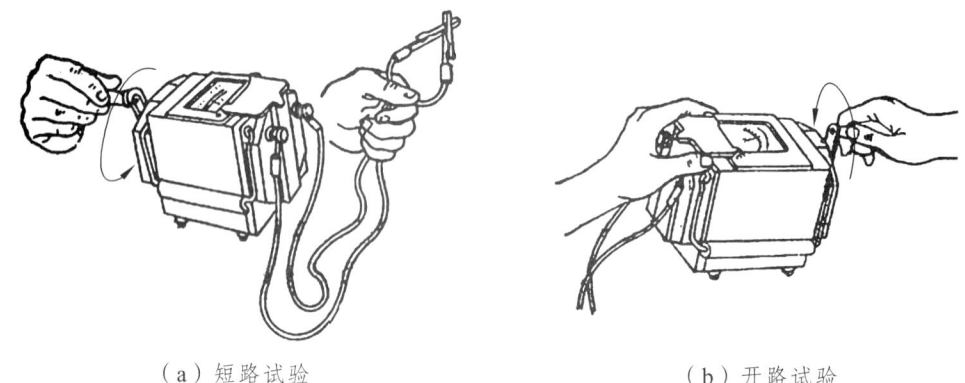

（a）短路试验　　　　　　　　　（b）开路试验

图 3-2-2　兆欧表校表方法示意

4. 接线

（1）一般连接。测量时"L"接线柱接被测物同大地绝缘的导体部分，"E"接线柱接被测物外壳或其他导体部分，"G"接线柱不需连接。

（2）被测物表面污染影响很显著而又不易去除时，须接"G"线。在大多数情况下，擦干净被测物的表面就能够去除表面的不良影响，使得测量值接近绝缘物内部绝缘电阻的实际值，当然无须接"G"线。但在特殊条件下，如空气太潮湿，绝缘材料表面受到侵蚀而不能擦干净等情况下，测出的绝缘电阻值可能很低，这时就需要判别是内部绝缘不好，还是表面漏电的影响，即要把表面与内部绝缘区分开。"G"接线柱的作用就在于此，它能把表面漏电阻完全撇开。

5. 测量

线路接好后，可按顺时针方向转动摇把，摇动的速度应由慢而快，当转速达到 120 r/min 左右时（ZC25 型），保持匀速转动，1 min 后读数，并且要边摇边读数，不能停下来读数。

6. 拆线放电

读数完毕，应一边慢摇一边拆线，然后将被测设备放电，以防储能设备放电而打坏兆欧表。放电方法是将测量时使用的地线从摇表上取下来与被测设备短接一下即可。

7. 注意事项

（1）禁止在雷电时或高压设备附近测绝缘电阻，只能在设备不带电、也没有感应电的情况下测量。

（2）摇测过程中，被测设备上不能有人工作。

（3）兆欧表的引线应为多股软线，两根引线切忌搅在一起使用，以免造成测量误差。

（4）兆欧表未停止转动之前或被测设备未放电之前，严禁用手触及。拆线时，也不要触及引线的金属部分。

（5）测量结束时，对于大电容设备要放电。

（6）应定期校验兆欧表的准确度。

二、电缆测试

（一）芯线导通测试

（1）将电缆两端各剥开约 30 mm，将 A 端所有芯线拧在一起，B 端用兆欧表的 E 端子连接一根芯线作回线。

（2）用 L 端子依次连接 B 端的其他芯线，轻摇兆欧表，当指针指零时，表示此芯线完好，否则该芯线为断线，如图 3-2-3 所示。

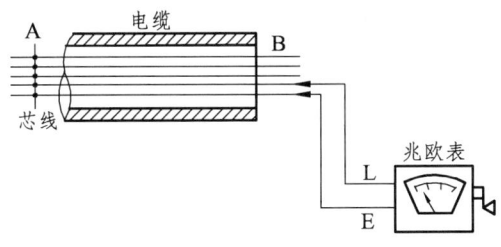

图 3-2-3　电缆芯线导通

（二）线间绝缘测试

（1）将电缆的 A 端芯线全部散开，B 端芯线全部拧在一起，与兆欧表的 E 端子连接，抽出其中任意一根芯线为 1 号线，与兆欧表的 L 端子相连。

（2）以 120 r/min 的速度摇表，当指针稳定后，其读数为 1 号芯线与其他芯线间的绝缘值。

（3）此后，E 端子不动，再抽出 2 号线接 L 端子，用同样方法测试，依此类推，如图 3-2-4 所示。

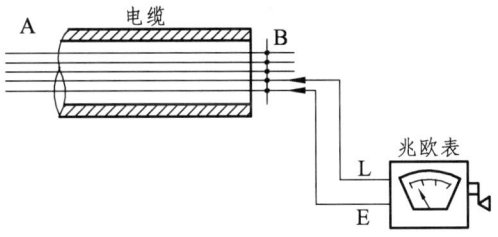

图 3-2-4　线间绝缘测试

（三）对地绝缘测试

（1）将电缆 A、B 两端全部开路，兆欧表的接地端子 E 与电缆铠装钢带连接（埋设后，可与地连接），L 端子依次连接各芯线进行测试。也可将 A、B 任一端全部芯线并联在一起，对地测试一次，发生不良时，再逐一测试找出对地不良的芯线。

（2）以 120 r/min 的转速摇表，待指针稳定后，其读数即为每根芯线的对地绝缘值，如图 3-2-5 所示。

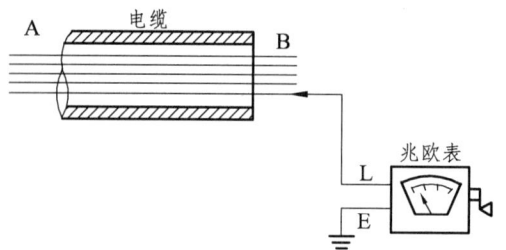

图 3-2-5 测试芯线对地绝缘

任务三 电缆敷设

视频学习 3-3

一、电缆径路复测

工程开工前,施工单位应严格按照经批准的施工图对定测过的电缆径路进行复测。探查清楚现场既有管、线情况,确定电缆径路。复测时,如遇特殊情况,电缆径路不能依照设计走向时,应与设计、建设单位协商确定。根据径路复测和线路施工调查,应提前处理好下列事项:

(1)涉及其他单位的设备搬迁、穿越铁路和公路、通过桥隧时,应按书面协议,并取得主管单位的配合后再进行施工。

(2)在路肩或路基范围内铺设电、光缆时,应事先与工务部门联系,签订协议后施工。

(3)信号与接触网工程同时施工时,应与接触网施工单位协调,合理选择电、光缆径路,避开接触网杆、塔基础和其他建筑物;信号电、光缆与接触网杆、塔同侧埋设,且当电缆边缘距杆塔基础边缘小于 300 mm 时,应设管(槽)防护。

(4)新旧线路割接时,应与运输和设备管理单位商定施工方案,并采取必要的安全措施后施工。

(5)电缆径路要注意避开污水流经地带、煤层、盐碱地、垃圾堆放场等地点。

二、电缆预配

电缆敷设前,根据电缆实际到达长度和使用长度进行电缆预配盘和支线电缆的预配工作。通过预配盘使电缆得到合理的使用,减少电缆接头的数量,避免浪费;通过对电缆预配盘能够做到电缆的专用,有效防止使用混乱,使电缆使用做到有序可控;预配盘时应尽量避免将电缆接头放置在公路、桥梁、道口、涵洞上。雨天不在室外进行电缆预配工作。

(1)编写电缆号。根据电缆径路图或电缆网络图,对全站电缆进行编号。上行咽喉编双号,下行咽喉编单号。先编干线,再编支线,依次编到末端。

(2)编制预配表。按照电缆径路图和定测资料,编制电缆预配表。应合理利用整盘电缆,为防止浪费，可将同样规格、芯数的电缆编在电缆预配表的同一项内，按照预配表在指定的盘号上预配电缆。

预配电缆长度可按下列公式计算：

$$L=（电缆沟实测长度+5.5×过轨数+电缆附加长度）×1.02$$

电缆附加长度包括：室内储备量 5 m；分线盘做头量 3 m；室外每端呈"Ω"状（或"S""∽"状）储备量 2 m；每端出入土及做头量为 2.5 m；电缆过桥时两端储备量 2 m；电缆上下高路基等边坡时的实际长度。

（3）制作电缆铭牌。用鲜亮的油漆在铁片或小木牌上写明电缆号、长度、芯数、备用芯数，最好注明电缆连接的起止设备名称。每根电缆备两个铭牌。综合扭绞电缆和数字信号电缆还需标明 A、B 端。铭牌钻孔，以备绑扎。

（4）电缆测试。切割前，对整盘电缆进行电缆的第一次测试，做好记录，写明盘号（对到站整盘电缆予以编号）、芯数。

（5）电缆切割。将整盘电缆用短钢管支放在电缆起动支架上，核对电缆型号、芯数，按电缆预配表标明的长度，从长到短依次用钢锯切割电缆（从长到短顺序可避免电缆的浪费）。抽拉电缆时宜从电缆盘下方拉出。切割后，立即在切割下的电缆两端用细铁丝绑上相应的电缆铭牌（综合扭绞和数字信号电缆还需注意 A、B 端区别）。

干线电缆长度超过整盘长度时，用若干盘共用，不足长度另配短电缆（一般应大于 100 m）凑足，并用油漆在盘上写明电缆号，在每根电缆上绑扎本号电缆铭牌。

三、电缆临时封端

电缆切割后以及敷设了的电缆第二次测试之后，均要在当天及时用 30 号胶或热缩端帽进行临时封端，以防潮气和雨露水进入，影响电缆的电气性能。

（1）准备工作。先将电缆头锯齐，电缆头需粘胶约 60 mm 长，将其擦拭干净，粘有油污的须用汽油擦净，待封。电缆封端前，应检查电缆头有无进水受潮，若受潮或进水后，应将电缆头锯掉 80～100 cm 或排潮处理后再封端。

（2）熔胶。将 30 号胶切成小块放入铁容器中，不要装满，用喷灯或炉火徐徐加热，并及时搅拌，熔胶温度不能超过 180 ℃，一般应在 140～150 ℃，注意搅拌，尽量减少加热时间。

（3）操作。把电缆头再用棉纱擦一遍（冬季施工时可先把电缆头烘烤一遍），将其浸入熔化的胶桶中，浸入时间视胶液的温度而定，一般为 10～30 s，不宜过长。

（4）检查。将电缆从胶液中拿出，检查电缆浸入部分是否有无沾上胶液的地方，补浸之后冷却，用黑胶布缠绕，包严之后，按上述方法再浸第二遍胶。如电缆因故不易浸沾时，可用毛刷沾上溶化的胶液涂均匀。

四、开挖电缆沟

电缆敷设前还需进行电缆沟、过道开挖。施工人员在挖电缆沟时尽量不超出交桩后经过设备管理单位标明的电缆径路范围。如果超范围开挖,极易损坏地下管线,造成安全事故。

开挖的电缆沟要求沟直且沟底平,同时深度应符合电缆的埋设深度。电缆埋设深度(简称埋深)距地面不得小于 700 mm,农田中埋深不得小于 1 200 mm;石质地带电缆埋深不得小于 500 mm。箱盒设备处的余留电缆埋设深度受条件限制不能与引入沟同深时,可以适当减少电缆的埋设深度,但也不能小于 200 mm,同时在箱盒设备处采取必要的防护措施。

电缆沟沟底宽度与电缆根数及每根电缆外径有关,一般为 200~400 mm。太窄不便于人员在沟内站立工作,太宽会增加工作量。

在线路旁开挖电缆沟及过道时,要采用彩条布或塑料布铺在开挖电缆沟径路旁边,开挖出来的泥土等摆放在彩条布或塑料布上避免污染道床,回填电缆沟多出的泥土必须及时运走。应尽量缩短电缆沟敞口时间,尽量不要敞口过夜。已经挖好的电缆沟敞口过夜时,必须采取防止路人坠落电缆沟的防护措施。

电缆过道时,应避开岔尖、辙岔和钢轨接缝处。电缆过道的施工尽量采用顶管的施工方法,条件允许的情况下也可采用开挖和掏挖的方法。

五、电缆敷设

电缆敷设前应清理电缆沟,要求沟直、底平,沟内无石渣或易损伤电缆的杂物。在敷设电缆时,必须根据定测后的电缆径路布置图来敷设电缆,每根电缆两端必须拴上事先备好的写明电缆去向、长度、芯线规格的小铭牌。

放电缆时可从信号楼(或继电器室)开始放干线电缆和接续的干线电缆,然后再放各分支电缆。放电缆时应做到通信畅通、统一指挥,间距适当,匀速拉放,严禁骤拉硬拖,待电缆的首、尾位置适合后,再同时缓缓将电缆顺序放入沟内,使之保持自然弯曲度。

电缆每端储备长度为:室外电缆每端储备长度不得小于 2 m,20 m 以下电缆不得小于 1 m,室内储备长度不得小于 5 m,电缆过桥在桥的两端的储备量为 2 m,接续点每端电缆的储备量不得小于 1 m。

沟内敷设多根电缆时,应排列整齐,不交叉重叠;如分层敷设时,沟深应增加 100 mm,其上下层间距不得小于 100 mm,并使用砂或软土隔开。待电缆全部放入沟内后,按图纸的排列,从头开始核对、整理电缆的根数、编号、规格及排列位置。

电缆敷设后,进行一次绝缘测试,并填好电缆隐蔽工程记录表,然后及时进行电缆封端。

安全注意事项:

(1)在营业线、站场内挖电缆沟前,首先应了解地下各种设施的情况,并与设备管理部门取得联系,对有关的线路设备采取必要的安全防护措施,挖出的泥土堆放时不得侵入建筑限界,挖沟时应设专人防护,注意来往列车和车列,当有车开来时必须离开工作地点。

(2)施工前应认真检查、试验所使用的机具,包括安全帽、对讲机、喇叭、安全防护旗等,确认良好后方可施工。

(3)在同一电缆径路上挖沟时,施工人员之间的相互距离应保持在 5 m 以上,防止发生碰伤事故。

（4）电缆沟应避免敞口过夜，无法避免时，凡是影响车站人员作业安全的，除应通知车务人员注意外，还应在主要地段用木板或枕木将沟盖住，必要时应派专人看守，还可设照明灯防护（线路附近禁止用红灯）。

六、电缆防护和回填

信号电缆防护涉及面较广，包括电缆过铁道及公路防护、电缆穿越管道时防护、电缆过桥防护、电缆在隧道内防护、电缆跨水沟及水塘防护、信号电缆与通信或电力电缆同径路防护，施工时应根据设计要求和结合现场实际情况，确定所采取的不同防护措施。

（一）防护材料

电、光缆的防护材料主要包括防护管和防护槽。防护管包括钢管、铸铁管、硬塑料管等。防护槽包括水泥槽、复合槽、钢槽等。

防护管、电缆防护槽及其他防护器材进场前一定要进行验收。检查产品质量证明文件是否齐全、外观是否有破损等，不合格的一律不得使用。

（二）防护措施

1. 直埋电缆的防护

当电缆的埋设深度大于或等于 700 mm 时，采取分层夯实的直埋防护方式。具体步骤如下：

（1）电缆上先覆盖 200 mm 软土，当电缆为多层时，两层电缆间覆盖 100 mm 软土或砂。
（2）回填深度达到 500 mm 后，夯实。
（3）把剩余的土回填入电缆沟内，再夯实。
（4）电缆沟和地面填平后，再在电缆沟上隆起高出地面 100 mm 的土堆。
（5）收拾工具，清理现场，把电缆沟回填后的余土运出施工场地合理处置。

2. 穿越铁路时的防护

电缆在穿越铁路时，根据电缆的多少选择钢管内径的大小，应保证防护管内径大于或等于所穿越电缆堆积外径的 1.5 倍，如过道较长，还应适当增加防护管的内径，以便于穿越电缆。一般过一股道采用 3.6 m 的防护管，每增加一股道增加 5 m。

3. 穿越公路时的防护

电缆穿越公路时，防护管长度根据公路实际宽度加两端各露 1 m 计算。具体防护方法和穿越铁路相同。

4. 地下线路穿越管道时的防护

电缆穿越管道时，如果既有管道埋设较浅（小于 600 mm），信号电缆可从其下面通过。如果既有管道埋设较深（大于 700 mm），信号电缆可从既有管道上面通过。

5. 地面线路穿越管道时的防护

1）穿越非热力管道的防护

（1）电缆与管道间在交叉点的距离不大于 500 mm 时，不用进行防护。

（2）电缆在管道下方穿过，在交叉点的距离不足 500 mm 但大于 300 mm 时，采用砂砖防护，电缆沟底不用加砖防护。

（3）电缆在管道上方通过，在交叉点的距离不足 500 mm 但大于 300 mm 时，采用砂砖防护、电缆槽防护。

2）穿过热力管道的防护

（1）信号电缆与热力管、煤气管、液体燃料管交叉时，当距交叉点的距离大于 500 mm 时，不用防护；当距交叉点的距离小于 500 mm 但大于 300 mm 时，进行管道或电缆槽防护。

（2）信号电缆应尽量避免在管道接头处与管道交叉，至少应离开接头 1 000 mm 以上。

（3）管道和电缆槽防护两端应各伸出交叉点 1 000 mm、1 500 mm 以上，防护管的类型根据设计而定。

6. 水泥槽防护

电缆在经过特殊地段导致直埋深度不够时，可采取水泥槽防护，特殊情况也可经设备管理单位现场监督人员及监理同意后，采取反盖水泥槽防护。

7. 挂钩、挂板防护

电缆在通过隧道时，除利用既有电缆沟外，根据实际情况，可采取沿隧道墙壁用挂钩或挂板防护。

（三）埋设标

应在以下地点或附近设立电缆埋设标：

（1）电缆转向或分支处。

（2）当电缆径路长度大于 200 m，中间无转向或分支电缆时，每隔 100 m 处。

（3）电、光缆地下接续处。

（4）电缆穿越障碍物处需标明电缆实际径路的适当地点（路口、桥涵、隧、沟、管、建筑物等处）。

（5）在电缆的分支处、转向处、接近建筑物的最近点、可能遭受意外损伤的地点、穿越障碍物点、箱盒设备接地点、电缆接续处及与其他电缆和管道交叉点。

任务四 电缆接续

视频学习 3-4

信号电缆接续按工艺的不同分为地面方向盒接续和地下接续；按电缆芯线连接方式分为缠绕焊接和压接端子连接方式；按使用的绝缘密封材料分为硅橡胶密封、环氧树脂胶密封、硅酮密封胶密封、动态硫化胶密封、动态冷封胶密封等。信号电缆地下接续是一种新工艺，主要有聚乙烯热缩管接续、地下可拆装和不可拆装接续盒体接续三种方法。

一、电缆接续要求

电缆接续材料进场应进行验收，其规格、型号及质量应符合相关标准的规定及设计要求。各种扭绞信号电缆在进行接续时，应 A 端与 B 端相接，相同芯组内相同颜色的芯线相接。

电缆在距铁路、公路、便道、河流、桥梁、涵洞边缘 2 m 范围内不得进行地下接续。同一地点的地下电缆接续盒应错开 1~2 m，接续盒应水平放置在电缆槽内，备用电缆采用 S 形圆滑地放置于电缆槽内。

信号电缆采用地下接续盒接续时应符合下列要求：
（1）压接式接续端子材料的规格型号应符合设计要求。
（2）芯线连接处压接牢固。
（3）小屏蔽套分别与两端电缆四芯组屏蔽层、屏蔽网与铝护套、连接杆与钢带牢固连接。
（4）接续盒内密封胶、膨胀胶应灌满，电缆与接续盒间无密封胶溢出。

原则上干线电缆应配盘生产，尽量减少接头数量。在不利条件下每千米不得超过两处，100 m 以下不得有接续。

二、电缆地下接续流程

信号电缆地下接续工艺流程如图 3-4-1 所示。

图 3-4-1 电缆地下接续工艺流程

电缆芯线压接前所做的辅助工作和压接工艺操作是接续的关键技术。它主要包括电缆头的剥切技术、芯线压接技术、屏蔽线连接技术。

电缆接头的绝缘性能主要包括芯线间绝缘、对地绝缘、密封质量。

三、电缆地下接续方法

（一）准备工作

电缆接续的主要工具和材料如表 3-4-1 所示。

表 3-4-1　电缆接续主要工具、材料

序号	名称	单位	数量	备注
1	压接钳	把	1	内屏蔽专用
2	克丝钳	把	1	
3	偏口钳	把	1	
4	剥线钳	把	1	
5	壁纸刀	把	1	
6	剪刀	把	1	
7	呆扳手	把	1	10 mm
8	棘轮扳手	把	1	10 mm
9	一字螺丝刀	把	1	
10	十字螺丝刀	把	1	
11	钢锯	把	1	
12	钢锯条	根	适量	
13	接头盒	个	1	HDM-T-P 型，含密封胶、膨胀胶
14	棉纱		适量	

（1）根据电缆的外径尺寸大小，切割辅助套管（辅助套管上的标线为辅助套管的内径尺寸），使辅助套管的孔径与电缆外径相同。

（2）组装密封挡环。密封挡环组成部件如图 3-4-2 所示。

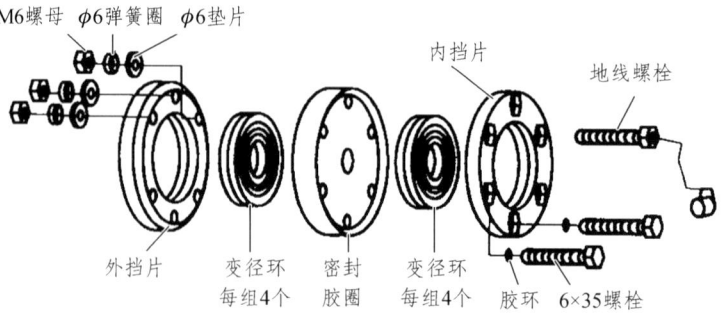

图 3-4-2　密封挡环组件

① 根据电缆外径的尺寸大小，选择适合于电缆外径的变径环。
② 将选好的变径环平放在密封胶圈上，使变径环与密封胶圈的外圆对齐，用专用切割刀沿变径环内孔壁切割出密封胶圈中间圆孔，切割后的密封胶圈孔径要略小于电缆外径。
③ 将变径环组、密封胶圈、外挡片、内挡片用 5 根 M6×35 螺栓和一根地线螺栓穿在一起。
（3）用钢锯锯开电缆端头，确认 A、B 端别正确。
（4）用棉纱将电缆端头 1 m 范围内的外护套表面擦拭干净。
（5）按顺序依次将辅助套管、密封挡环组、钢带固定环套在电缆护套上（两侧电缆相同），再将主套管套在一侧的电缆上，如图 3-4-3 所示。

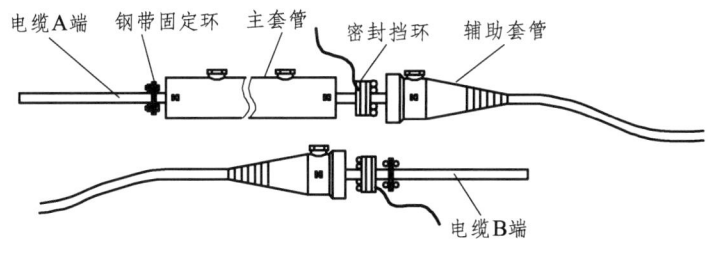

图 3-4-3　电缆接续组装示意

（6）注意事项：
① 选择变径环必须根据接续电缆的直径，严禁随意组合。
② 密封挡环和钢带固定环在电缆中的位置要严格按照组装顺序和零件的方向安装。

（二）开剥电缆

（1）距电缆端头 200 mm 处用壁纸刀环切电缆外护套，再向端头纵向切割将外护套除去。
（2）距外护套切口 15 mm 处用克丝钳将双层钢带分开并折弯 90°。
（3）剥除钢带折弯处至电缆端头约 80 mm 的铝护套表面垫层并用砂布打磨露出的铝护套。
（4）距电缆外护套 50 mm 处，用钢锯环锯铝护套一周，当锯深为铝护套厚度的三分之二时，轻轻折断铝护套并将其抽出。

（三）安装钢带固定环

（1）将双层钢带的正反面用砂布打磨处理。
（2）拧开钢带固定环上的螺母，将钢带夹在固定环中间，用螺栓紧固牢靠；保留钢带固定环外侧的钢带 5 mm，将多余部分剪去，再将固定环外的钢带折弯后整平。
（3）将铝护套屏蔽网一端套在距电缆外护套切口 30 mm 的铝护套上，用喉箍将其与铝护套紧固牢靠，然后将屏蔽网全部推向固定侧，露出电缆芯线。

（四）芯线接续

1. 芯线组屏蔽层处理

（1）距铝护套切口 50 mm 处将屏蔽线组的屏蔽层剪断，保留芯线长度 185 mm，如图 3-4-4 所示。

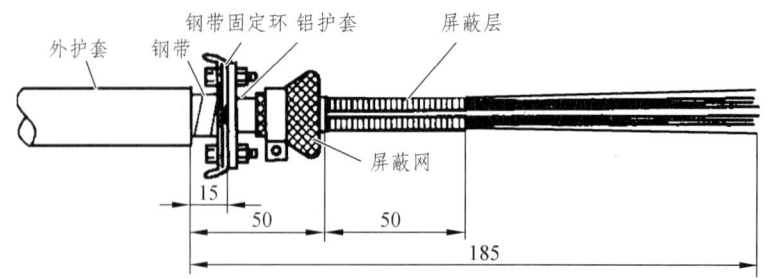

图 3-4-4 安装钢带固定环及开剥芯线组屏蔽层示意

（2）除去芯线组屏蔽层端口 30 mm 范围内的绝缘层，撑开屏蔽层，将内衬管套在芯线组上，将其放置在芯线组与屏蔽层之间。

（3）将屏蔽压接管套在芯线组屏蔽层外面。

（4）将小屏蔽网套在屏蔽线组的一端，如图 3-4-5 所示。

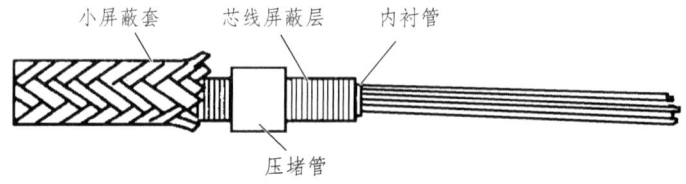

图 3-4-5 芯线组屏蔽层处理示意

2. 芯线压接

（1）将芯线绝缘层剥除 6~8 mm，露出裸铜线。

（2）先将一个方向的全部电缆芯线用压接端子压接，方法是：将裸铜线穿入压接端子筒，通过检查孔观察裸铜线端头是否穿至压接端子筒的根部，然后用"芯线压线钳"对压接端子筒进行压接。

（3）芯线一端压接完成后，再用同样方法完成对应的另一侧电缆芯线的压接。全部芯线压接完成后，检查核对压接的线组线对，确保芯线接续正确。图 3-4-6 为芯线压接示意。

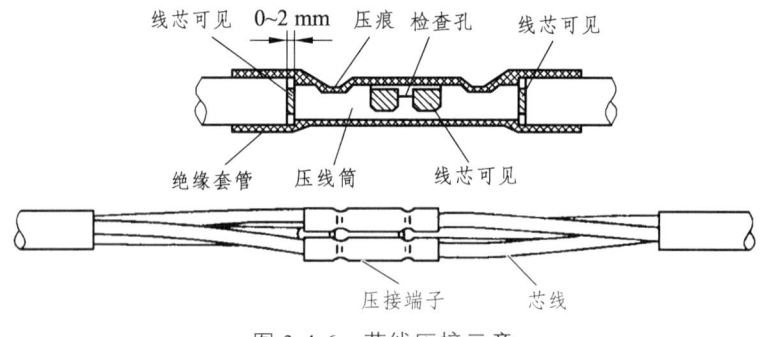

图 3-4-6 芯线压接示意

3. 压接注意事项

（1）在芯线压接过程中，始终保证电缆芯线在压接端子筒内的位置正确（即芯线插入深度要足够，在压接时不可串动）。

（2）压线钳与压接端子筒及芯线呈垂直状，压接时压接钳不得晃动。

（3）压线应一次压紧，压线钳压紧后，能自动松开，表明压接成功，严禁对压接后的端子进行再次压接。

（4）压线钳与压线筒及芯线的位置不得颠倒，压线钳与压接端子筒、芯线的位置关系如图 3-4-7 所示。

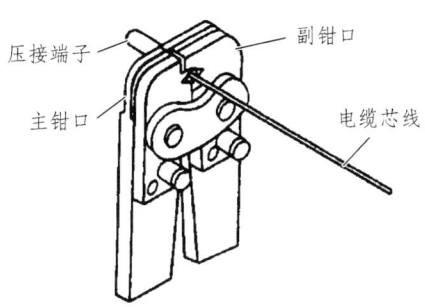

图 3-4-7　压接钳与芯线位置

4. 屏蔽层连接

（1）将小屏蔽套沿接续完的芯线恢复成直线状，小屏蔽套的两端分别与芯线组屏蔽层搭接 15 mm。

（2）将内衬管移到屏蔽层切断口处，使屏蔽层覆盖内衬管。内衬管的端口探出屏蔽层切断口 1 mm，以防止压接时屏蔽层切断口与芯线接触。

（3）将屏蔽压接管套入小屏蔽套并移动到内衬管所处的位置，用"屏蔽层专用压接钳"在屏蔽压接管处压接，使电缆两侧屏蔽四线组的屏蔽层连接。

（4）屏蔽连接时应特别注意屏蔽层切口的处理，确保屏蔽层与芯线间的电气特性良好。芯线组屏蔽层压接后外观如图 3-4-8 所示。

图 3-4-8　屏蔽层压接示意

（5）非屏蔽线组的芯线接续除不进行屏蔽连接外，其他部分与内屏蔽线组芯线接续相同。

5. 铝护套、钢带连接

（1）全部芯线接续完毕后，将接续后的电缆芯线恢复直线状态。

（2）用干燥的棉纱将铝护套与电缆缆芯之间的缝隙填塞，防止灌胶时胶液沿铝护套与电缆芯之间的缝隙渗漏。

（3）将铝护套屏蔽网沿电缆芯线拉至另一侧电缆的铝护套处，用喉箍将屏蔽网与铝护套固定连接。

（4）将固定接杆安装在固定环凹槽内。

（5）电缆接续处需要接地时，将屏蔽四线组的屏蔽层接地线复联后与铝护套屏蔽网连接，再连接到密封挡环的接地端子上。钢带、铝护套连接如图 3-4-9 所示。

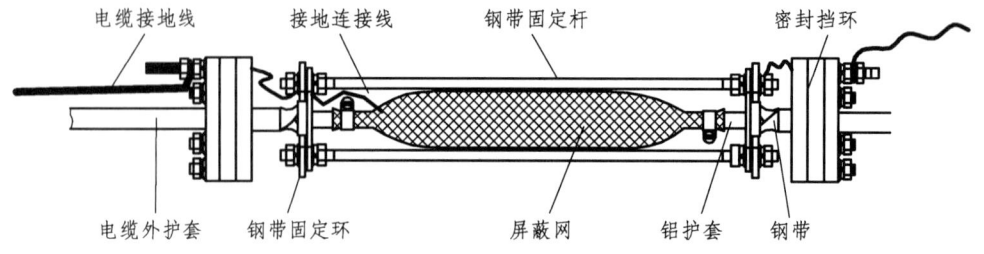

图 3-4-9　钢带、铝护套连接示意

6. 盒体组装

（1）将两侧外护套切口 150 mm 范围内的电缆外护套用砂布打毛。

（2）将主套管移至电缆接续的中间部位。

（3）将两端的密封挡环推入主套管，使外挡环与主套管端面在同一平面上，调整主套管注胶孔的位置，使接头盒落地后注胶孔与地面垂直向上。

（4）用扳手按对角、轮换的顺序，紧固密封挡环的螺丝，使密封胶圈受挤压后径向膨胀；一端完成后再用同样方法安装另一端密封挡环。紧固密封挡环螺丝时，必须按对角轮换的要求均匀拧紧，不可盲目用力，避免用力过大损坏密封部件。

（5）将辅助套管与主套管对接，用专用扳手拧紧，辅助套管注胶孔与主套管上的注胶孔在同一条直线上，其角度差不大于 ±15°。

（6）在辅助套管小口径端与电缆之间用密封胶带缠包，防止灌膨胀胶时胶液渗漏。

7. 灌注密封胶和膨胀胶

将接头盒水平放入电缆槽底部，保持主套管注胶孔与地面垂直，两端电缆储备量呈"Ω"或"S""∽"状，盘放整齐。

1）灌注密封胶

（1）调胶。

密封胶为双组份，密封胶 A 组份（大桶）开盖后，先将盒底沉淀物与胶液充分搅拌均匀，再将 B 组份（小桶）全部倒入 A 组份中充分搅拌混合均匀。

（2）灌胶。

打开主套管上的两个注胶孔盖，将密封胶用漏斗从主套管上的一个注胶孔向盒体内灌注，待胶液溢出注胶孔后，等待 10 min，补齐胶面；再用专用扳手将两个注胶孔盖（有"○"形密封圈）拧紧。

2）灌注膨胀胶

（1）调胶。

将胶袋的中间卡条取出后，使 A、B 胶液混合，然后用手反复揉搓胶袋，使 A、B 胶液充分混合均匀。

（2）灌胶。

将两侧辅助套管注胶孔盖打开，将膨胀胶平均分成两份，分别灌注到两侧辅助套管内，待胶面溢出注胶孔后，立即用专用扳手将注胶孔盖（无"○"形密封圈）拧紧。

3）注意事项

（1）密封胶混合时，必须将 B 组胶全部倒入 A 组内，保证 A、B 胶配比正确。

（2）膨胀胶的反应速度与温度有关，温度高时反应快，温度低时反应慢。当操作环境温度较低时，应按胶体混合要求增加混合时间。膨胀胶在调胶后应迅速灌注，防止胶液在胶袋内膨胀。

（3）安装注胶孔盖时，应将套有"○"形密封圈的注胶孔盖拧在主套管上，并用专用内六角扳手拧紧至密封圈压平，避免用力过大造成胀裂注胶孔或扭断注胶孔盖。

项目四 信号机施工

任务一 信号机施工流程及要求认知

铁路信号机主要包括高柱信号机和矮型信号机。城轨信号机包括正线信号机与车辆段信号机。正线信号机分为壁挂式信号机与柱式信号机。车辆段信号机与铁路信号机基本相同，包括高柱信号机与矮柱信号机。

一、信号机施工流程

信号机的施工流程大体相同，如图 4-1-1 所示。

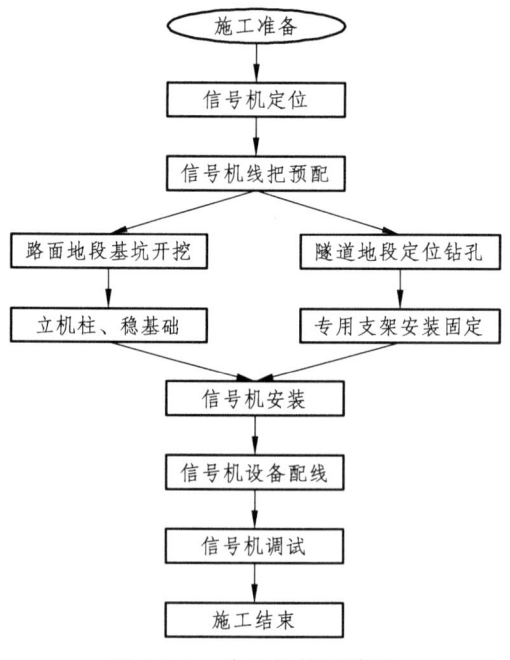

图 4-1-1 信号机施工流程

二、技术标准

（1）铁路信号机应设在列车运行方向的右侧。不得已需设于左侧时，应由施工定测的主持部门报建设单位批准。

（2）信号机的设置位置和显示方向应保证从列车或车列上看，不被误认为邻线的信号机。

（3）发车进路表示器机构的安装位置应与其指示的线路开通方向相一致。

（4）柱式、壁挂式、矮型、高柱信号机的安装限界应符合不同牵引供电方式的设计文件规定。

（5）信号机各部部件应齐全，不得有破损、裂纹现象。紧固件应平衡紧固；开口销劈开角度应为 60°～90°。

（6）信号机配线应符合下列要求：

① 采用多股铜芯绝缘软线，宜选用 7×0.52 mm^2 铜芯绝缘软线。

② 绝缘软线不得有破损、老化现象。

③ 绝缘软线不得有中间接头。

④ 绝缘软线在箱盒、机构内部，应绑扎整齐。

⑤ 绝缘软线两端芯线可用爪形线环、铜线绕制线环或冷压接线端子压接等方式做头。

⑥ 绝缘软线在机柱、电线引入管进出口处应加防护。采用橡皮电缆或塑料绝缘电缆时，可不加防护。

（7）信号机显示及灯位排列必须符合设计文件规定标准，不得有影响显示的斑点和裂纹，并应保持清洁、明亮。

（8）信号机构的灯座应调整灵活，光源应调整在透镜的焦点上。灯泡应采用有主、副灯丝的信号专用灯泡，正常点灯时，应接通主灯丝。采用其他新型光源信号机时，应符合其相应的技术条件规定。

（9）当采用接触网牵引供电方式时，高柱信号机的金属导体部分外缘与接触网带电部分距离不得小于 2 000 mm，其金属结构物应设安全地线，并严禁与钢轨相连接。

（10）当采用三轨牵引供电方式时，如有必要，信号机安装前应联系供电单位断轨处理。

三、安装限界

（一）高柱信号机安装限界

色灯信号机的安装地点应按照设计文件由施工定测确定，并不得侵入建筑接近限界。在正线和通过超限货物列车站线旁，高柱色灯信号机的设备边缘距线路中心限界为 2 440 mm，不通过超限货物列车站线的高柱信号机设备边缘距线路中心限界为 2 150 mm。一般信号机基本宽度为 380 mm，所以正线高柱色灯信号机中心距线路中心不少于 2 630 mm，站线则为 2 340 mm。非电力牵引区段各种高柱色灯信号机在直线线路上安装限界如表 4-1-1 所示。

表 4-1-1 非电力牵引区段直线线路高柱信号机建筑接近限界　　（单位：mm）

序号	使用名称	型式	机柱长度	埋深	信号机构最下方灯位中心距轨面	机柱中心所属线路中心	
						限界2440	限界2150
1	进站	四显示带引导	11 000	2 000	5 000	2 630	2 340
2	进站或进路	四显示带引导及进路表示器	11 000	2 000	5 000	2 630	2 340
3	进站或进路	五显示带引导	11 000	2 000	5 000	2 630	2 340
4	出站或发车进路	四显示带进路引导	11 000	2 000	5 400	2 630	2 340
5	出站或发车进路	四显示带二排引导	11 000	2 000	5 400	2 630	2 340
6	出站或发车进路	五显示	11 000	2 000	5 300	2 630	2 340
7	出站或发车进路	四显示	10 000	2 000	5 300	2 630	2 340
8	出站或发车进路	三显示带进路表示器	10 000	2 000	5 400	2 630	2 340
9	出站或发车进路	三显示	8 500	1 700	5 300	2 630	2 340
10	出站、调车、预告	二显示	8 500	1 700	5 300	2 630	2 340
11	复示	方板一显示	8 500	1 700	5 500	2 630	2 340
12	通过	三显示	8 500	1 700	4 500	2 630	
13	通过	三显示带容许	8 500	1 700	3 500	2 630	
14	遮断	方板一显示	8 500	1 700	5 500	2 630	
15	驼峰及驼峰辅助	四显示	10 000	2 000	5 300	2 630	2 340
16	驼峰复示	四显示（带方板）	10 000	2 000	5 300	2 630	2 340

电力牵引区段沿线埋设有杆塔、支柱以及腕臂，对信号显示会有遮挡，同时为避免接触网对信号维修人员的伤害，高柱信号机一般采用 8.5 mm 机柱，并有下列要求：

（1）电力牵引区段信号机导电体边缘距接触网带电部分不得少于 2 000 mm。

（2）信号机导电体边缘距回流线应大于 1 000 mm；当小于 1 000 mm 且大于 700 mm，回流线应用绝缘物包扎，最小不得少于 700 mm。

（3）信号机导电体边缘距电力软横跨不得少于 3 500 mm。

在交流电力牵引区段的直线线路上，进站、预告、通过高柱信号机机柱类型、埋深及机构安装尺寸应符合表 4-1-2 的规定。

表 4-1-2 交流电力牵引区段直线线路高柱信号机安装限界　　（单位：mm）

序号	使用名称	型式	机柱长度	埋深	信号机构最下方灯位中心距轨面	机柱中心所属线路中心		说明
						机柱中心	机构中心	
1	进站	四灯位带引导	8 500	1 700	3 500	2 900	2 670	第一、二机构中心 1 200，第二机构最下方灯位中心至引导机构中心 720
2	预告	二灯位	8 500	1 700	4 500	2 900	2 600	机构改装在所属线路侧
3	通过	三灯位	8 500	1 700	4 500	2 900	2 600	机构改装在所属线路侧
4	通过	三灯位带容许	8 500	1 700	3 700	2 900	2 700	机构改装在所属线路侧

在交流电力牵引区段站内高柱出站信号机机柱类型、埋深及机构安装尺寸应符合表 4-1-3 的规定。

表 4-1-3 交流电力牵引区段高柱出站信号机安装限界　　（单位：mm）

序号	使用名称	型式	机柱		信号机构最下方灯位中心距轨面	机柱中心所属线路中心		邻近线路		说明
			长度	埋深		机柱中心	机构中心	限界 2 440	限界 2 150	
1	出站	二灯位	8 500	1 700	5 300	2 900	2 700		2 400	线间距 5 300
2	出站	三灯位	8 500	1 700	5 200	2 900	2 700		2 400	线间距 5 300
3	出站	四灯位	10 000	2 000	4 700	2 900	2 700		2 400	线间距 5 300
4	出站	二灯位	8 500	1 700	5 300	2 900	2 700	2 630		线间距 5 530
5	出站	三灯位	8 500	1 700	5 200	2 900	2 700	2 630		线间距 5 530
6	出站	四灯位	10 000	2 000	4 700	2 900	2 700	2 630		线间距 5 530

（二）矮型信号机安装限界

各种矮型信号机的混凝土基础、埋深及机构安装尺寸，应符合表 4-1-4 的规定。

表 4-1-4 矮型信号机安装限界　　　　　　　　（单位：mm）

序号	使用名称	型式	机构间距	基础埋深	基础顶面距轨面	基础中心距所属线路中心	机构中心距所属线路中心
1	出站或进路	五显示	340	400	200～300	2 199	2 029
2	出站或进路	四显示	340	400	200～300	2 199	2 029
3	出站或进路	四显示带进路显示器	340	400	100～200	2 199	2 029
4	出站或进站	三显示		500	200～300		2 029
5	出站或进路	三显示带进路表示器		500	80～120		2 163
6	出站或调车	二显示		500	200～300		2 029
7	复示	方板一显示		500	200～300		2 095

视频学习 4-2

任务二　信号机设备安装

信号机的种类、安装的地形不同，其安装方式也不同，一般分为埋设安装、基础安装和支架安装。下面分别介绍不同信号机的安装方法。

一、高柱信号机安装

（一）挖坑

坑宽 500 mm 见方（土质适合时，也可用打洞铲打圆坑）。在软土质地区加底盘时，以放入底盘宽度为宜。坑深应根据机柱埋深和路基情况而定。放置底盘时，坑深需加 80 mm。为装卡盘，需在距坑底 1 m 深处将"马槽"（即使机柱根部滑入柱坑的滑道）一侧的坑边向两侧扩出 200 mm。柱坑挖好后，根据立杆方向，挖出"马槽"。"马槽"一般长 1.5 m，深 0.5 m，如图 4-2-1 所示。

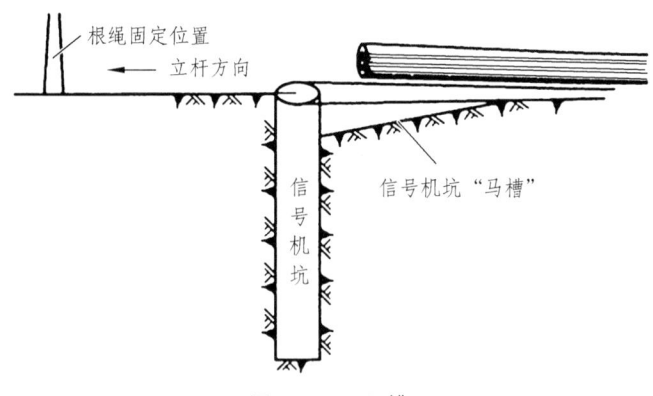

图 4-2-1　马槽

（二）立机柱

无法使用吊车立杆的情况下，可采用"把杆立杆法"，如图 4-2-2 所示。8.5 m 机柱需 12 人一组，10 m 以上机柱需 15 人一组。

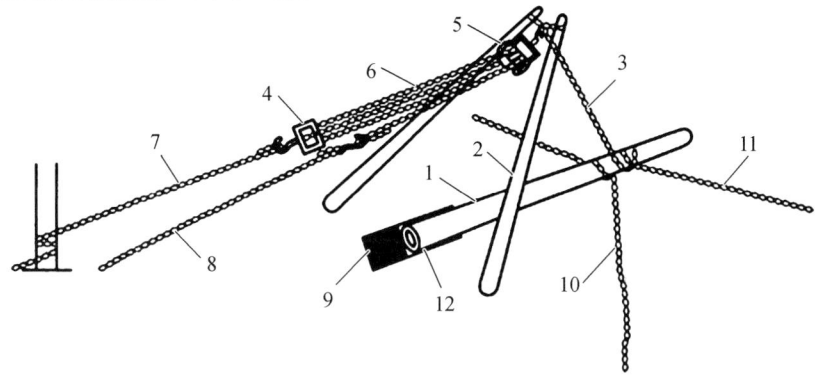

1—信号机柱；2—把杆；3—拖绳；4—动滑轮；6—滑轮组钢丝绳；7—根绳；
8—滑轮组大绳；9—信号机柱；10—边绳；11—溜绳；12—马槽。

图 4-2-2 把杆立杆

立杆时，需有 1 人专门负责瞭望、防护。必要时，要与车站联系要点。起杆前，负责根绳的 1 人宜沿起杆方向，把根绳拴系在树木、电杆、轨道等固定物上，使根绳与地面夹角尽量小些，这样抬起会轻松些；负责滑板的 1 人将滑板顺在"马槽"对面坑壁，并用撬棍控制机柱方向；负责掌把杆的 2 人要选好把杆支立地点，尽量使把杆与地面成 45°角时，拖绳被拉紧，并使把杆对称地处在机柱起立平面的两侧。为防把杆脚滑动，可在杆脚处挖一小坑。根绳、大绳、边绳、溜绳都被拉紧时，起杆准备工作就绪。

起杆时，要听从指挥人员（1 人）统一指挥。负责拉大绳的 6 人要缓缓均匀用力，不可猛拉猛拽，双脚不许离地，不许将大绳缠在腰间及手臂上。负责边绳的 2 人要平衡用力，防止机柱左右摇摆。当机柱与地面角度近 80°时，负责溜绳的 1 人要适当用力带紧，防止机柱竖直后，起杆过度。机柱落入坑底后，根据需要从大绳端抽出数人对机柱做必要旋转，以使机柱上部引线口朝向机构方向，并准确测量机柱中心与线路中心距离及机柱的垂直度。然后回填土 500~800 mm，并及时分层捣固。此时，可拆除根绳、拖绳和把杆。当回填土至 850 mm（10 m 以上杆为 1 000 mm），安装机柱卡盘，用 U 形螺栓拧紧，再继续回填捣固。确认机柱埋设符合安装尺寸要求后，方可拆除边绳和溜绳。

（三）吊机构组装

由 1 人使用脚扣登杆，把弯管滑轮（见图 4-2-3）安在机柱顶部，穿上吊绳。先用滑轮吊绳将预先组装好的梯子吊起，在离机柱顶端 400 mm 处将梯子第一支架初步固定，依次将其余支架水平安装。待支架全部撑起后，按要求调整梯子方向和支架水平，逐个拧紧每个支架的卡箍螺栓。将梯子与放在基础坑内的梯子基础用螺栓连接，并培土捣固。

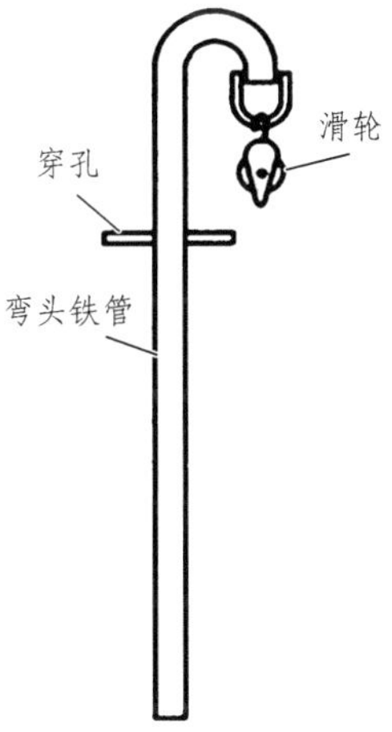

在起立机柱前完成托架安装，比机柱立起后再吊装托架要省力省

图 4-2-3 弯管滑轮

时，托架安装与上部引线口一样，应朝向机构方向，上下托架中心线应一致对齐，并与机柱垂直。

吊装机构时，注意不可与机柱、梯子相碰，位置合适后，先固定下部螺栓，再固定上部螺栓。

吊装机构时，杆上作业人员必须系安全带，吊绳必须结实无断股，绑拴吊绳时必须得法，既牢固又便于解扣。机构吊起和安装时，机构下方不许站人，禁止上下抛递工具和同时作业。

图 4-2-4 为电力牵引区段进站信号机的安装图。

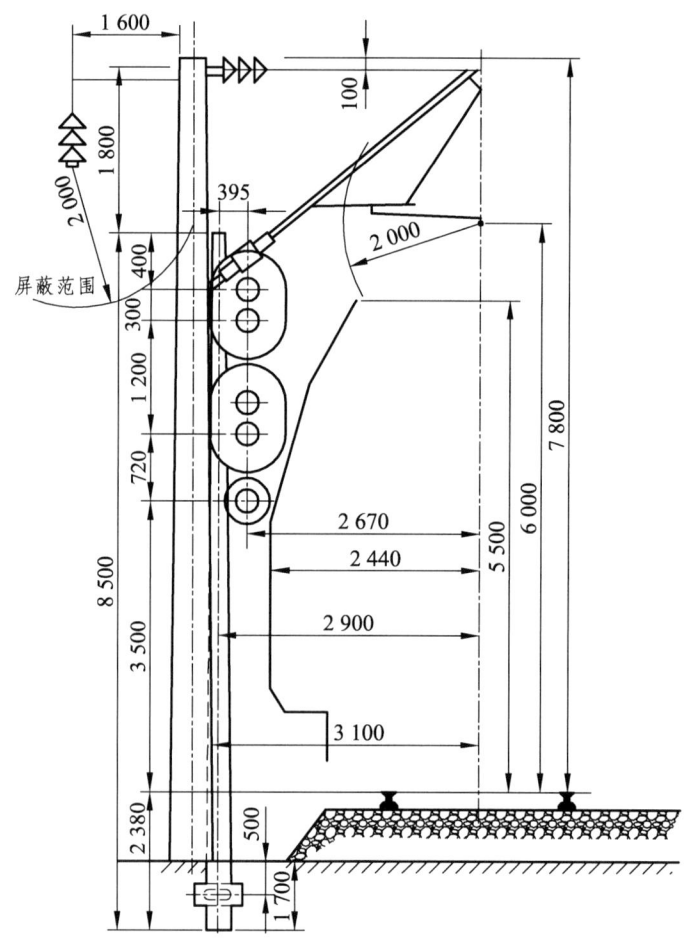

图 4-2-4　电力牵引区段进站信号机的安装图

二、矮型信号机安装

（一）挖坑

矮型信号机基础分为单机构和双机构，坑的大小比基础尺寸稍大即可，基础尺寸如图 4-2-5 所示，深度视地面与轨面相差尺寸而定，要求基础面高于轨面 200～300 mm。

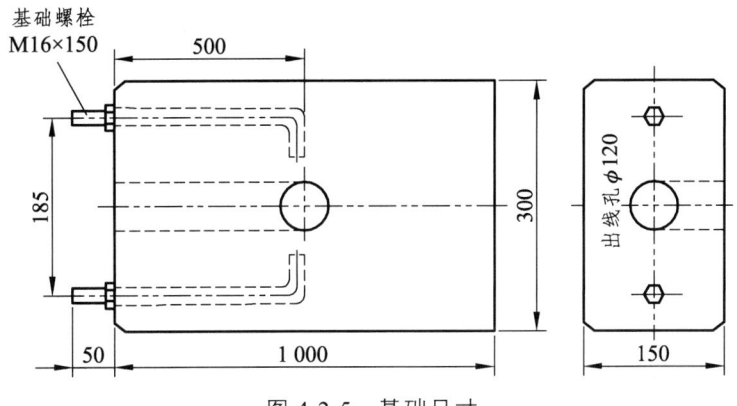

图 4-2-5　基础尺寸

（二）稳基础

基础放入坑内时，应注意引线管方向与显示方向相反，准确测量安装尺寸，同时用水平尺抄平基础面，基础不得倾斜。回填土 200～300 mm 并捣固，埋深在基础面以下 500 mm，必要时培土夯实。

（三）安装机构

安装机构前，先将 1.6 mm 铁线穿入弯管引线管，从电缆盒引线口引出。将机构座按显示方向要求套入基础螺栓，加弹簧垫圈拧紧螺母。图 4-2-6 为矮型信号机的安装图。

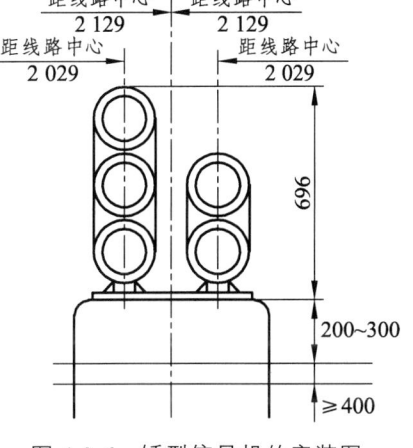

图 4-2-6　矮型信号机的安装图

三、城轨信号机安装

（一）侧墙安装

侧墙信号机安装分两种形式：一种是直壁安装，另一种是弧形洞壁安装。支架也有直式支架和斜式支架两种，安装时要注意区分。直臂侧墙信号机安装如图 4-2-7 所示。

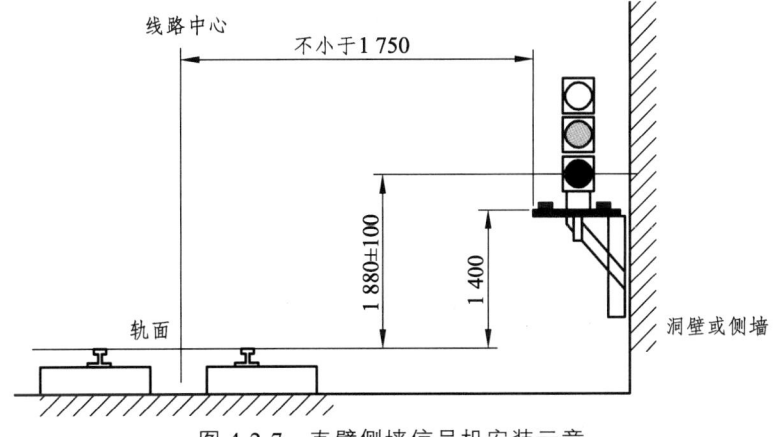

图 4-2-7　直臂侧墙信号机安装示意

（二）立柱式安装

因地形限制而影响信号机显示的地方，多采用立柱式安装。信号机立柱采用钢管与铁板焊接制成，用不锈钢材质的 M10×90 的胀栓固定。立柱式安装和侧墙式安装的安装限界相同。图 4-2-8 所示为立柱式信号机安装示意。

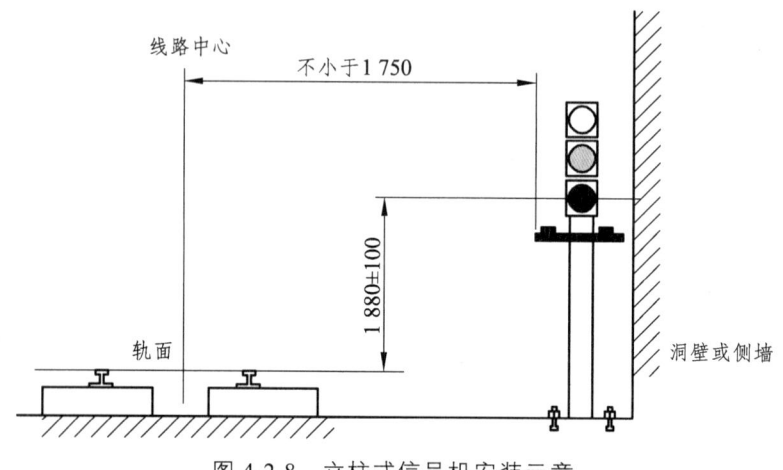

图 4-2-8　立柱式信号机安装示意

四、电缆终端盒安装

信号机还需要安装电缆终端盒，安装终端电缆盒时，电缆盒的电缆引入孔要和信号机的电缆引入孔相对应。地下隧道内的电缆盒基础采用 50 mm×50 mm 的角钢焊接而成，安装支架与地面采用 3 个不锈钢胀栓固定，安装图如图 4-2-9 所示。

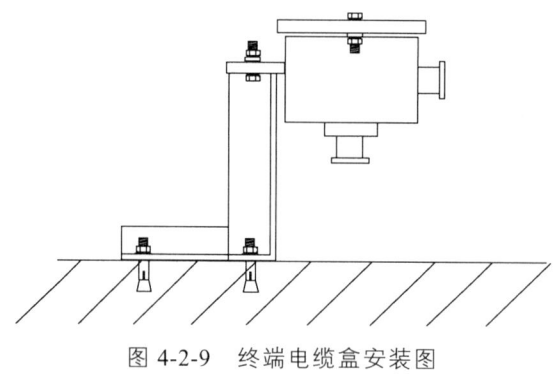

图 4-2-9　终端电缆盒安装图

任务三　信号机设备配线

信号机施工应选择进站信号机、出站信号机进行施工技能训练，两种信号机用于 6502

电气集中和计算机联锁时定型组合不同。根据所选信号机类型，选择相对应的信号机点灯电路原理图。按照原理图，选择定型组合内部配线图，制作组合侧面配线图、分线盘配线图，并认真核对图纸，确保图纸正确无误。

工具材料包括：

（1）必备工具：剥线钳、斜口钳、电烙铁、焊锡、扎带等。

（2）必备材料：23×0.15 mm 绝缘软线、绝缘套管。

（3）常用仪表：万用表。

一、室内配线

（一）组合内部配线

1. 定型组合内部配线焊接

（1）将定型组合固定在焊接台上。

（2）将侧面端子板卸下，180°反转，重新将侧面端子固定在定型组合上。注意，此时侧面端子从右至左顺序为"03、02、01""06、05、04"，与原来顺序不同，如图4-3-1所示。

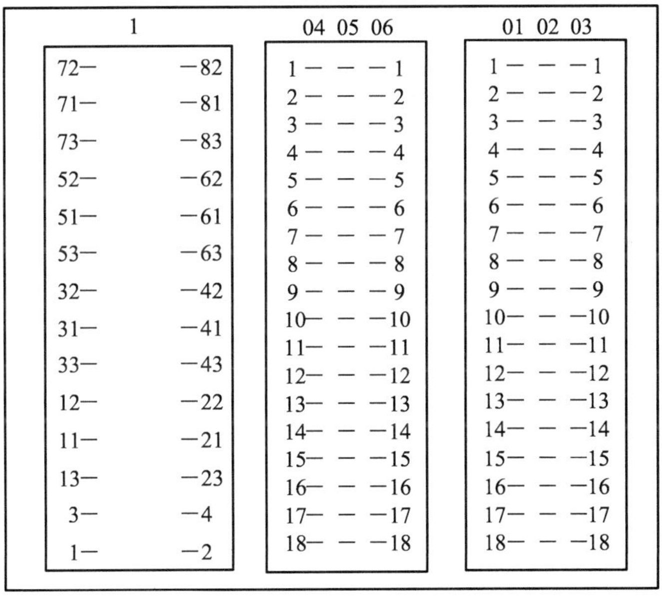

1		04 05 06	01 02 03
72—	—82	1— — —1	1— — —1
71—	—81	2— — —2	2— — —2
73—	—83	3— — —3	3— — —3
52—	—62	4— — —4	4— — —4
51—	—61	5— — —5	5— — —5
53—	—63	6— — —6	6— — —6
32—	—42	7— — —7	7— — —7
31—	—41	8— — —8	8— — —8
33—	—43	9— — —9	9— — —9
12—	—22	10— — —10	10— — —10
11—	—21	11— — —11	11— — —11
13—	—23	12— — —12	12— — —12
3—	—4	13— — —13	13— — —13
1—	—2	14— — —14	14— — —14
		15— — —15	15— — —15
		16— — —16	16— — —16
		17— — —17	17— — —17
		18— — —18	18— — —18

图 4-3-1 定型组合内部配线焊接侧面端子示意

（3）用铁丝做成若干穿线钩，将其固定在组合背面走线槽位置。

（4）按照配线图，遵循先左后右、先下后上的顺序进行放线、焊线。焊接前，要量出两个焊接片间的线长，走线时不得直接连接两焊接片，必须经过组合下方走线槽位置成直角状连接，并在配线两端均留出30~50 mm的预留量，完成如图4-3-2中06-1~1-1配线。将软线剪断，右端在待焊端子下面穿线钩绕一圈，暂不焊接。

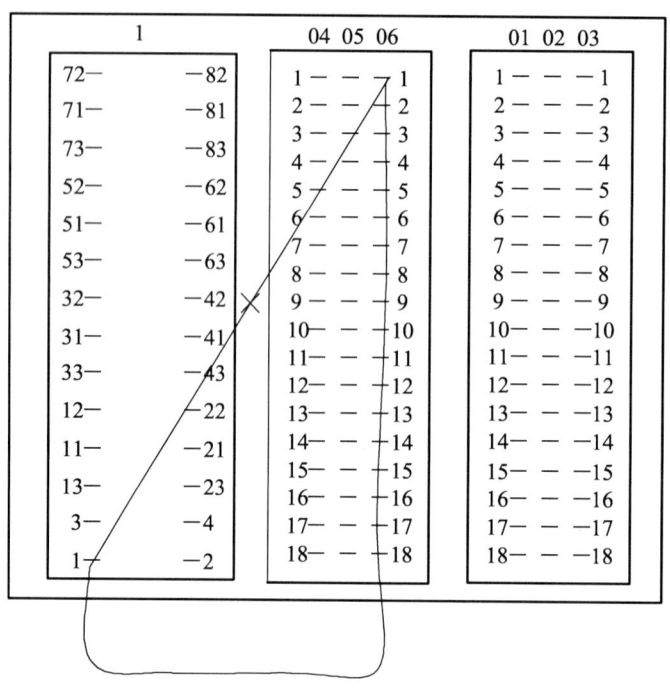

图 4-3-2 配线示意

（5）焊线前，将焊接片表面用什锦平锉或砂布打磨，除去表面氧化层，用电烙铁沾焊锡在焊接片表面挂一层薄锡。

（6）套上塑料胶管。AX 继电器插座板需 $\phi 8 \times 15$ mm 塑胶管，18 柱端子板及侧面端子板需 $\phi 6 \times 20$ mm 塑胶管。

（7）将铜芯软线剥去 5 mm 绝缘外皮，按照前文所述焊接方法，将软线牢固焊在焊接片上，并检查有无虚焊。同一列端子，由下向上顺序焊接。焊接时，可在所焊焊接片下方垫一硬纸片，以防漏锡烫坏下方的塑胶管或导线，甚至造成两焊点间短路。如焊片上有两根导线，则将两裸线头并在一起，用尖嘴钳顺时针方向（面对线头）拧在一起，套上塑料胶管，一起焊接到焊片上。绝不可一根一根地分开进行焊接。

（8）配线放到已放线右端，再进行右端的焊线。在焊接每根线条右端之前，应从左向右捋顺该线条，不要与已焊好的线条发生缠绕。线条不宜拽得太紧，要在两端焊接片处留有 20～30 mm 余量。

2. 定型组合内部配线校对

（1）对照定型组合内部配线图，检查各个端子上有无多配或漏配的线。

（2）对照定型组合内部配线图，使用万用表欧姆档，逐根检查端子配线有无错配，同时检查配线是否有断线。

3. 定型组合内部配线绑扎

从组合左端继电器端子开始，将线条顺直，排列整齐，间隔 15 mm 用塑料扎带或尼龙线均匀绑扎。

4. 整理

绑扎完毕后，用螺丝刀将组合侧面端子板卸下，反转180°，重新固定在定型组合上。此时从组合背面看，端子板端子列顺序从右向左依次为01、02、03、04、05、06。

（二）组合侧面配线

1. 填写配线铭牌

根据组合侧面端子配线图，填写配线铭牌。例如："11-505-15～1F-404-1"与"1F-404-1～11-505-15"。

2. 放线

（1）按照先放本排，再放排间，最后放分线盘的顺序放线。

（2）使用铁线或铜芯软线做若干穿线环，将其固定在组合架背面组合侧面端子旁走线槽上。

（3）根据组合侧面端子到组合架零层、组合架侧面、接口柜或分线盘端子的线长，并留出150 mm左右预留量。按照走线槽布局，经过步骤（2）中的穿线环及组合架背面顶层走线孔，放置铜芯软线。走线时，力求直角拐弯。

（4）将填好的配线铭牌穿在所放铜芯软线上，软线两端均需穿配线铭牌，并系扣打结，防止铭牌脱落。

3. 焊接、压接、制环

4. 上端子

（1）环线上端子前，用套筒先拧紧端子螺杆的根部螺母。

（2）环线与螺母以及环线与环线间均应有合适的垫圈。

（3）环线根部塑料皮不可过长，以免压在两垫圈间；也不可过短，露出过长裸铜线。

（4）一个端子上最多上三个线环。

（5）线环上完后，用套筒拧上螺母，力矩要适度。过松会导致导电不良，过紧会损伤线环，最后用压紧螺母压紧。

5. 校对

（1）根据组合侧面端子配线图，检查各端子有无多配或漏配的线。

（2）使用万用表欧姆档，检查端子配线是否错误，同时检查配线是否导通。

6. 绑扎

在完成室内设备导通试验后，可进行绑扎。整理配线时，从组合架最下面一层开始，先整理组合侧面端子横把；再整理组合架背面走线槽内配线，由下而上整理。

（三）分线盘配线

如分线盘端子是普通柱式端子板，将电缆芯线绕制成环或制成防震压接环，上在分线盘端子上；如分线盘端子是万可端子板，将电缆芯线按照工艺要求连接到端子板上。不论是柱式端子还是万可端子，其配线和绑扎均应符合分线盘配线标准。分线盘各部分应铭牌齐全，电缆用途加标记铭牌，如图 4-3-3 所示。

图 4-3-3　分线盘配线实例

室内配线结束后，在插继电器之前，要对室内所有配线进行认真的导通。导通前，在分线盘处，将室外电缆芯线从端子上全部拆下；在电源屏处，将接向组合架、分线盘的电源线全部拆下；将组合架、组合侧面所有断路器扳到断开位置、熔断器取下。这样可避免因设备内部接线影响导通的真实性。导通用电铃比较方便，导通测试主要包括以下内容：

（1）以组合内部配线图为准，导通组合内部继电器与继电器的端子间配线，导通继电器与组合侧面内侧端子间配线及熔断器的配线。

（2）以组合侧面端子为主，导通组合侧面端子到其他组合侧面端子、组合架零层端子之间的配线。

（3）以分线盘为主，导通分线盘端子至组合侧面端子间的配线。

二、室外配线

按照信号机点灯电路原理图，制作电缆配线图、箱盒配线图，并认真核对图纸，确保图纸正确无误。

工具材料准备包括：

（1）必备工具：剥线钳、斜口钳、套筒（4 mm、5 mm、6 mm）、螺丝刀、扎带、扳手、剥缆工具等。

（2）必备材料：7×0.52 mm 绝缘软线、绝缘套管、铜垫片（4 mm、5 mm、6 mm）、电缆等。

（3）常用仪表：万用表、兆欧表。

（一）方向盒配线

按照施工基本技能中方向盒配线标准进行方向盒配线，如图 4-3-4 和图 4-3-5 所示。

图 4-3-4　方向盒配线实例（一）

图 4-3-5　方向盒配线实例（二）

（二）信号变压器箱配线

（1）将点灯单元固定在信号变压器箱底板上，用螺丝拧紧，无松动，设备布置间隔均匀。

（2）按照信号机变压器箱内部配线图进行配线，如信号变压器箱内采用 2 柱端子，则在配线两端分别做环；如信号变压器箱采用万可端子，将接万可端子的一端制成压接端子，并插入万可端子板中，将接点灯单元端子一端制成压接线环或绕制成线环，套在端子上，并加装垫圈，拧紧螺母。

（3）配线时，各端子均需留够足够的预留量，做成鹅头弯。其配线工艺如图 4-3-6 所示。

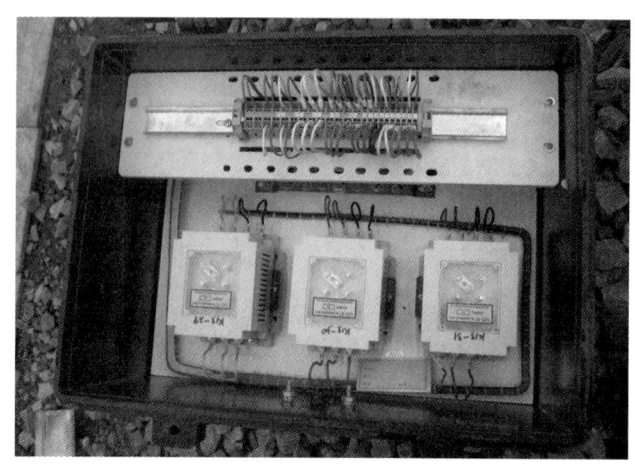

图 4-3-6　信号箱内部配线示意

(三) 信号机机构配线

1. 高柱信号机配线

(1) 用铁线作引线,从机柱上部引线孔穿入,从下部引线孔穿出,将预配线把设备侧配线与引线绑扎结实,从上引线孔穿入,下引线孔穿出。

(2) 将配线穿过弯头、蛇管至机构,固定弯头、蛇管,按照每根线条套管上的标记将线条分别紧固在灯座的端子上。多机构依次操作。

(3) 将下部配线穿过保护管引至设备箱,固定保护管,按线条套管上做好的标记分别紧固到相应的端子上,核对配线,顺直线把。

2. 矮型信号机构配线

(1) 点灯设备固定在机构门内侧时用铁线作引线,从机构引线孔穿入,从基础引线孔穿出,经保护管引至箱(盒),与箱(盒)相应端子连接。

(2) 点灯设备固定在箱(盒)内时用铁线作引线,经箱(盒)穿线孔、胶垫、保护管从基础引线孔穿入,从机构引线孔穿出,对应各灯位绑扎分线,在机构内壁用卡子固定,对应各灯位灯座配线端子做环连接。

3. 质量标准

(1) 点灯设备固定牢固,无松动;设备布置间隔均匀。

(2) 设备配线横平竖直,线条顺直无交叉,余量统一;线环绕制紧密、规范。

(3) 线环与端子连接平整,垫片、加强螺母齐全、紧固。

(4) 线把在机构内用卡子固定,线条在机柱、机构内呈自然状态。

4. 注意事项

(1) 穿引线把时,严禁生拉硬扯,防止损伤线皮。

(2) 在上、下引线孔加粗塑料套管防护,线条在机柱内不要拉得过紧,预留 200 mm。

(3) 机构内卡子与线条间加塑料套管防护。

(4) 线条与设备端子连接时,不要把套管压入垫片内。

(5) 绝缘软线不得有破损、老化、中间接头等现象。

任务四 信号机导通试验

视频学习 4-4

一、室内模拟试验

为了试验信号机室内点灯电路是否能够正常工作,可采用制作模拟电路或在分线盘直接挂灯泡方法进行试验。

(一)模拟电路试验法

1. 室内模拟电路

(1)在分线盘上,将每一架信号机点灯电路的去线和回线用 0.5 A 熔丝封接起来。以进站信号机为例,将 U、L、2U 和 LUH 封接,H 和 HH 封接,YB 和 YBH 封接,如图 2-3-17 所示。出站信号机的 U、L 和 LUH 封接,H、B 和 HBH 封接。调车信号机,则将 A、B 和 ABH 封接,如图 4-4-1 所示。

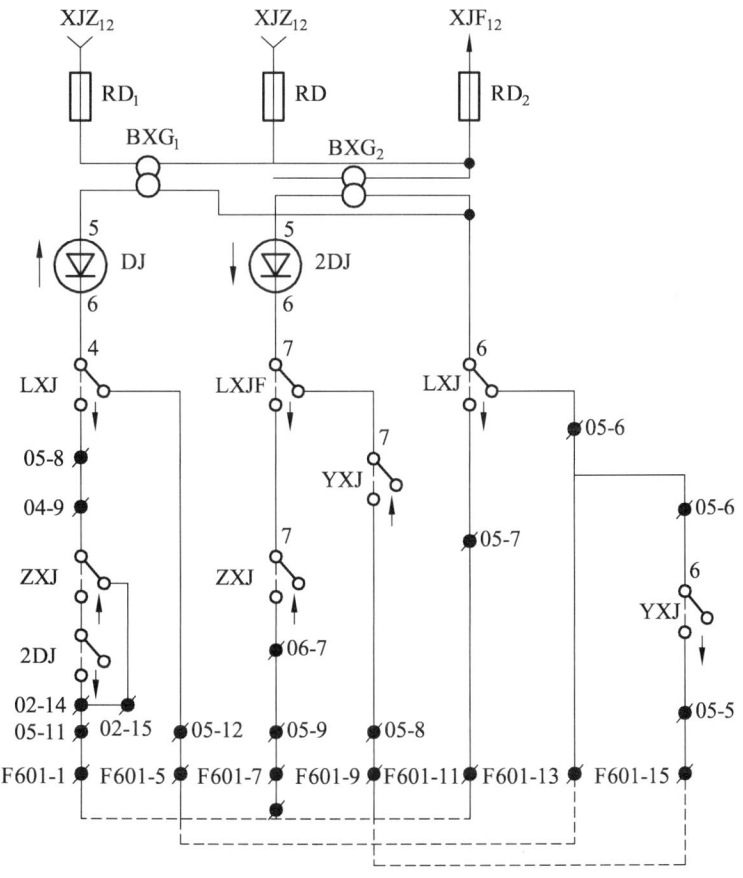

图 4-4-1 进站信号机模拟电路

（2）在电源屏处，将电源屏的 XJZ_{220}、XJF_{220} 电源线端子接 BG_1-50 型变压器端子Ⅰ次侧端子，调整Ⅱ次侧输出电源为 11.8 V，即将 XJZ_{220}、XJF_{220} 电源临时转换为 XJZ_{12} 和 XJF_{12}，如图 4-4-2 所示。

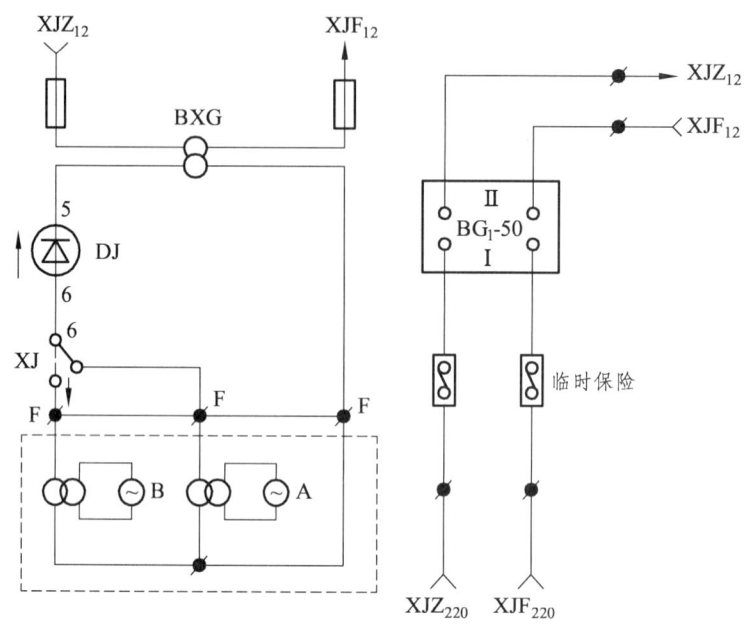

图 4-4-2 调车信号机模拟电路

2．插继电器

（1）插继电器时，应认真核对继电器鉴别孔与插座的鉴别销位置。

（2）插继电器时，先向上掀开大挂簧，左手托住继电器，使继电器接点插片对准插座的接点片间隙，右手握住继电器外罩，垂直于组合平面用力推挤，使继电器与插座密贴。必要时，可左右稍做晃动向里插，千万不可上下晃动，或硬插猛晃，否则会使接点片间胶木隔断裂，容易造成短路、混电。

3．点灯试验

继电器插好后，分别试验各灯位的点灯电路。试验时，需根据各灯位点灯电路的继电器状态，驱动相应的继电器，观察 DJ 和 2DJ 状态是否正确。

（二）分线盘挂灯泡法

将分线盘上的室外电缆甩掉。

以进站信号机为例，准备 5 个 25 W 的普通白炽灯泡，并将灯泡安装在底座上，分别引出两根线。在分线盘的 L 和 LUH 上挂绿灯灯泡，1U 和 LUH 上挂一黄灯泡，H 和 HH 上挂红灯灯泡，2U 和 LUH 上挂二黄灯泡，B 和 YBH 上挂白灯灯泡。

插上继电器，送上信号机点灯电源进行点灯试验。

二、室外单独试验

为了检查室外电缆配线、设备配线是否正确,及时发现室外设备设计、施工中存在的问题并及时解决,需要进行室外单独试验。

信号机室外单独送电试验方法:

(1)引接交流 220 V 电源到分线盘处,并串接 0.5 A 熔丝的熔断器。

(2)室内协助试验人员听候室外试验人员的通知,根据电缆配线图认真核对信号机名称、机构灯位和分线盘端子号,将电源送至分线盘上临时拆下的电缆芯线上,分别点亮室外信号机的不同灯光。认真核对灯位、信号颜色和图纸的一致性。

(3)试验主、副丝转换。用一薄竹片或塑料片隔断灯座下部的主灯丝簧片,灯丝转换继电器失磁,其后接点接通副丝点灯电路,副灯丝点亮。

(4)试验主灯丝断丝报警。室内试验人员用万用表电阻档测量从分线盘临时拆下的断丝报警电缆芯线:主灯丝点亮时,报警电路应断开,电阻为∞;主灯丝断开时,报警电路被接通,电阻为 0 Ω。

(5)调整点灯电压。点灯变压器Ⅰ次侧电压为 180~220 V,Ⅱ次侧电压为 10.5~11 V,比灯泡额定电压低 5%左右。当Ⅱ次侧电压过高或过低时,宜调整Ⅰ、Ⅱ次侧端子予以调整。

(6)调整显示距离。对已经就位的信号机可以进行显示距离的调整。除了要调整好机构的显示方向,还要通过调整灯座位置来调整灯丝与透镜镜组的相对位置,以获得最佳显示距离(现多采用定焦盘式灯,在室内调好后,到现场不必再调整)。

三、室内外连通试验

室内模拟试验与室外单独试验完成后,将临时的 XJZ_{12} 和 XJZ_{12} 电源取下,把电源屏电源接至组合架零层,在分线盘处将封连的熔丝取下,将室外电缆芯线连接至分线盘端子上。

1. 灯位及显示核对

一是核对信号机灯位排列应符合规定,色玻璃的颜色应符合要求;二是核对信号显示应与实际进路要求相符;三是核对现场信号机显示的实际灯光应与控制台信号复示器的显示含义相符。

2. 主副丝转换、断丝表示

(1)装有灯丝转换装置的信号机,断开点灯状态的主丝,应能自动点亮副丝。

(2)设有断丝报警装置的信号机,断开点灯状态的主丝,控制台应给出声光报警。

(3)双黄、绿黄或双绿灯的二黄或二绿不能点亮时,对应的一黄或一绿灯应不能点亮；双黄、绿黄或双绿灯信号开放后，任意一个灯位灭灯时，对应的另一个灯位应立即灭灯。

（4）信号机禁止灯光灭灯时控制台对应的信号复示器应闪光。

项目五 道岔转辙设备施工

任务一 道岔转辙设备安装

视频学习 5-1

电动转辙机是车站室外的重要设备,转辙机的安装质量直接影响着列车运行是否安全、平稳和快速。目前,车站正线多采用提速道岔,站线采用普通道岔。本项目提速道岔以 S700K 为例,普通道岔以 ZD6 电动转辙机为例。

道岔转辙设备的一般规定:

(1)转辙设备的规格、型号、安装方式应符合设计文件规定。

(2)安装转辙设备的道岔应符合下列要求:

① 道岔处道床水平,轨距的变化不超过限度,基本轨不横移,尖轨走向灵活一致。

② 道岔应方正,单开道岔(或对称道岔)两尖轨前后偏差不得大于 20 mm,复式交分道岔双转辙器及复示交分道岔活动心轨钝角辙叉不得大于 10 mm。

③ 道岔开程适当,尖轨应能与基本轨密贴。

④ 轨枕空当应满足转辙装置的安装要求。

⑤ 道岔不符合安装要求时,应由工务部门进行整治,以达到转辙装置安装标准。

(3)安装好的道岔安装装置应确保道岔能正常转换、尖轨应与基本轨密贴、开程符合要求。

(4)转辙机内部配线宜采用 $7 \times 0.52 \ mm^2$ 多股铜芯绝缘软线。

转辙机安装的一般工艺流程如图 5-1-1 所示。

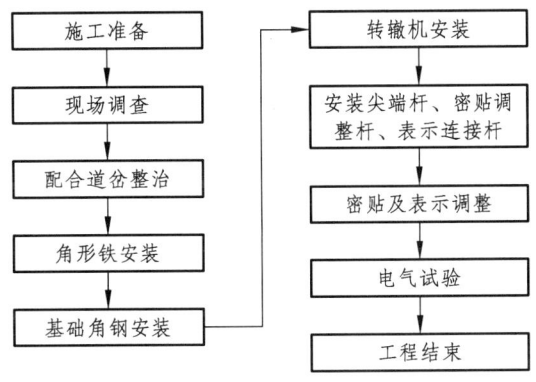

图 5-1-1 转辙机安装流程

为了保证道岔转辙设备的安装质量，在安装之前应做好施工准备和现场调查工作，并对发现的道岔问题进行整治。

1. 施工准备

道岔施工前应进行技术交底，明确安装标准和要求，将所需的工具如扳手、木方尺、直角尺、角钢垫木、号眼冲头、划铁杆等准备齐全。

2. 现场调查

（1）调查新铺设的道岔是否就位，道岔部件是否完整。核对道岔是否方正，各部位轨距是否符合标准。

（2）调查地面段道岔位置枕木是否符合要求，整体道床地段的预留道岔安装装置安装槽是否符合设计文件规定。

（3）不符合技术标准要求的部位应做好记录，作为整治道岔的基础资料和依据。

3. 配合道岔整治

（1）根据调查记录，对不符合要求的部位，请前期线路施工部门调整至符合技术要求的标准。

（2）道岔开程调整：道岔开程小的，要求前期线路施工部门更换第一连接杆；开程大的可在连接杆耳铁与尖轨间加"E"字形铁片。ZD 型转辙机安装动程为 156 mm，道岔尖轨开程应调整为 148～152 mm。

（3）尖轨应方正，用木方尺靠紧直股基本轨，第一连接杆、尖轨尖端要与直股基本轨垂直，偏差不能大于 20 mm，同时消除尖轨弹性。

（4）尖轨与滑床板出现"吊板"现象时，请线路施工部门调整枕木，使滑床板的枕木没有落枕现象，滑床板与尖轨密贴。

一、ZD6 转辙机安装

（一）角形铁安装

角形铁分为 43 kg/m、50 kg/m、60 kg/m 三种，安装如图 5-1-2 所示。安装时应使用与钢轨同一规格的角形铁。

1. 钢轨号眼

（1）将方尺卡在道岔基本轨直股上，横臂与直股基本轨贴紧，直臂边线与第一连接杆中心线重叠，用划针或特种铅笔在两条基本轨面上做标记，画出第一连接杆的中心线，按照安装图册以第一连接杆的中心线向岔尖方向量出 1 035 mm、向岔后方向量出 460 mm 距离，做好标记，如图 5-1-3 所示。

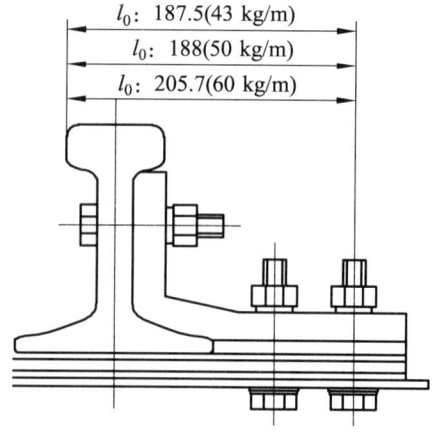

图 5-1-2　角形铁安装图

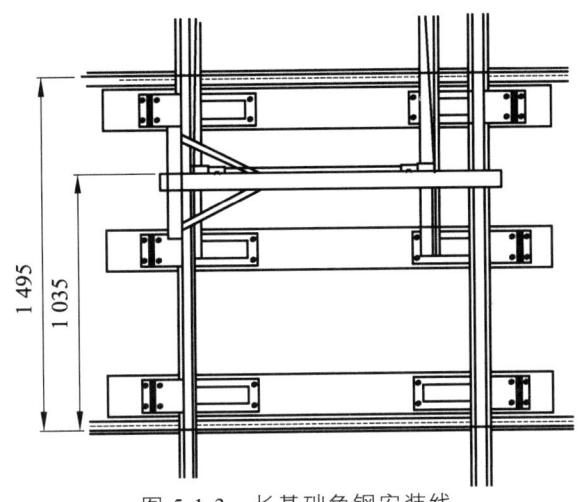

图 5-1-3 长基础角钢安装线

（2）预先将 4 只角形铁的直面画出中线，每一只角形铁对准各自位置的轨面记号，用划针伸进角形铁孔内，在基本轨腰部画出圆圈，取下角形铁，用冲子冲出钻孔中心。

2. 钢轨钻孔

（1）将钻孔处高于枕木的道砟清理干净，在枕木上垫上垫板，把电钻放在垫板上，钻头与轨腰眼孔位置水平，钻架卡紧钢轨内侧。

（2）接通电源，用 $\varPhi 21$ mm 钻头钻孔。手握钻架把手均匀水平向后用力，钻透时注意减力。

（3）孔钻好后，用圆锉除去毛刺。注意，钻孔前必须与站内取得联系，有足够行车间隙方可施工。

3. 安装角形铁

（1）将 M20×70 的螺栓从钢轨内侧穿出，装上原来画标记的角形铁，加上垫片、弹簧垫圈，拧紧螺帽，岔后角形铁应采用头部厚度为 10 mm 的螺栓紧固，以免影响尖轨密贴。岔前角形铁则用 13 mm 螺栓。

（2）用卷尺复核钢轨同侧两角形铁中心线间距 1 495 mm。若有出入，可松开螺母，予以调整。

（二）基础角钢安装

长基础角钢安装如图 5-1-4 所示，将岔前角钢称作角钢Ⅰ，岔后角钢称作角钢Ⅱ。角钢固定孔的编号从不设转辙机的一端开始。

1. 角钢号眼

站在岔尖处，面对道岔，单开道岔分左直右弯和左弯右直两种，而 ZD6 转辙机可装在左侧或右侧。因此，安装装置分成 4 种类型。但无论哪种类型，安装电动转辙机的短基础角钢始终与长基础角钢保持垂直，长基础角钢上连接短基础角钢的 4 个孔位置是一致的。即在同一长角钢上两孔中心距离为 360 mm，靠近长角钢端部孔的中心距离端部为 60 mm。因此，4 种类型的区别就在于与角形铁相连的长基础角钢的 8 个孔位置的确定有所不同。

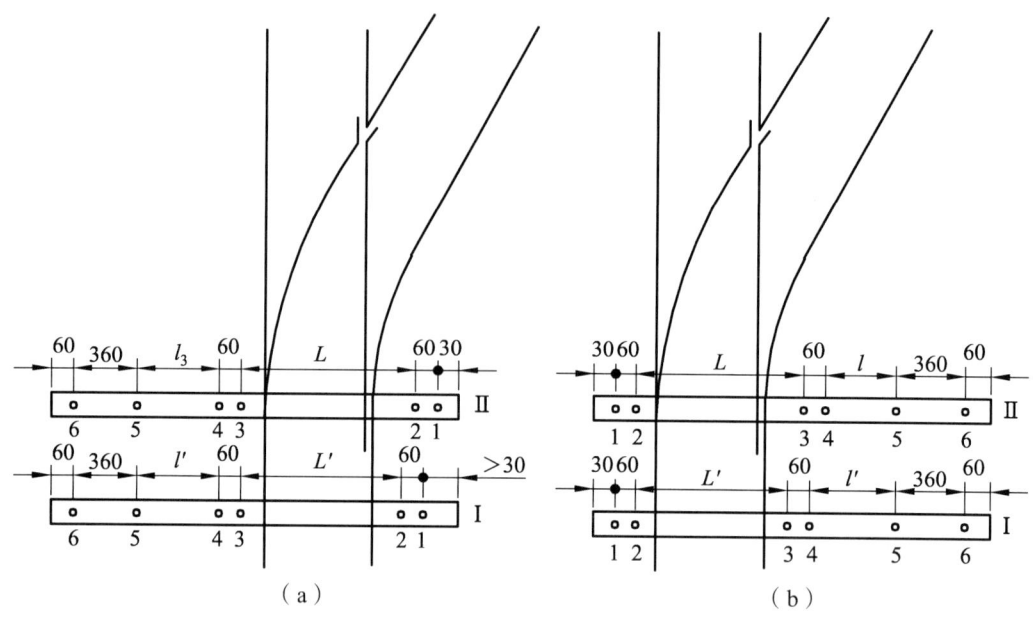

图 5-1-4　长基础角钢连接孔位置

电动转辙机装在直股侧又分左直型和右直型，这两种情况划线步骤相同。下面以左直型为例介绍。

（1）将岔前和岔后两长角钢 125 mm 边相靠，两头插入带槽木垫，使两角钢竖边入槽，角钢离开地面。

（2）先号岔后长角钢Ⅱ。从不装转辙机一端量出 30 mm，划出第 1 孔中心；加上 60 mm（角形铁水平面两孔中心距离），为第 2 孔中心；再量出实际测得的岔后两角形铁中心距离 L，为第 3 孔中心；又量出 60 mm，为第 4 孔中心。

（3）测量第 4 孔中心与邻近的固定短基础角钢孔 a 中心距离 l。

（4）后划岔前长角钢Ⅰ。从靠近钢轨的固定短基础角钢孔 b 量得上一步骤获得的距离 l'，为第 4′孔中心；加上 60 mm，为第 3′孔中心；再量出实际测得的岔前两角形铁中心距离 L'，为第 2′孔中心；又量得 60 mm，为第 1′孔中心。由于 $L>L'$，第 1′孔中心距长角钢端部距离 >30 mm，如图 5-1-5 所示。

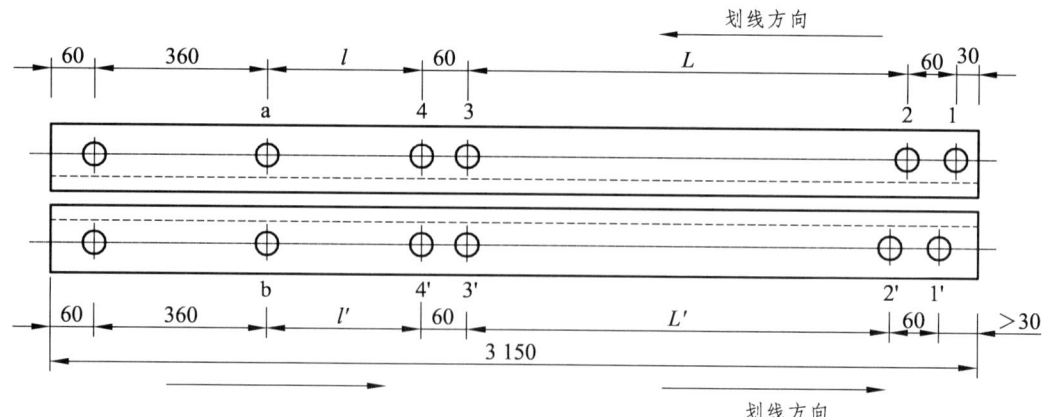

图 5-1-5　ZD6 安装于直股侧（左直）时长基础角钢号眼

（5）短角钢长 1 575 mm，将短基础角钢短边相靠成"⌐ ⌐"形，用带槽木垫支起。

（6）从两端量得 40 mm，为与长基础角钢连接孔的中心。

（7）从岔前连接孔中心量得 595 mm，为固定转辙机孔 2 和 2′的中心；加上 610 mm，为固定转辙机孔 1 和 1′的中心，如图 5-1-6 所示。

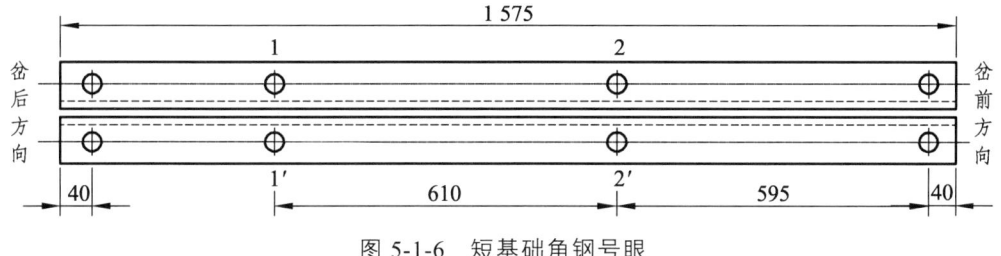

图 5-1-6　短基础角钢号眼

（8）将号完眼的角钢用红油漆进行编号。

2. 角钢钻孔

基础角钢的孔中心位置确定后，用冲子冲出记号，随即用 6 mm 电钻钻出 3～4 mm 深的小孔。然后统一用钻床钻孔。长角钢上连接角形铁的八个孔用 28 mm 钻头钻孔；其他则用 21 mm 钻头钻孔。钻完孔，用圆锉除去毛刺。

3. 基础角钢安装

（1）清理安装长基础角钢的枕木孔里的道砟及周围障碍物。

（2）将长基础角钢按编号及前后位置对号穿过轨底，角钢成背靠背与左右角形铁连接。

（3）基础角钢与角形铁进行组装时，先将螺栓套入近轨的眼孔，略拧紧螺母，再将其余螺栓套入眼孔，略拧紧螺母。注意所有附件（如绝缘板、绝缘管、绝缘垫圈、铁垫板、弹簧垫圈等）绝对不能漏装，如图 5-1-7 所示。

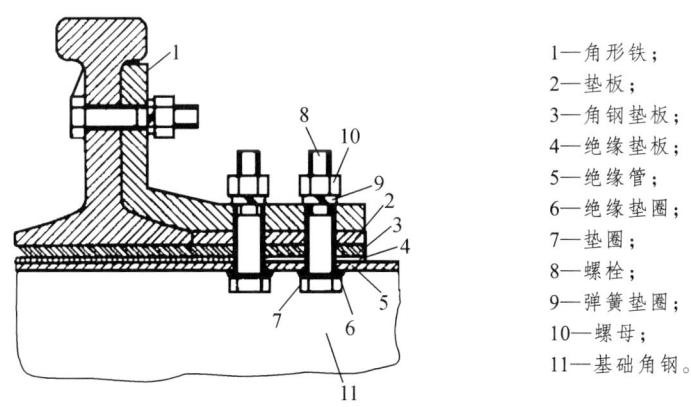

1—角形铁；
2—垫板；
3—角钢垫板；
4—绝缘垫板；
5—绝缘管；
6—绝缘垫圈；
7—垫圈；
8—螺栓；
9—弹簧垫圈；
10—螺母；
11—基础角钢。

图 5-1-7　角形铁与基础角钢组装图

（4）两根短基础角钢横架在长基础角钢上，竖边朝里，用 M20×60 的螺栓由下往上穿，加弹簧垫圈略拧紧。

（5）检查基础角钢方正，利用眼孔余量适当调整基础角钢位置，直到尺寸完全合适，将螺母充分拧紧。

（三）转辙机及连接杆件安装

1. 转辙机安装

（1）将电动转辙机放置在短基础角钢上，用 M20×70 的螺栓由下往上穿，加弹簧垫圈略拧紧螺母。

（2）将道岔尖轨拨在四开与两基本轨的中间位置。

（3）移动转辙机，使转辙机动作杆的中心线与杆架中心线成一条直线，或与第一连接杆中心线保持 80 mm 间距，充分拧紧螺母。

2. 密贴调整杆安装

密贴调整杆的形状如图 5-1-8 所示。安装步骤如下：

（1）将杆架安装在第一连接杆上。

（2）将卸下远端螺母、挡环、轴套的密贴调整杆从转辙机一侧穿过轨底，伸入杆架，使止挡缺口朝外拧入远端轴套，再使挡铁面朝内顺丝扣凹槽套入挡环，最后拧上紧固螺母。

（3）拔出密贴调整杆另一端的连接螺栓，插入转辙机动作杆，三孔对齐，由下向上插入螺栓销，套垫圈后拧紧螺母，然后穿入开口销并劈开。

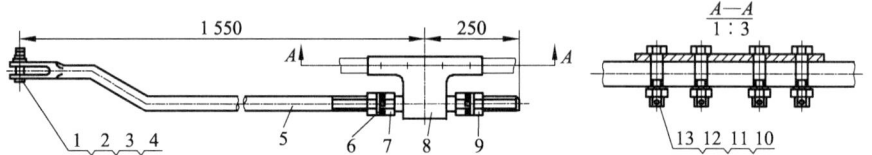

1、2、3、4—螺栓组；5—拉杆；6—挡环；7—轴套；8—立式杆架；9—螺母；10、11、12、13—螺栓组。

图 5-1-8　密贴调整杆

3. 尖端杆安装

尖端杆如图 5-1-9 所示。安装时先将尖端杆与 L 形尖端铁的连接销抽出，分别用螺栓将 L 形尖端铁固定在两边的尖轨上。拧动尖端杆上的螺丝接头，使螺丝接头上的连接销孔比两个尖端连接销孔长 1 mm 左右。将连接销打入连接销孔后加垫圈，拧紧螺母，然后在端部穿开口销并劈开。

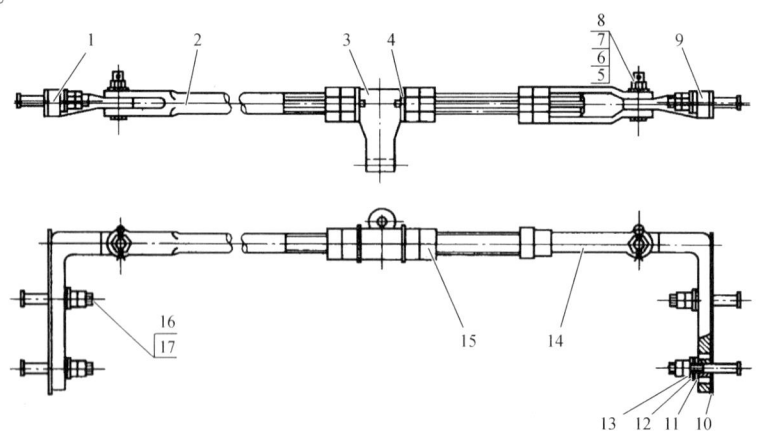

1—A 尖端铁；2—拉杆；3—舌铁；4—挡环；5、6、7、8—螺栓组；9—B 尖端铁；10—绝缘板；11—绝缘管；12—绝缘垫圈；13—垫圈；14—螺扣接头；15—螺母；16、17—螺栓组。

图 5-1-9　尖端杆

4. 表示连接杆安装

表示连接杆如图 5-1-10 所示。将连接杆 H 接头铁与转辙机表示杆连接，另一端卸下连接螺栓，套在尖端杆舌铁上，三孔对齐，由下向上穿入连接螺栓，加垫圈后拧紧螺母，插入开口销。

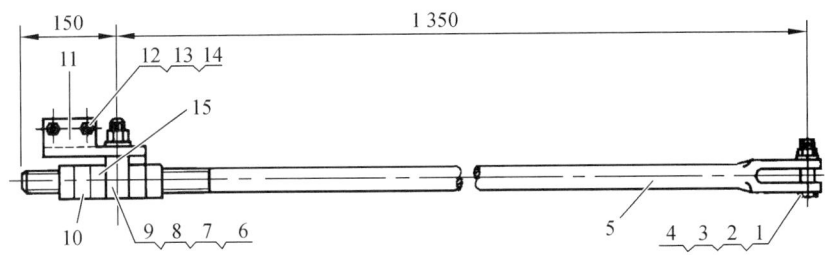

1、2、3、4—螺栓组；5—拉杆；6—挡环；7—轴套；8—立式杆架；9—螺母；10、11、12、13—螺栓组。

图 5-1-10　表示连接杆

（四）道岔调整

电动转辙机安装完毕，应严格按技术标准进行道岔调整，以确保开通后正常使用。调整时，宜用手摇把摇动电机使道岔转换变位。

1. 密贴调整

道岔无论在定位或是反位，尖轨必须密贴基本轨。假如转辙机已转换到底并且锁闭，但尖轨仍未密贴左侧基本轨，说明道岔太松。此时，需逐步旋紧密贴调整杆嘴唇铁右侧轴套螺母，使尖轨密贴。反之，若尖轨已密贴左侧基本轨，但转辙机尚未转换到底和实行锁闭，说明道岔过紧。此时，需旋松嘴唇铁右侧轴套螺母，使转辙机能转换到底并实行锁闭。在道岔松紧程度的把握上，要求用手摇把摇动转辙机，当尖轨靠拢基本轨后，再继续摇动 2.5～3 圈，使尖轨与基本轨间有一定压力，此时动接点打入静接点，获得表示，比较合适。

左侧调好后，手摇转辙机使道岔转换，再调右侧密贴，调整合适后，密贴调整杆轴套应有大于 5 mm 的空动距离，螺杆两侧丝扣长度基本相当。最后，将轴套两侧挡环对位，拧紧两侧螺母，在螺母外侧再用 ⌀1.6 mm 铁丝绑扎两道，以防螺母松动。

2. 锁闭及表示缺口调整

表示杆缺口的调整直接关系着道岔的表示与锁闭。道岔密贴并被锁闭后，左侧检查柱恰好落在前表示杆检查块的缺口内，并且其两侧各有（1.5±0.5）mm 的间隙，如图 5-1-11 所示。

（1）调整好尖轨与基本轨密贴后，摇动转辙机，使尖轨密贴伸出位基本轨后，再摇动摇把 2.5～3 圈，对道岔实行锁闭，此时表示杆伸出，检查柱应落入前表示杆检查块缺口内，观察检查柱落入后表示杆检查块缺口状态，要求间隙为 1～2 mm。若达不到要求，则需松开表示连接杆活节螺栓两侧的螺母予以调整。

（2）摇动手摇把，使道岔变位，尖轨密贴拉入位基本轨后，检查柱应恰好落入后表示杆检查块缺口，观察检查柱落入后表示杆检查块缺口状态，要求间隙为 1～2 mm。若满足不了要求，则需松开前、后表示杆之间的横穿螺栓，再调节表示杆尾端的调整杆，达标后拧紧横穿螺栓并复查。

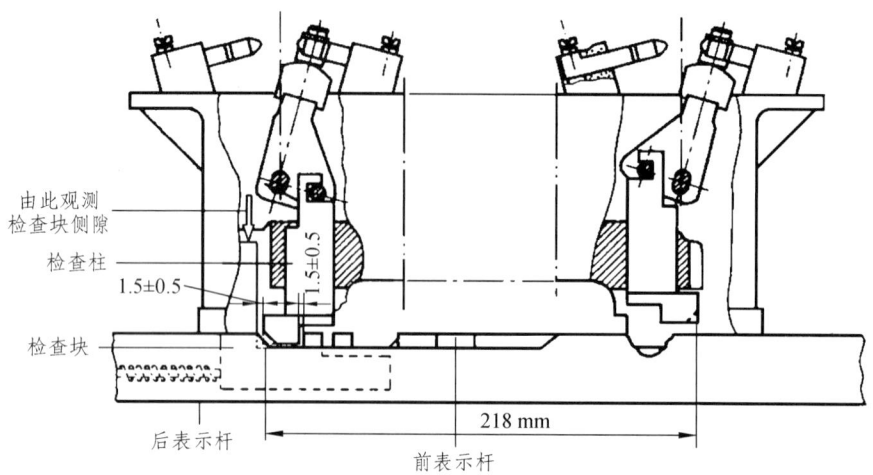

图 5-1-11 表示杆缺口与检查柱

（3）于尖轨第一连接杆中心位置处，在尖轨与基本轨间分别插入 4 mm 和 2 mm 厚的检查片，检查道岔 4 mm 不锁闭，2 mm 锁闭是否符合标准。

3. 摩擦电流调整

摩擦电流值过大或过小时，均应予以调整。调整时拧动摩擦联结器的调整螺母即可，旋松可使摩擦电流减小；旋紧使摩擦电流升高。螺母太松会使电动转辙机力矩变小，滑床板稍不润滑便会使转辙机空转，影响道岔转换；太紧会使摩擦联结器变成"硬"联结，当真正卡阻时，电动机骤停，电流值过大，以至烧毁电机。一般将摩擦电流调整为 2.8 A 为宜。

二、S700K 转辙机安装

S700K 电动转辙机采用德国西门子技术，其内部结构简单、工作可靠，保养维修工作量少，因此在国内铁路的提速道岔上得到了广泛使用。

S700K 电动转辙机与分动外锁闭装置的安装如图 5-1-12 所示。具体安装步骤如下：

（一）钢轨钻孔

（1）检查道岔是否方正，是否达到安装要求。

（2）按图 5-1-12 所示尺寸分别对两侧钢轨进行测量：

① 首先确定尖轨尖端处混凝土方枕中心位置（固定螺栓孔中心），并标注在轨面上（A 点）。

② 以 A 点为基准，向岔前方向测量 265 mm，在轨面上标注（B 点），此点为前角钢安装孔位置。

③ 以 B 点为基准，向岔后方向测量 1 153 mm，在轨面上标注（C 点），此点为后角钢安装孔位置。

④ 以 A 点为基准，向岔后方向测量 360 mm，在轨面上标注（D 点），此点为锁闭框安装中心位置。测量要平行于线路中心线，即在直股基本轨上测量，要顺着钢轨测量，在曲股基本轨上测量，则平行于直股基本轨测量。

（3）用一块角形铁和锁闭框为模板分别在轨腰上标记钻孔的中心位置，并冲一钻孔号眼。

（4）使用Φ21 mm的钻头依次对标记点进行钢轨钻孔。

（5）一组道岔所有安装孔钻完后应复检钻孔位置是否符合尺寸。

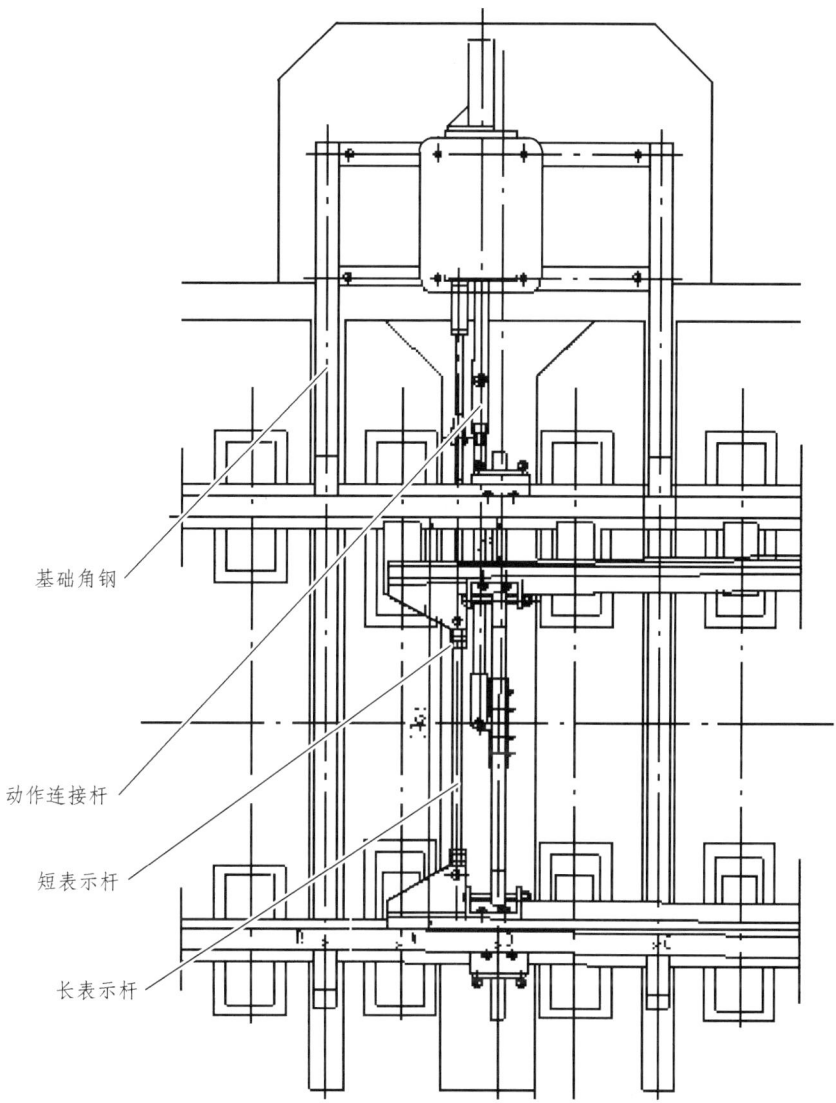

图 5-1-12　S700K 电动转辙机与分动外锁闭安装装置

（二）安装转辙机

1. 材料加工

1）螺栓头部加工

由于尖端铁靠近尖轨尖端的安装螺栓头部所处空间（尖轨与基本轨之间缝隙）很小，因此螺栓头部应比标准螺栓头部薄（标准为 10 mm），如果厂家没有进行特殊加工，则施工单位应在施工前将此处螺栓头部做加工处理，如图 5-1-13 所示。

2）长基础角钢加工

长基础角钢与角形铁的连接孔加工位置应与道岔安装左、右侧（面向岔尖），保持一致，连接孔中心应在角钢安装水平面的中心轴线上，前后左右偏差均不得超过 1 mm，如图 5-1-14 所示。由于现场加工条件限制，为保证精度，可在订货时将加工尺寸提供给厂家，由厂家在生产时一并加工，但左、右侧及直线、曲线侧安装的数量必须事先统计清楚。

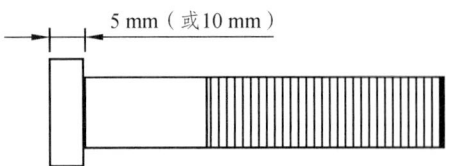

图 5-1-13 螺栓头部特殊加工

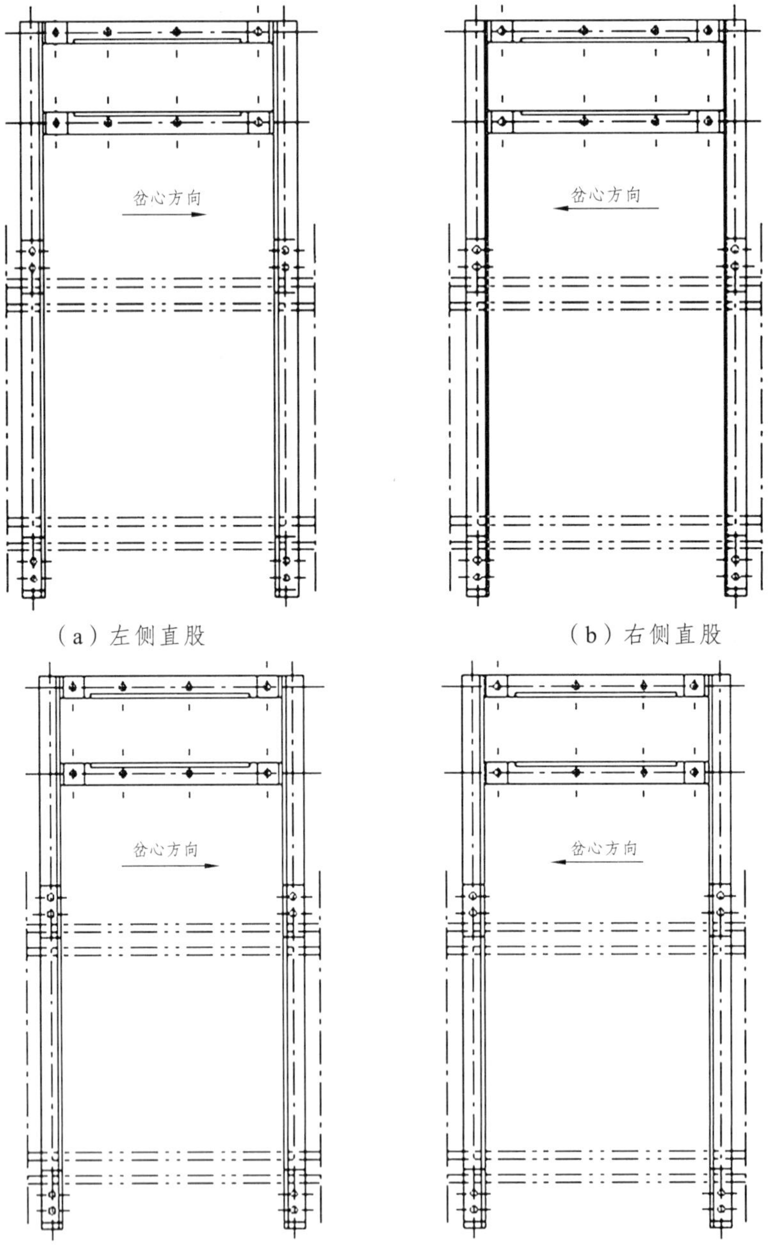

（a）左侧直股　　　　　　　　（b）右侧直股

（c）左侧曲股　　　　　　　　（d）右侧曲股

图 5-1-14 长基础角钢安装孔尺寸

3）短基础角钢加工

为了便于调整转辙机与外锁闭各杆件的连接，使之平顺、无别卡现象，转辙机应在顺线路方向有一定的调整空间，因此需将短基础角钢上的转辙机安装孔扩成长孔，如图 5-1-15 所示。

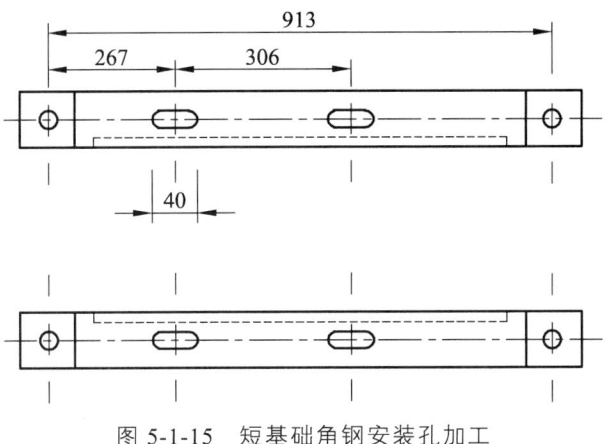

图 5-1-15 短基础角钢安装孔加工

2. 安装

（1）清扫整体道床基础角钢安装槽道及转辙机安装坑，使之无大块杂物。

（2）将前、后长基础角钢穿入槽道内，将 4 块角形铁分别与钢轨连接，暂不拧紧连接螺栓，以便长基础角钢能够与角形铁顺利连接。

（3）将长基础角钢与角形铁连接，中间加入绝缘垫板、绝缘管和钢垫板等，暂不拧紧连接螺栓，以便短基础角钢能够与长基础角钢顺利连接。

（4）将短基础角钢与长基础角钢连接，注意转辙机安装孔的方向与转辙机安装左、右侧一致，若短角钢安装后角钢底部至地面的距离小于 S700K 转辙机的 4 颗固定螺栓长度，则应先将固定螺栓由短角钢底部向上穿过短角钢后再将短角钢安装在长角钢上。暂不拧紧连接螺栓。

（5）依次拧紧角形铁与钢轨连接螺栓、长基础角钢与角形铁连接螺栓、短基础角钢与长基础角钢连接螺栓，拧紧角形铁与钢轨连接螺栓时注意角形铁应紧贴轨底上坡面，拧紧长基础角钢与角形铁连接螺栓时应注意各垫板摆放顺序正确和绝缘管应充分套入角钢安装孔内，如图 5-1-16 所示。

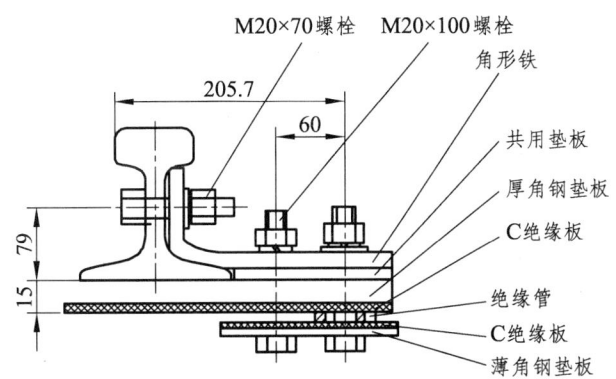

图 5-1-16 角形铁与基础角钢安装

（6）将转辙机安装在短基础角钢上。此时可进行转辙机配线。

（7）安装尖端铁，端铁主要用于连接道岔的尖轨与长短表示杆。每组道岔的尖端铁有左、右两个，分别安装在左、右两侧尖轨上。由于尖轨上尖端铁的安装孔已在制造道岔时预制好，因而在道岔铺设完成后即可安装。安装时注意薄、厚头部螺栓的安装位置正确。

（8）将长、短表示杆连接到尖端铁上，表示杆另一端暂不连接到转辙机检测杆，可在调试过程中完成连接。

（9）动作连接杆在分动外锁闭装置完成安装后将一端连接在锁闭杆上，另一端与转辙机动作杆在调试过程中完成连接。

（三）分动外锁闭安装

1. 材料加工

由于尖轨连接铁一颗安装螺栓与锁闭框一颗安装螺栓的头部在尖轨与基本轨之间的缝隙中相抵触（如图 5-1-17 所示），因而也应在施工前将此处螺栓头部加工处理成 10 mm 的厚度。

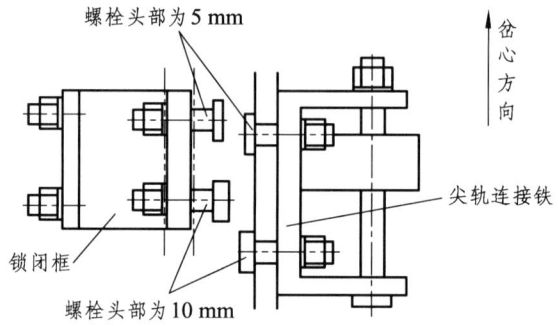

图 5-1-17 锁闭框与尖轨连接铁安装螺栓

2. 安装

（1）拆除道岔两侧尖轨的第 1、2、3 连接方钢。

（2）将两侧的锁闭框和尖轨连接铁分别安装在两侧的基本轨和尖轨上，如图 5-1-18 所示，安装前需将安装侧的尖轨拨离基本轨。锁闭框安装螺栓应大约在锁闭框安装长孔的中心位置，并暂不拧紧，便于随后调整。

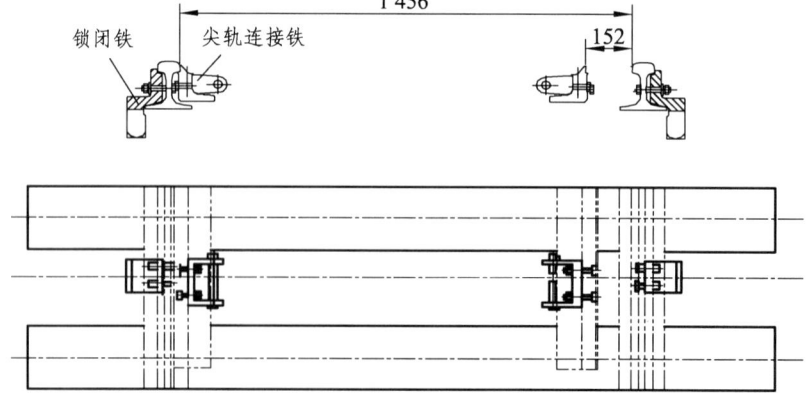

图 5-1-18 锁闭框与尖轨连接铁安装

（3）将锁闭杆按图 5-1-19 所示位置装入锁闭框内。锁闭杆为两段式，中间为绝缘连接，先将两段进行中间连接，再穿入锁闭框内，调整锁闭框使锁闭杆在锁闭框内摆放平顺，无别卡。

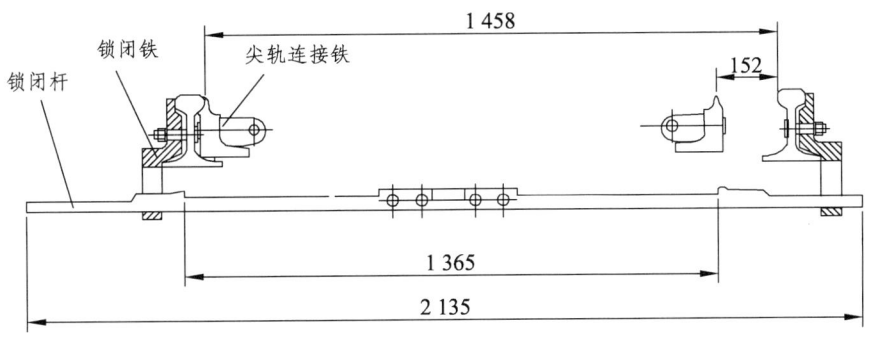

图 5-1-19　锁闭杆安装

（4）将尖轨连接铁上的销轴事先取出，注意保持销轴表面清洁。将即将安装锁钩的一侧尖轨拨离基本轨，取掉锁钩挡板最下方的对穿螺栓和套管后，将锁钩放在锁闭杆上，锁闭杆卡在两挡板中间，锁钩缺口卡在锁闭杆的凸起处，恢复挡板最下方的对穿螺栓和套管，如图 5-1-20 所示。安装过程中保持锁钩孔内清洁无异物并使润滑油均匀涂抹。

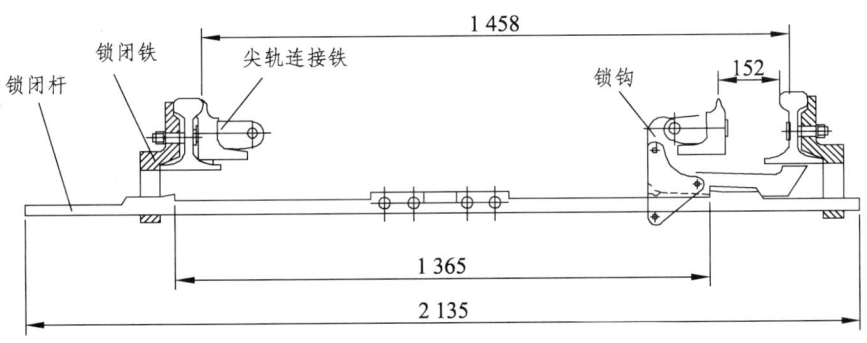

图 5-1-20　锁钩安装

（5）拨动锁闭杆，当锁钩孔对上尖轨连接铁的销轴孔时，穿上销轴，销轴一端带上平垫、弹垫、M20 螺母并拧紧，传入开口销，如图 5-1-21 所示。

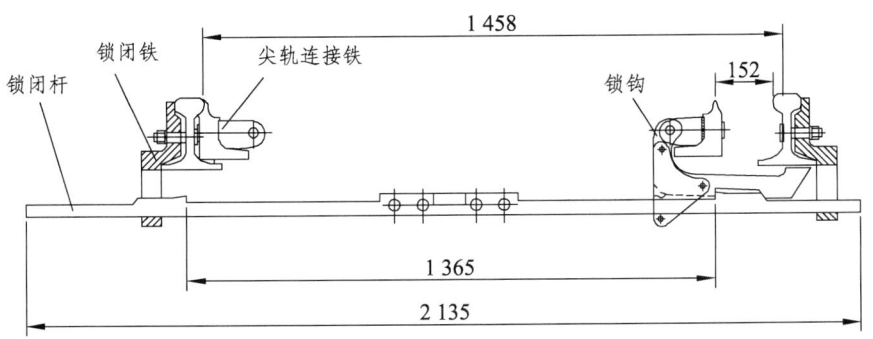

图 5-1-21　锁钩与尖轨连接铁连接

（6）将锁闭铁插入锁闭框方孔内，同时将固定螺栓一头钩住基本轨，另一头穿入锁闭框和锁闭铁安装孔内，带上平垫、弹垫和 M20 螺母使固定螺栓和锁闭铁不松动，暂不拧紧，如图 5-1-22 所示。

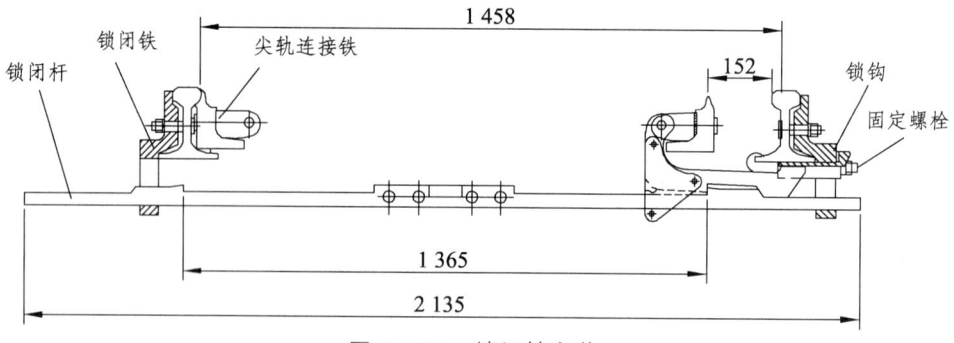

图 5-1-22　锁闭铁安装

（7）撬动本侧尖轨使尖轨与基本轨处于密贴状态，另一侧尖轨处于自开状态，用手托起锁钩，拨动锁闭杆至如图 5-1-23 所示位置。

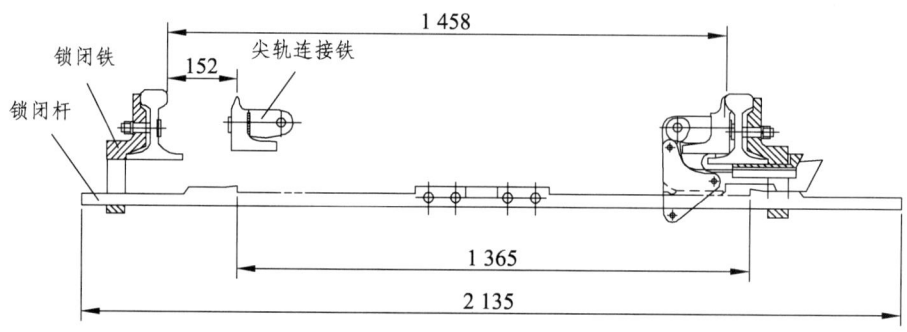

图 5-1-23　转换到另一侧安装

（8）按照步骤（3）（4）（5）安装另一侧锁钩、锁闭铁和固定螺栓，如图 5-1-24 所示。

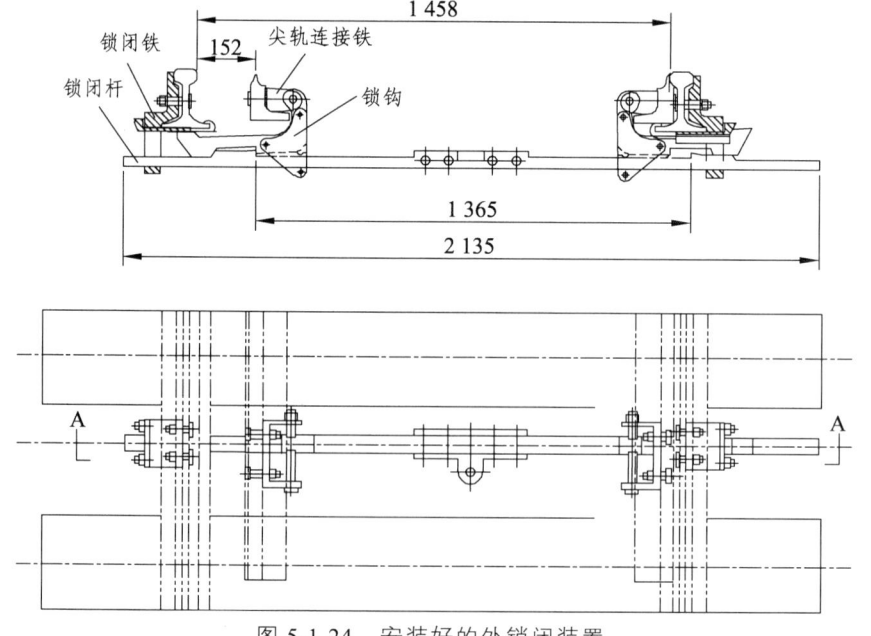

图 5-1-24　安装好的外锁闭装置

（9）手摇转辙机使转辙机动作杆状态与道岔状态一致时，通过动作连接杆将锁闭杆与转辙机动作杆连接在一起。调整锁闭框使锁闭杆与转辙机动作杆平行，并且转换过程中锁闭杆平顺无别卡，然后拧紧锁闭框与基本轨的固定螺栓。

（四）转辙设备调试

先使转辙机在手操状态下调整道岔的机械参数符合要求（包括尖轨开口调整、尖轨密贴调整、转辙机表示缺口调整），然后使转辙机在电操状态下对道岔机械参数进行复检和一致性检查。

1. 尖轨开口调整

分动外锁闭装置要求尖轨在牵引点（锁闭杆中心轴线）处的动程为 152 mm，即道岔锁闭状态时斥离尖轨与基本轨在锁闭杆中心轴线处的开口距离。

首先，通过调整动作连接杆与转辙机动作杆连接的活动接头使两侧尖轨在道岔锁闭状态时的开口接近 152 mm，并且相差不超过 3 mm；然后，检查道岔开口是否符合规定要求，若一侧开口大于要求值，可通过增加尖轨连接铁与尖轨间的调整片进行调整（见图 5-1-25），反之则通过减少尖轨连接铁与尖轨间的调整片进行调整，调整片的增减量一般与开口的需调整量相当。当本侧开口调整达到要求，转换道岔，以同样方式进行另一侧开口的调整。两侧开口值在规定范围内应尽量一致。

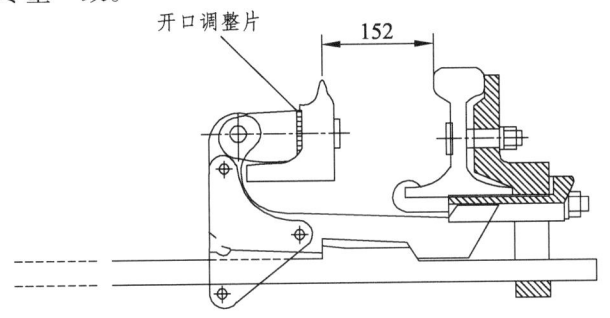

图 5-1-25 尖轨开口调整

2. 尖轨密贴调整

通过逐步增减锁闭铁和锁闭框之间的密贴调整片保证尖轨和基本轨密贴，如图 5-1-26 所示。若道岔锁闭状态时尖轨与基本轨有明显缝隙，可增加密贴调整片进行调整，若转换过程中尖轨与基本轨已经密贴但道岔无法锁闭或明显感到锁闭非常吃力，说明密贴过紧，可减少密贴调整片进行调整。

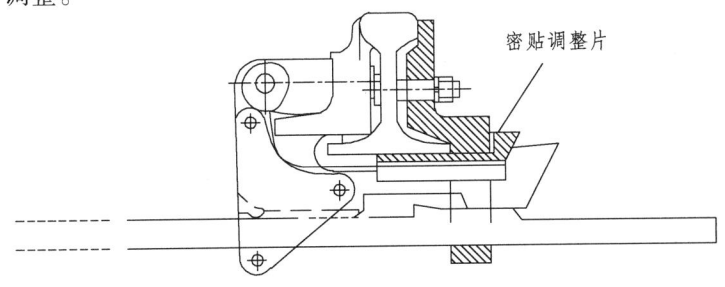

图 5-1-26 尖轨密贴调整

3. 转辙机表示缺口调整

将长、短表示杆连接到转辙机检测杆上。将道岔转换为转辙机在伸出状态并且道岔锁闭时，通过调整长表示杆的伸缩量使转辙机内的指示标对准伸出检测杆的缺口中心（指示标距缺口两边有 1 mm 以上空间）；将道岔转换为转辙机在缩入状态并且道岔锁闭时，通过调整短表示杆的伸缩量使转辙机内的指示标对准缩入检测杆的缺口中心。调整完成后观察道岔在解锁和锁闭过程中速动开关组是否动作正常。

任务二　道岔转辙设备配线

道岔控制电路分为四线制、五线制和六线制。转辙机分为直流和交流转辙机；按照型号不同，又可分为 ZD6、S700K、ZDJ9、ZYJ7 等多种类型转辙机；按照牵引点不同，又分为单机牵引、双机牵引和多机牵引。道岔转辙设备施工可根据学校实训条件进行，建议选择单机牵引的四线制或五线制控制电路进行练习。

根据所选道岔类型，选择相对应的道岔控制电路原理图。按照原理图，选择定型组合内部配线图，制作组合侧面配线图、分线盘配线图，并认真核对图纸，确保图纸正确无误。

工具材料准备包括：

（1）必备工具：剥线钳、斜口钳、电烙铁、焊锡、扎带等。

（2）必备材料：23×0.15 mm 绝缘软线、绝缘套管。

（3）常用仪表：万用表。

一、室内配线

（一）组合内部配线

1. 定型组合内部配线焊接

（1）将定型组合固定在焊接台上。

（2）将侧面端子板卸下，180°反转，重新将侧面端子固定在定型组合上。注意，此时侧面端子从右至左顺序为"03、02、01""06、05、04"，与原来顺序不同。

（3）用铁丝做成若干穿线钩，将其固定在组合背面走线槽位置。

（4）按照配线图，遵循先左后右、先下后上的顺序进行放线、焊线。焊接前，要量出两个焊接片间的线长，走线时不得直接连接两焊接片，必须经过组合下方走线槽位置成直角状连接，并在配线两端均留出 30~50 mm 的预留量，完成 06-1~1-1 配线。将软线剪断，右端在待焊端子下面穿线钩绕一圈，暂不焊接。

（5）焊线前，将焊接片表面用什锦平锉或砂布打磨，除去表面氧化层，用电烙铁沾焊锡在焊接片表面挂一层薄锡。

（6）套上塑料胶管。AX 继电器插座板需 $\phi 8 \times 15$ mm 塑胶管，18 柱端子板及侧面端子板

需 $\phi 6\times 20$ mm 塑胶管。

（7）将铜芯软线剥去 5 mm 绝缘外皮，按照焊接方法，将软线牢固焊接在焊接片上，并检查有无虚焊。同一列端子，由下向上顺序焊接。焊接时，可在所焊焊接片下方垫一硬纸片，以防漏锡烫坏下方的塑胶管或导线，甚至造成两焊点间短路。如焊接片上有两根导线，则将两裸线头并在一起，用尖嘴钳顺时针方向（面对线头）拧在一起，套上塑料胶管，一起焊接到焊片上。绝不可一根一根地分开进行焊接。

（8）配线放到已放线右端，再进行右端的焊线。在焊接每根线条右端之前，应从左向右捋顺该线条，不要与已焊好的线条发生缠绕。线条不宜拽得太紧，要在两端焊接片处留有 20～30 mm 余量。

2. 定型组合内部配线校对

（1）对照定型组合内部配线图，检查各个端子上有无多配或漏配的线。

（2）对照定型组合内部配线图，使用万用表欧姆档，逐根检查端子配线有无错配，同时检查配线是否有断线。

3. 定型组合内部配线绑扎

从组合左端继电器端子开始，将线条顺直，排列整齐，每间隔 15 mm 用塑料扎带或尼龙线均匀绑扎。

4. 整理

绑扎完毕后，用螺丝刀将组合侧面端子板卸下，反转 180°，重新固定在定型组合上。此时从组合背面看，端子板端子列顺序从右向左依次为 01、02、03、04、05、06。

（二）组合侧面配线

1. 填写配线铭牌

根据组合侧面端子配线图，填写配线铭牌。例如："11-505-15～1F-404-1"与"1F-404-1～11-505-15"。

2. 放线

（1）按照先放本排，再放排间，最后放分线盘的顺序放线。

（2）使用铁线或铜芯软线做若干穿线环，将其固定在组合架背面组合侧面端子旁走线槽上。

（3）组合侧面端子到组合架零层、组合架侧面、接口柜或分线盘端子的线长，并留出 150 mm 左右预留量。按照走线槽布局，经过步骤（2）中的穿线环及组合架背面顶层走线孔，放置铜芯软线。走线时，力求直角拐弯。

（4）将填好的配线铭牌穿在所放铜芯软线上，软线两端均需穿配线铭牌，并系扣打结，防止铭牌脱落。

3. 焊接、压接、制环

4. 上端子

（1）环线上端子前，用套筒先拧紧端子螺杆的根部螺母。

（2）环线与螺母以及环线与环线间均应有合适的垫圈。

（3）环线根部塑料皮不可过长，以免压在两垫圈间；也不可过短，露出过长裸铜线。

（4）一个端子上最多上三个线环。

（5）线环上完后，用套筒拧上螺母，力矩要适度。过松会导致导电不良，过紧会损伤线环。最后用压紧螺母压紧。

5. 校对

（1）根据组合侧面端子配线图，检查各端子有无多配或漏配的线。

（2）使用万用表欧姆档，检查端子配线是否错误，同时检查配线是否导通。

6. 绑扎

在完成室内设备导通试验后，可进行绑扎。整理配线时，从组合架最下面一层开始，先整理组合侧面端子横把；再整理组合架背面走线槽内配线，由下而上整理。

（三）分线盘配线

如分线盘端子是普通柱式端子板，将电缆芯线绕制成环或制成防震压接环，防止火车经过时震动，上在分线盘端子上；如分线盘端子是万可端子板，将电缆芯线按照工艺要求连接到端子板上。不论是柱式端子还是万可端子其配线和绑扎均应符合分线盘配线标准。分线盘各部分应铭牌齐全，电缆用途加标记铭牌。

室内配线结束后，在插继电器之前，要对室内所有配线进行认真的导通。导通前，在分线盘处，将室外电缆芯线从端子上全部拆下；在电源屏处，将接向组合架、分线盘的电源线全部拆下；将组合架、组合侧面所有断路器搬到断开位置、熔断器管取下。这样可避免因设备内部接线影响导通的真实性。导通用电铃比较方便，导通测试主要包括以下内容：

（1）以组合内部配线图为准，导通组合内部继电器与继电器的端子间配线，导通继电器与组合侧面内侧端子间配线及熔断器的配线。

（2）以组合侧面端子为主，导通组合侧面端子到其他组合侧面端子、组合架零层端子之间的配线。

（3）以分线盘为主，导通分线盘端子至组合侧面端子间的配线。

二、转辙机室外配线

按照道岔控制电路原理图，制作电缆配线图、箱盒配线图，并认真核对图纸，确保图纸正确无误。

工具材料准备包括：

（1）必备工具：剥线钳、斜口钳、套筒（4 mm、5 mm、6 mm）、螺丝刀、扎带、扳手、剥缆工具等。

（2）必备材料：7×0.52 mm 绝缘软线、绝缘套管、铜垫片（4 mm、5 mm、6 mm）、电缆等。

（3）常用仪表：万用表、兆欧表。

转辙机室外配线包括方向盒配线、终端盒配线及转辙机内部配线。其中方向盒配线按照施工基本技能中方向盒配线标准进行方向盒配线。

（一）终端盒配线

道岔电缆终端盒配线主管电缆从盒内底部引出后就近沿端子板走直型线把，芯线到所属端子位置后离开线把，鹅头弯上端子。副管电缆及设备软线绕终端盒四周绑把，芯线到所属端子位置后离开线把，鹅头弯上端子。备用芯线应绕成弹簧弯预留在所属电缆根部。副保护管电缆逆时针走线绑把，严禁形成闭合圈，绑扎间距应均匀，其工艺标准如图 5-2-1 所示。

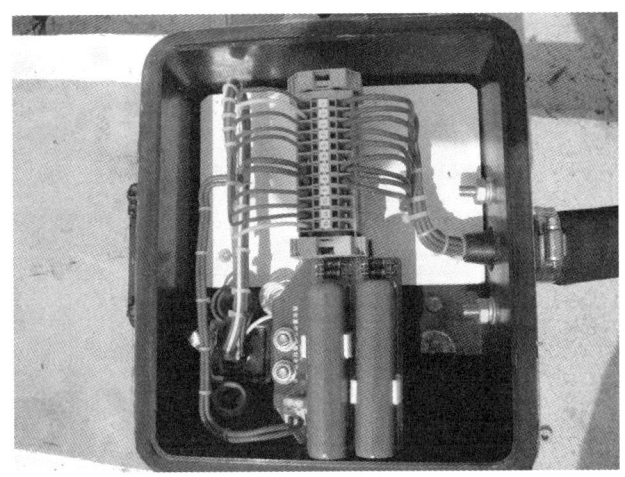

图 5-2-1　道岔电缆终端盒配线示意

（二）转辙机内部配线

转辙机内部配线按照转辙机内部配线图进行放线并绕制线环，配线需用穿线钩固定在沿转辙机箱壁上，芯线到所属端子位置后分线，绑扎间距应均匀。其配线如图 5-2-2 所示。

图 5-2-2　ZD6 转辙机内部配线示意

任务三 道岔转辙设备导通试验

视频学习 5-3

一、室内模拟试验

(一) ZD6 型电动转辙机模拟电路

对道岔控制和表示电路的室内部分做一些更动,使 DBJ、FBJ 随 2DQJ 的变化而动作。在分线盘处,甩开道岔室外电缆,在 X_1 与 X_3、X_2 与 X_3 之间挂二极管,如图 5-3-1 所示。

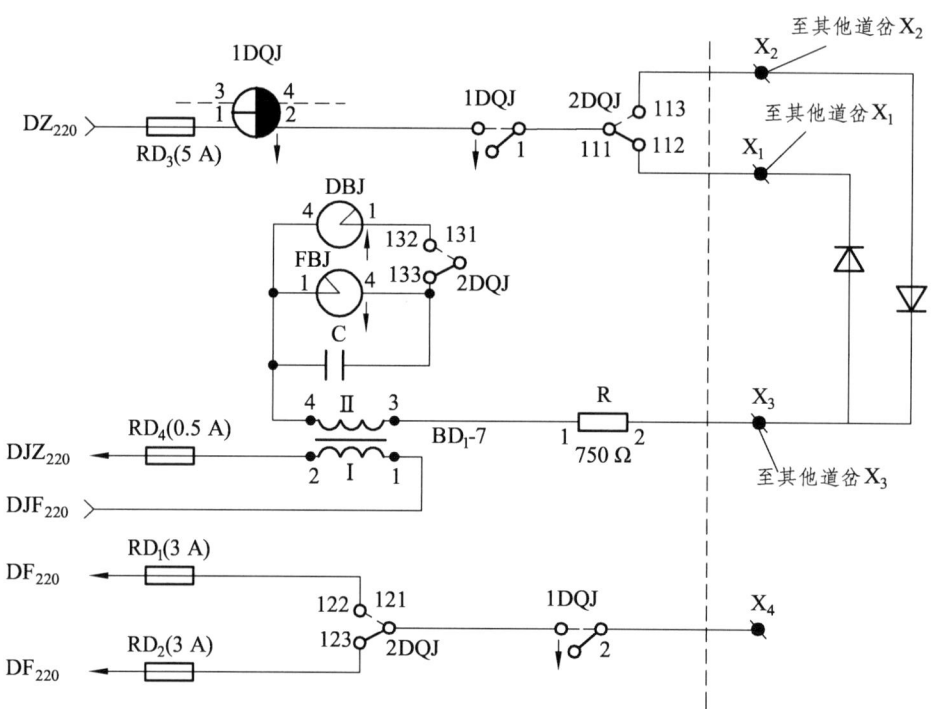

图 5-3-1 ZD6 型电动转辙机模拟电路

(二) S700K 型电动转辙机模拟电路

S700K 型转辙机模拟电路制作与 ZD6 转辙机相似,在分线盘处,将 X_1 与 X_5、X_1 与 X_4 用短接线封连,在 X_2 与 X_4、X_3 与 X_5 之间挂二极管,如图 5-3-2 所示。

(三) 插继电器

将继电器插入组合中,安装继电器之前要确定继电器型号,并确保继电器良好。安装时,要认真核对继电器鉴别孔与插座鉴别销的位置。

(四)送电试验

将继电器动作电源和道岔表示电源接入组合中进行试验,1QDJ 励磁之后,2QDJ 应能够转极,同时相对应的表示继电器应能够吸起。

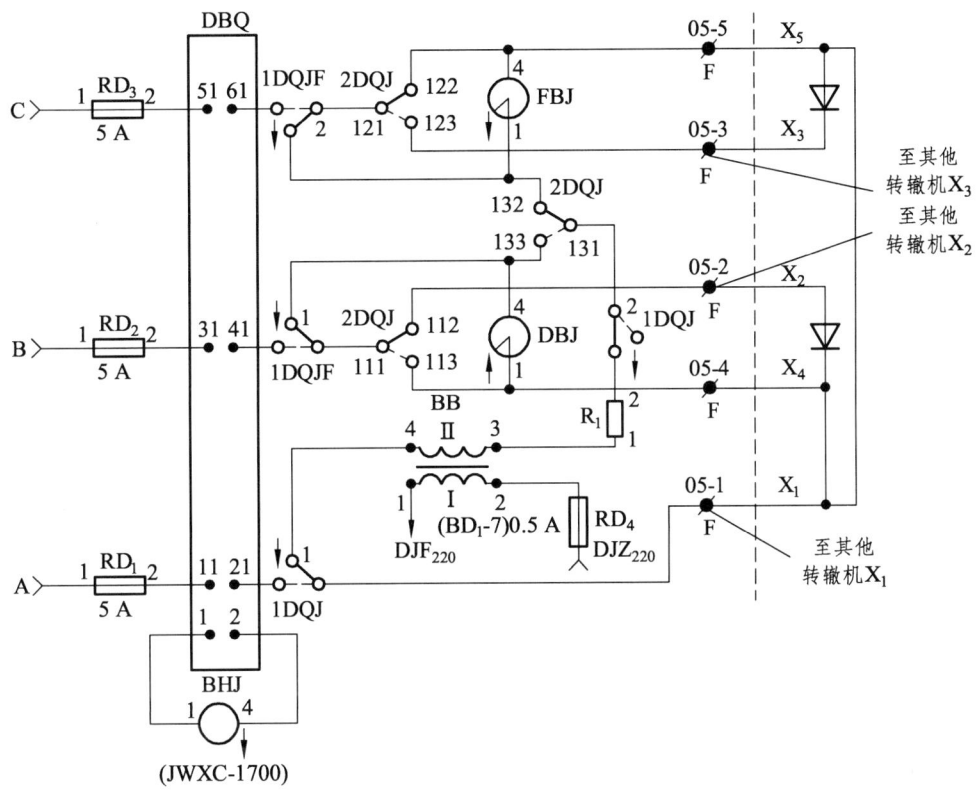

图 5-3-2 S700K 型电动转辙机模拟电路

二、室外单独试验

(一)ZD6 转辙机试验器制作(见图 5-3-3)

(1)在一个 DD 道岔组合的第 10 个继电器位置上安装一个单刀双掷或双刀双掷开关。开关置于中间位置表示不操纵道岔,置于上方表示操纵道岔到定位,置于下方表示操纵道岔到反位。用开关的上、下两个位置代替单动道岔控制电路中的 CAJ_{12-22} 和 CAJ_{11-12} 两组接点,向 1DQJ 线圈 4 送 KF 电源。

(2)1DQJ 线圈 3 直接接 KZ 电源。

(3)组合中接入 DJZ_{220}、DJF_{220}、DZ_{220} 和 DF_{220} 电源。

(4)组合中只需插入 1DQJ、2QDJ、DBJ 和 FBJ 4 个继电器。

(5)在 05-15~05-18 这 4 个端子上分别引出长 3 m 左右、端部带有鳄鱼夹的连接线。

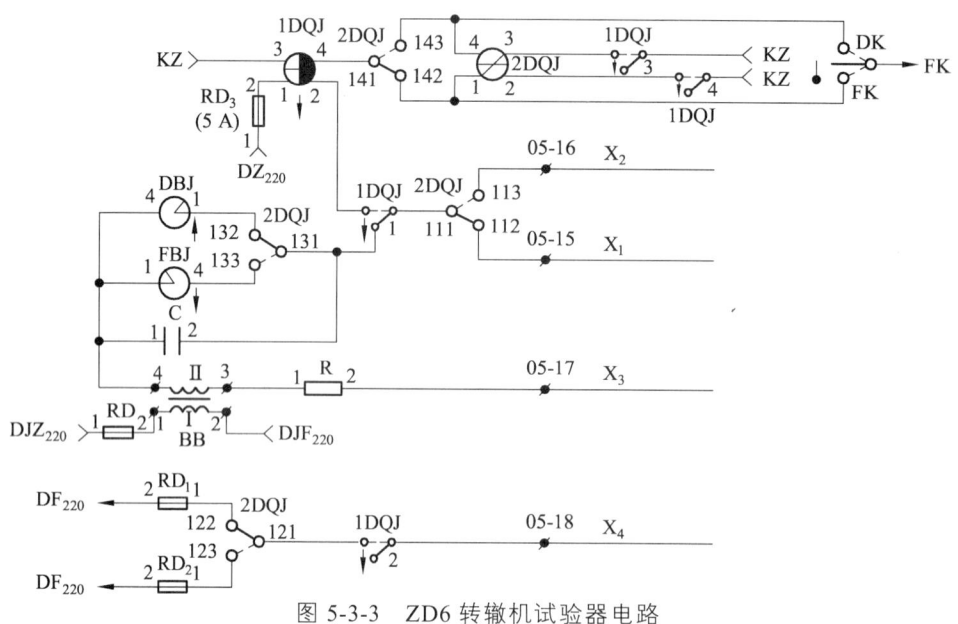

图 5-3-3 ZD6 转辙机试验器电路

（二）S700K 转辙机试验器制作（见图 5-3-4）

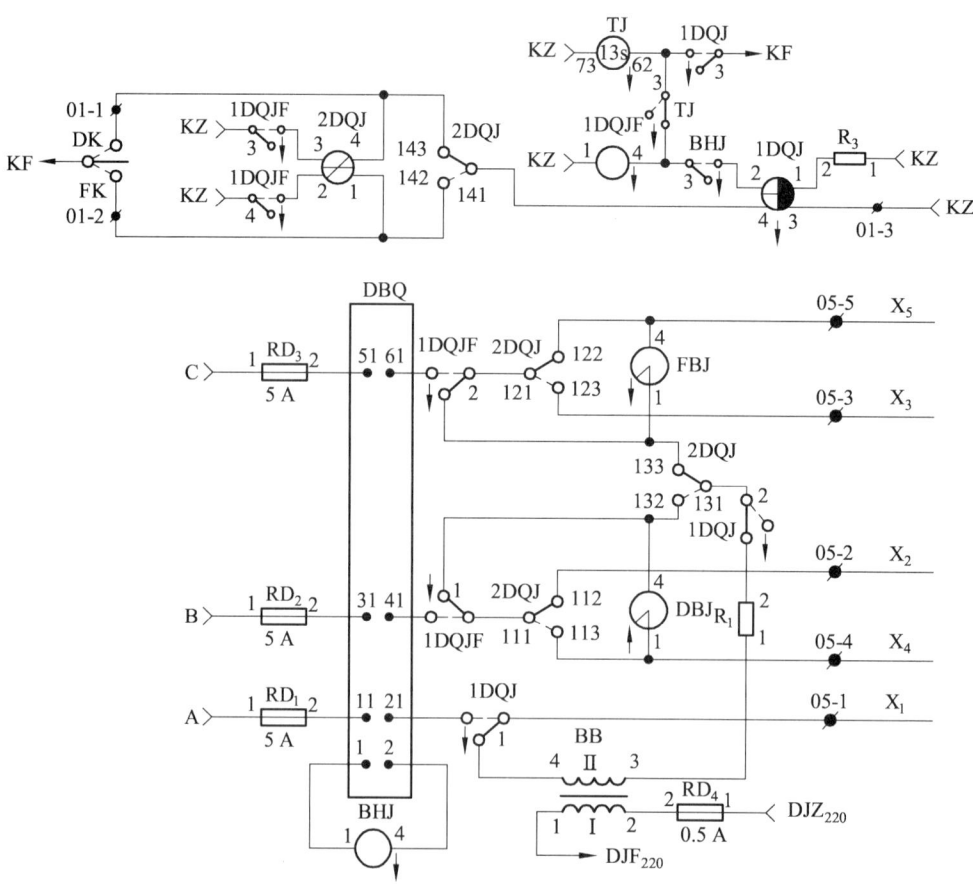

图 5-3-4 S700K 转辙机试验器电路

（1）在一个 TDF 组合的第 10 个继电器位置上安装一个单刀双掷开关。开关置于中间位置表示不操纵道岔，置于上方 DK 位置表示操纵道岔到定位，置于下方 FK 位置表示操纵道岔到反位。

（2）TDF 组合 01-3 接 KZ，01-1 接开关 DK 侧，01-2 接开关 FK 侧，开关中性接点接 KF。

（3）组合中接入 380-A、380-B、380-C、DJZ_{220} 和 DJF_{220} 电源。

（4）组合中除第 10 个继电器位置的 BB2 不接外，其他九个位置的继电器、变压器和断相保护器均需插上。

（5）在 05-1～05-5 这 5 个端子上分别引出 3 m 左右长的带鳄鱼夹的连接线。

（三）室外单独试验注意事项

（1）现场电动转辙机表示杆抽出，做好标记，储存起来。

（2）室外试验人员电话通知室内试验人员，依据电缆配线图，认真核对道岔号码、分线盘的端子号，将试验器的 05-15～05-18 的 4 根连接线或 05-1～05-5 的 5 根连接线，分别与从分线端子上拆下的 X1～X4 或 X1～X5 电缆芯线连接。注意，顺序不可接错。

（3）室内试验人员按照室外试验人员的电话通知，扳动开关，操纵道岔向定位或反位转动。室内人员不可擅自扳动开关，以免误伤室外试验人员。

（4）室内外试验人员应按设计规定，认真复核电动转辙机动作杆伸出、拉入位置与道岔定、反位位置的对应关系。

（5）认真核对开关位置、2DQJ 状态、DBJ 和 FBJ 状态与转辙机动作杆位置四者之间的一致性。

（6）对于提速或非提速道岔，任何一台转辙机位置不符合设计要求，室内均不应有正确表示。

三、室内外连通试验

（一）内锁闭道岔联锁试验

以 ZD6 型道岔为例，检查试验内容如下：

（1）核对位置：核对室外道岔实际开通位置与室内定、反位表示继电器及显示器上光带开通位置、道岔表示灯显示位置是否一致。对于可动心轨道岔应核对尖轨与心轨开通位置是否一致，多动道岔要确认各点位置是否一致。

（2）断表示接点：依次断开室外转辙机自动开闭器的定、反位表示接点时，相应的定、反位表示继电器应可靠落下，显示器道岔定、反位表示灯应灭灯。同时检查挤岔声光报警应符合要求。

（3）断移位接触器：道岔分别在定位或反位位置时，断开表示电路所检查的对应移位接触器接点，道岔的定或反位表示继电器应可靠落下，显示器道岔表示灯应灭灯。

（4）道岔被阻后转换试验：在道岔转换过程中，由于各种原因造成受阻不能转换到需要位置时，为防止电机长时间工作而烧坏，必须能将道岔操纵转换到原来位置。试验时人为在尖轨（或心轨）与基本轨（或翼轨）间夹入试验铁，使道岔不能转换到位，再往回操纵，道岔应能回转。

（5）断遮断器：遮断器即为安全接点。断开遮断器后操纵道岔，转辙机应不能动作。

（6）断启动熔丝（或断路器）道岔不能转换：试验时，先拔掉启动熔丝（或拉断熔断器），再操纵道岔应不能转换。

（7）2DQJ、D（F）BJ及道岔表示一致：试验每组道岔，检查道岔置于定位时，2DQJ定位接点应闭合（相当于吸起），DBJ应吸起，FBJ应落下，显示器道岔表示灯应显示绿灯，光带开通应为道岔定位方向；检查道岔置于反位时，2DQJ反位接点应闭合（相当于落下），FBJ应吸起，DBJ应落下，显示器道岔表示灯应显示黄灯，光带开通应为道岔反位方向。

（8）断道岔表示器、密贴检查器的表示接点：电动道岔设有表示器或密贴检查器时，分别在定、反位位置断开有关表示接点，检查道岔对应的表示继电器应落下。

（9）道岔密贴检查试验：在规定位置用4 mm、6 mm和10 mm标准检查铁片进行密贴检查试验，应符合规定要求。

（10）道岔锁闭：道岔有单独锁闭、区段锁闭、进路锁闭及引导总锁闭等4种方式。

① 试验单独锁闭：道岔在某一位置时，按单锁方式锁闭道岔后，办理经该道岔另一位置的进路，道岔应不能转换。

② 试验区段锁闭：将某道岔区段人工分路，单独操纵该区段内所有道岔均应不能转换。

③ 试验进路锁闭：办理一条进路并锁闭后，单独操纵该进路上所有道岔均应不能转换。

④ 试验引导总锁闭：按下某一咽喉的引导总锁闭按钮，单独操纵该咽喉的道岔（包括中岔）应不能转换。

（二）分动外锁闭道岔联锁试验

以S700K道岔为例，检查试验内容如下：

（1）分动外锁闭道岔的核对位置、断表示试验、2DQJ与D（F）BJ及显示器道岔表示一致、断遮断器、道岔锁闭、道岔被阻后转换试验等，与内锁闭道岔试验方法相同。多机牵引分动外锁闭道岔，应核对室外各牵引点位置与室内对应各分组合、分组合与总组合表示继电器位置，以及对应的2DQJ与2DQJF位置是否一致。

（2）断相保护：当三相电源缺一相时，为保护三相电机应自动切断动作电路，应对每个牵引点的每一相电源分别进行断相保护试验。试验时，逐个断开各牵引点的每一相电源（可拔掉该相的动作熔丝或拉断断路器），操纵道岔时转辙机应不能动作。

（3）道岔密贴检查试验：在规定位置用4 mm、5 mm、6 mm和10 mm标准检查铁片进行密贴检查试验，应符合规定要求。

（4）多机牵引总保护：对于多机牵引的道岔，某个牵引点的转辙机因故不能正常转换时，应切断其他牵引点的转辙机动作电路。在正常转换过程中，某牵引点因故停止工作时，应保证其他牵引点转辙机继续工作。试验时，对应每个牵引点，将道岔动作电路断开，操纵该组道岔，所有牵引点的转辙机均不能转换；在道岔正常转换过程中，断开某个牵引点的动作电路，其他牵引点的转辙机在规定时间内应正常动作。

（5）多机牵引总表示：多机牵引的道岔应确保每个牵引点的表示与道岔总表示一致。试验时，依次断开每个牵引点的表示（可拔表示熔丝或拉断断路器），总表示继电器均应可靠落下，显示器道岔表示灯均应灭灯。

项目六 轨道电路设备施工

任务一 轨道电路设备安装

视频学习 6-1

轨道电路是保障列车安全行车的重要设备，具备监督列车运行位置和传递信息的功能。城轨信号中车辆段采用 50 Hz 轨道电路，铁路信号车站内多采用 25 Hz 轨道电路，区间采用 ZPW2000 型轨道电路。下面以 25 Hz 轨道电路为例，介绍其轨道电路设备的施工。轨道电路施工流程图如图 6-1-1 所示。

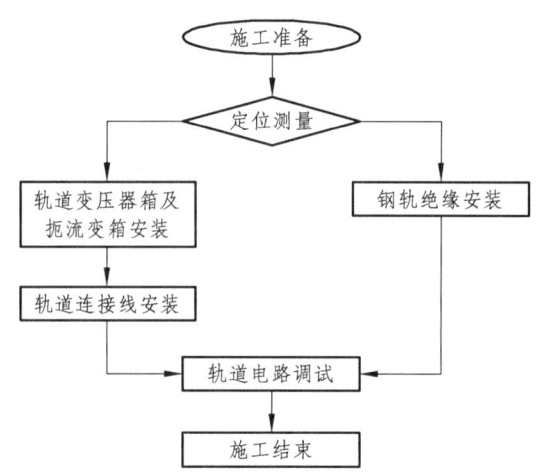

图 6-1-1 25 Hz 轨道电路施工流程

一般规定：

（1）应检查轨道电路元器件齐全、无破损，电气特性、规格型号应符合设计要求。

（2）相邻轨道电路的频率（或相位）应交叉，或满足设计要求。

（3）机械绝缘、电气绝缘的实际设置位置应与设计文件要求一致。

（4）轨道电路区段内连接两钢轨的绝缘装置，其绝缘配件应齐全、完整无损，螺母应拧紧，绝缘性能符合产品技术文件规定。

（5）轨道电路中相对的两机械绝缘应对齐，不能对齐时，其错开距离不得大于 2 500 mm。

（6）无绝缘轨道电路安装应符合下列规定：
① 轨道电路区段配置的棒、调谐单元、环线安装位置应符合设计文件规定。
② 连接线焊接、铆接或塞钉连接应牢固。
③ 调谐区段内不宜有钢轨接头。
（7）当轨道电路区段有车占用时，应保证分路电流不大于送电端限流装置的额定电流值。

一、测量定位

根据施工图及现地实际情况确定轨道箱盒的安装位置，并在钢轨的轨腰上做好标识，标明绝缘位置及箱盒的规格，标出各连接点的准确位置（考虑钻孔施工方便），并核实轨旁设备的安装位置及安装方式，做好详细记录。

二、轨道变压器箱及扼流变压器箱安装

（一）箱盒安装

（1）轨道变压器箱无论为单引、双引，均与轨道平行安装，如图6-1-2和图6-1-3所示。所属轨道中心不小于2 100 mm（安装时，用卷尺测量箱边距近轨内侧不小于1 200 mm即可）。而变压器箱横向中心，单引时与所对两轨枕间隔中心线对齐；双引时与两钢轨绝缘连线对齐。其基础顶面与钢轨地面相平，而露出地面不大于150 mm，必要时应培土夯实。

（2）电气化区段轨道电路还需安装扼流变压器。扼流变压器纵向中心距线路中心1 900 mm；扼流变压器横向中心距钢轨绝缘连线325 mm。扼流变压器的基础面与钢轨底面相平，露出地面不大于150 mm。

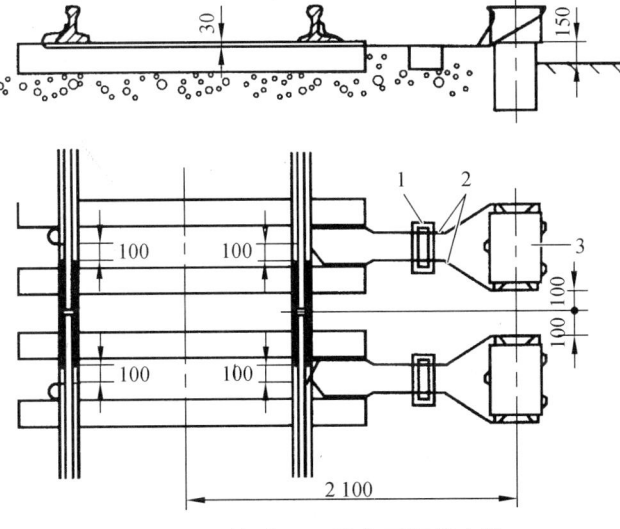

图6-1-2 单引XB$_1$型变压器箱安装

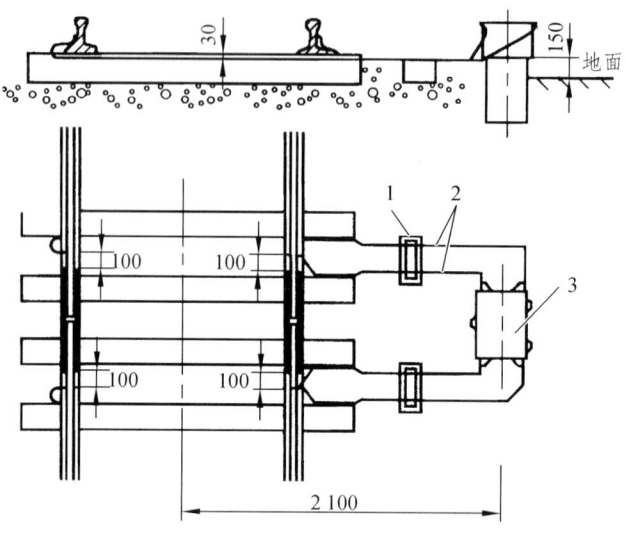

图 6-1-3 双引 XB_1 型变压器箱安装

单引变压器箱的安装有两种方式：一种是将变压器箱横向中心线放置在扼流变压器横向中心延长线上，其纵向中心线距线路中心 2 600 mm，如图 6-1-4 所示；另一种将变压器箱安装在扼流变压器的两侧，纵向中心线距线路中心不小于 2 100 mm，变压器箱边缘距扼流变压器边缘 300 mm，如图 6-1-5 所示。

双引时，变压器箱安装采用第一种方式，其纵向中心线距线路中心 2 600 mm，而其横向中心线与两钢轨绝缘连线对齐。

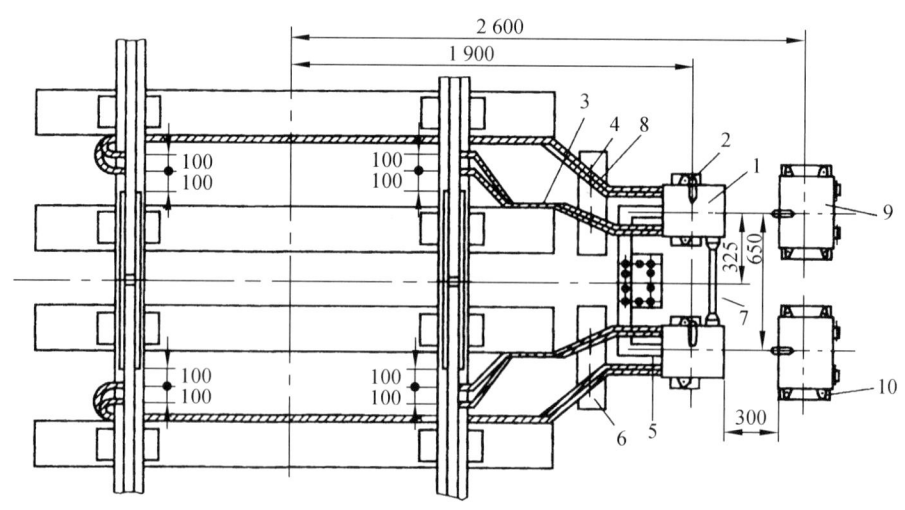

图 6-1-4 扼流变压器及轨道变压器箱安装

- 124 -

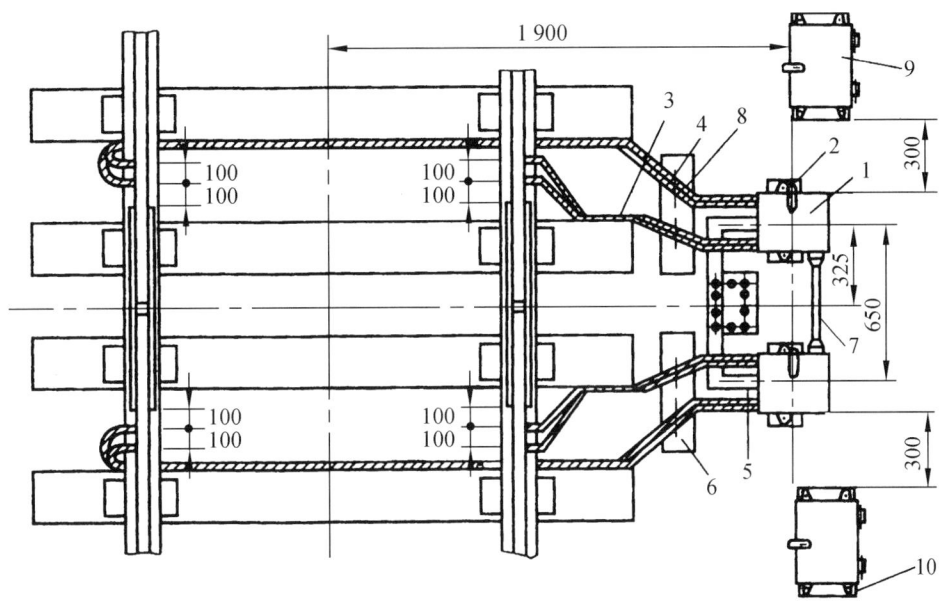

图 6-1-5 轨道变压器设于两侧的安装

（二）箱盒内设备安装

（1）用螺丝将送端变压器、受端变压器、电阻器按设计均匀固定在变压器箱底板上。

（2）根据设备组装，准确布放线把，线条顺直，绑扎均匀，线条两端套以套管，用 7×0.52 mm 铜线绕环做标记。

（3）设备固定牢固，排列整齐；线把走向合理，线条余量适当。

（4）配线端子紧固不松动，设备没有接地现象。

三、钢轨绝缘安装

钢轨绝缘用来保证相邻轨道区段之间的可靠绝缘，当列车通过时应有足够的机械强度。按槽型绝缘分段方式又分成整体槽型、二段槽型和三段槽型三种。

（一）技术要求

（1）钢轨绝缘的安装应符合设计要求。

（2）安装钢轨绝缘的两根钢轨类型必须相同，否则，一侧应予更换。

（3）两根钢轨的绝缘应尽量设在同一坐标上，当错开超过规定距离时，应用标准短轨更换调整或进行锯轨。

（4）安装钢轨绝缘的两钢轨轨端间轨缝应保持在 6~10 mm，以便安装一或两片轨端绝缘。

（5）安装钢轨绝缘的两钢轨头部应在同一高度，高度相差不得大于 2 mm，且支撑轨端的轨枕应保持坚固，道床捣固良好。

（二）施工准备

（1）对设计图纸进行审核，确保极性交叉正确无误。
（2）根据双线轨道电路图调整钢轨绝缘安装位置，并做记号。
（3）调整轨缝位置、大小是否符合要求，否则请工务部门调整至符合要求。
（4）调查钢轨类型，确定钢轨绝缘规格。

（三）绝缘组装

（1）首先将所有零件配齐，分类放置。
（2）实行流水作业，一人向螺栓上注油，拧下螺母，穿上绝缘管；另一人组装。
（3）将组装好的绝缘分类放置。

（四）现场安装

（1）安装前，必须办好要点登记手续，在安装区两侧 50 m 处放置移动红色信号方牌，并由防护人员进行防护。
（2）正式要点前，先拧下轨缝两边各一只螺栓，拧松其余四只螺栓，注油后重新拧紧。
（3）要点后，迅速拧下四只螺栓，取下两侧鱼尾板，用钢刷或棉纱除去轨腰过多的铁锈或油污。在轨缝处插入一或两片轨端绝缘，在轨腰两侧加槽型绝缘（注意：槽型绝缘短边在上，长边在下）。然后，合上与钢轨绝缘配套的鱼尾板。
（4）迅速穿上两根钢轨中间的两只螺栓（注意：一只方向朝线路内侧，另一只朝线路外侧）。螺栓入孔前，先顺序套上一端的铁垫圈、绝缘垫圈和绝缘管；出孔后，再套入另一端的绝缘管、绝缘垫圈、铁垫圈和弹簧垫圈，拧上螺母。此时，不必拧紧。而绝缘垫圈和铁垫圈的长边应水平放置。待第二只加齐附件的螺栓穿入眼孔后，适当拧紧两只螺栓。
（5）当按方向要求穿入其余四只螺栓后，相继平衡地拧紧螺母。可以边用锤敲击鱼尾板或螺栓边拧紧螺母，以便使各部件密贴吻合，但不得将螺栓打弯。
（6）安装完毕后，及时拆除防护信号，通知站内销记。
（7）考虑到更改热胀冷缩，夏季宜在早晨和傍晚安装；冬季宜利用中午气温较高时安装。

四、轨道连接线安装

（一）钢轨引接线安装

YG 型钢轨的钢轨引接线用于轨道电路送、受电端钢轨与变压器箱或电缆盒的连接。采用截面面积 15 mm² （19×1.2 mm）的多股低碳素钢镀锌钢绞线，一端焊接在塞钉上，一端焊接在螺栓上，焊接处涂以银粉漆。

1. 技术要求

（1）钢轨引接线塞钉孔距鱼尾板边缘 100 mm 左右，高度略大于轨高的一半。穿越钢轨时，距轨底不少于 30 mm。

（2）引接线敷设时，在木轨枕区用 U 形卡钉固定，卡钉距钢轨不小于 100 mm，在股道内使用卡钉不少于 5 只。在混凝土轨枕区用引接线卡具固定。

（3）变压器箱、电缆盒和钢轨间，应牢固地埋设小混凝土枕，将引接线的余量作"S"形弯，固定在轨枕头。

（4）安装后的引接线应涂上机械油或调和漆，塞钉与塞钉孔缘应涂漆封闭。

（5）引接线敷设时，不得有松弛或拧劲现象，钢丝绳不得有断股、伤痕和锈蚀。

（6）引接线与变压器箱、电缆盒连接时，应将螺母拧紧，不得有松动和绝缘垫圈、绝缘管缺少或破损现象，绝缘性能应良好。

2. 安装方法

轨道电路按引线数量分单引和双引。电气化区段的轨道电路需加装扼流变压器，双轨条两个扼流变压器钢轨引接线安装示意如图 6-1-6 所示。

图 6-1-6　扼流变压器钢轨引接线

（1）在需要安装钢轨引接线的鱼尾板两边 100 mm 左右做标记。

（2）将钻头顶住钢轨标记处，接通电钻电源，钻取直径为 9.8 mm 的钻孔。

（3）将钢轨引接线塞钉打入钢轨，钢丝绳焊接口与钢轨绝缘向外、向下成 45°角，塞钉头部露出钢轨 1~4 mm，塞钉与塞钉孔边缘涂漆封闭。

（4）连向箱盒时，钢丝绳不得交叉。双引时，过轨引接线连接箱盒外侧引接孔，而近轨引接线连接箱盒内侧引接孔。单引时，两引接线需平行的连接箱盒引接孔。

（5）把钢轨引接线另一端拧接在变压器箱或电缆盒上，在钢轨与箱、盒间设置小枕木，把钢轨引接线的余量盘成圈固定在小枕木上。

（6）钢轨引接线在木枕上用卡钉固定，在水泥枕上用卡具固定。

（7）用手锤敲击塞钉尾部，检查塞钉铆得是否紧密、结实。将钢轨引接线涂上机械油。

3. 注意事项

（1）过轨引接线要沿远离轨缝的轨枕侧面敷设过轨，近轨引接线则邻近轨缝的轨枕侧面敷设，如图 6-1-7 所示。

（2）钢轨引接线应固定牢固，不得与相邻钢轨及箱（盒）体接触。

（3）固定引接线的卡钉或卡具不得与钢轨垫板、防爬器接触。

图 6-1-7 钢轨引接线过轨

（二）钢轨接续线安装

钢轨接续线用在同一轨道区段内两段钢轨轨缝处的连接，以保证轨缝间有良好的导电性能，保证轨道电路的完整性。目前，采用的钢轨接线线有两种形式，一种是塞钉式钢轨接续线，另一种是焊接式钢轨接续线。

1. 塞钉式钢轨接续线安装

塞钉式钢轨接续线是由两根直径为 5 mm 的镀锌铁线和两端的圆锥形塞钉焊接而成。铁线在塞钉处绕成云圈状，增加了弹性，当钢轨爬行时不致损坏接续线，也避免了列车通过轨缝时剧烈震动造成接续线脱落。

1）技术要求

（1）钢轨接续线应安装在钢轨外侧，以防车轮碾压导线。在道岔辙叉跟部，不得已需安装在钢轨内侧时，需将接续线反装，使线条处于下方。

（2）接续线线条应密贴鱼尾板上部槽面，高度不超过轨头底部，线条应平直无弯曲和隆起现象。

（3）两塞钉离鱼尾板边缘距离应相等。

（4）塞钉不得被打弯或打堆，塞钉端部在钢轨内侧露出 1~4 mm，并能承受 49.05 N 的拉力，铁线不得从塞钉的焊接处拉出或松动。

2）安装方法

安装塞钉式钢轨接续线所需工具如表 6-1-1 所示。

表 6-1-1 塞钉式钢轨接续线安装工具

序号	名称	规格	单位	数量	备注
1	汽油发电机	1.5 kW	台	1	
2	电钻		台	1	带钻架
3	手锤		把	1	
4	水壶		把	1	
5	毛刷		把	1	

（1）根据钢轨接续线长度，在鱼尾板两边做对称标记，并将接续线分散到每根钢轨接头处。

（2）将钻头顶住钢轨外侧标记处，接通电钻电源，钻取直径 9.8 mm 的钻孔。首先，打入钢轨接续线一端的塞钉；然后，用手把接续线稍微向下和向钢轨侧按一下，再把另一端打入。若孔距与接续线长度有出入，用手锤把调整接续线两端的云圈使其弯曲，以达到安装要求。

（3）将固定鱼尾板的中间螺栓松开，装入接续线卡子紧固，用卡子卡住接续线，调整接续线两端的弯曲程序，使接续线密贴在鱼尾板上，且不高出轨面，如图 6-1-8 所示。

（4）用手锤敲击塞钉尾部，检查塞钉铆得是否紧密、结实。塞钉与塞钉孔边缘涂漆封闭。

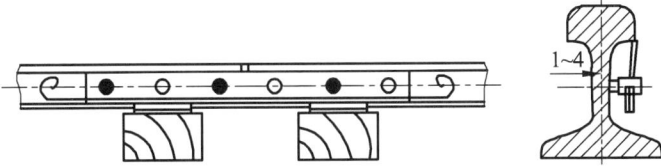

图 6-1-8　塞钉式钢轨接续线安装

2．焊接式钢轨接续线安装

1）技术要求

（1）焊接线焊接部位在钢轨头部外侧面，焊接点上边缘距轨顶面不小于 8 mm；在钢轨底部上面焊接时，焊接点边缘距轨底不小于 10 mm。

（2）焊接线焊点饱满，呈椭圆或圆形，外表平坦，不得出现凹坑、毛刺和缺口等现象。

（3）接续线焊接牢固并呈弧形下垂。

2）安装方法

焊接式钢轨接续线所需工具如表 6-1-2 所示。

表 6-1-2　焊接式钢轨接续线安装工具

序号	名称	规格	单位	数量	备注
1	汽油发电机	1.5 kW	台	1	
2	电动砂轮机		台	1	
3	焊接模具		对	1	
4	定位架		个	1	
5	打火枪		把	1	
6	扁铲		把	1	

（1）将模具空腔和轨端接续线端部线环擦拭干净。

（2）将模具分左、右平放在定位架上，模具空腔向上，将两模具的空腔进线口相对，然后把轨端接续线两端放入两模具的空腔内，线环的平面朝上，轨端接续线放置尽量稳妥，防止线头扭转。

（3）使用电动砂轮机将钢轨被焊接部位打磨干净，打磨面积为 50 mm×20 mm，相邻两钢轨焊接部位中心间隔为 200 mm，打磨以后再用清洁的白纸拭去浮尘。

（4）将由定位架相连的两个模具放在钢轨上，使两模具的空腔紧靠两根钢轨侧面已被打磨干净的焊接部位，勿露缝隙，整个焊模由镶嵌在模具中的磁铁与钢轨顶部紧紧相吸，使焊模位置稳定牢固。

（5）将两管焊料的料管盖打开并分别放入两个模具中，料管要一直放到底，压紧。

（6）分别在两个料管上面盖上模具盖。

（7）用打火枪对准管内焊料依次点火。

（8）在模具内的焊料引燃后 3~5 s，熔融焊料进入模具腔，焊接过程结束。

（9）稍待冷却后，即可将模具分别拆下，用扁铲铲去浇口部分多余焊料，焊接完毕。

（10）焊点及周围涂防锈漆。

（三）道岔跳线安装

道岔跳线是道岔区段内构成轨道电路两相邻轨条间的连接线。道岔由许多不同形状和长度的钢轨部件组成。对于由鱼尾板连接的、需要良好导电性的两相邻钢轨，可用钢轨接续线连接。但对于不相邻的或者两者相邻但不是使用鱼尾板连接、又需要良好导电性的两钢轨，则需要用道岔跳线连接。

道岔跳线用低碳钢镀锌绞线与两端的塞钉焊接而成。按绞线截面大小分为 15 mm^2（19 mm×1.2 mm）和 42 mm^2（37 mm×1.2 mm）两种型号。

道岔跳线的布置如图 6-1-9 和图 6-1-10 所示。

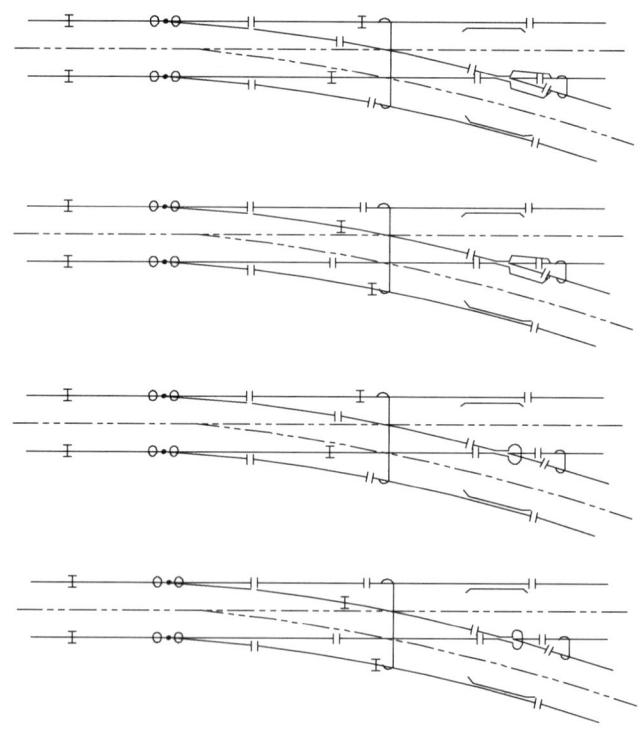

图 6-1-9　单开道岔跳线布置

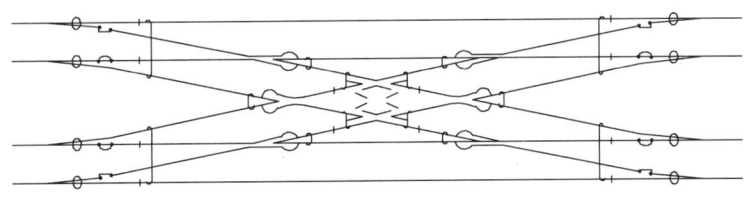

图 6-1-10 交叉渡线道岔跳线布置

1. 技术要求

（1）道岔跳线的型号、规格及安装方式符合设计要求。

（2）道岔跳线按规定的位置安装，敷设平直，用卡具固定在轨枕上，余量部分盘成圈固定在枕木上。

（3）跳线无断股和腐蚀现象，焊接牢固。

（4）安装后的跳线涂机械油或调和漆，塞钉与塞钉孔边缘涂漆封闭。

（5）道岔跳线穿过轨底时，距轨底不小于 30 mm 并不得被道碴埋没。

（6）单开道岔的长跳线安装在道岔绝缘节后第三节轨枕间距处。

2. 安装方法

单开道岔用的Ⅰ、Ⅲ、Ⅳ型道岔跳线的安装如图 6-1-11～图 6-1-14 所示。

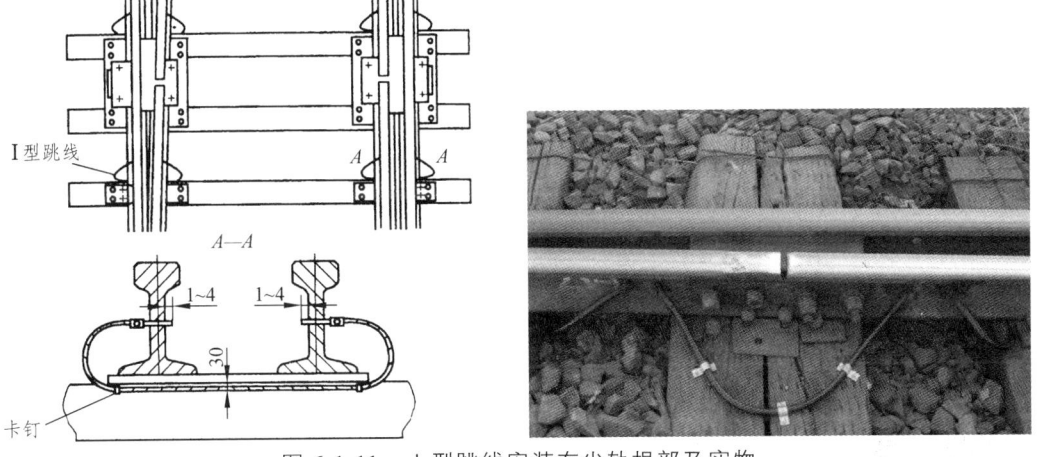

图 6-1-11　Ⅰ型跳线安装在尖轨根部及实物

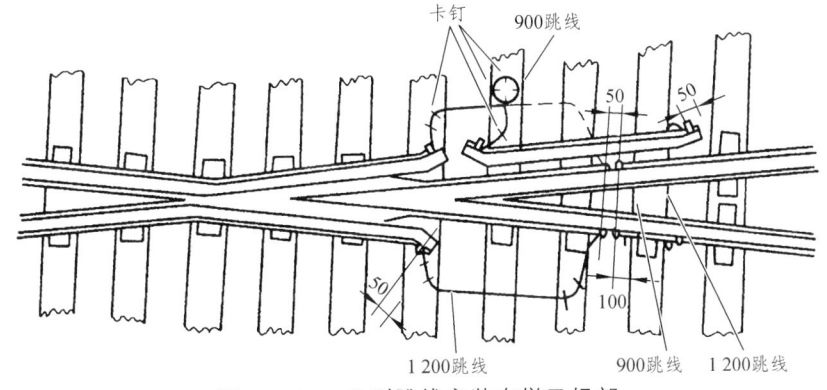

图 6-1-12　Ⅲ型跳线安装在辙叉根部

图 6-1-13 辙叉根部跳线实物

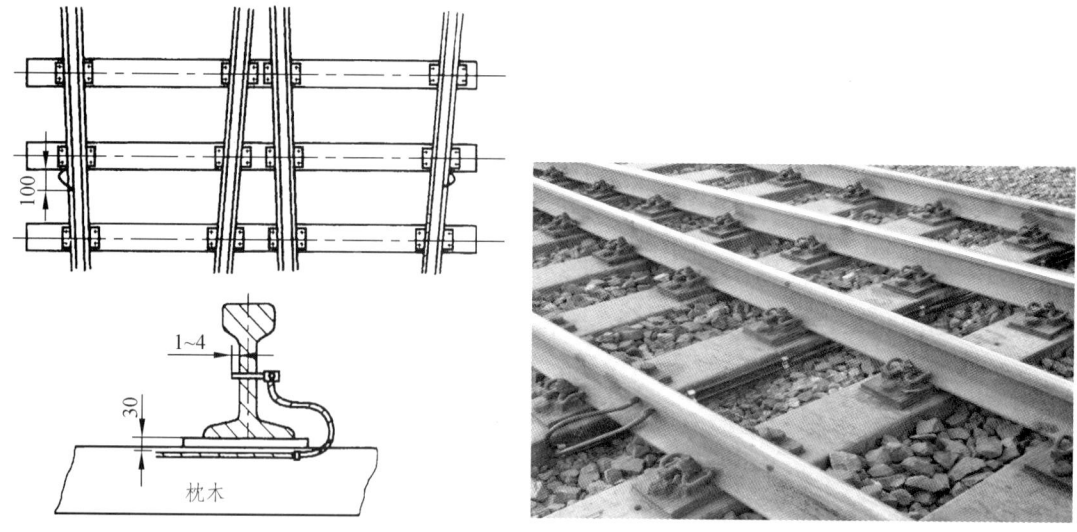

图 6-1-14 Ⅳ型跳线安装及实物

（1）道岔跳线（钢丝绳）固定采用蝴蝶卡或钢丝绳固定卡固定，钢丝绳尽量贴近鱼尾板，塞钉头处钢丝绳与引线方向成45°。

（2）道钢丝绳过轨底应距轨底大于30 mm，极性跳线采用卡钉或膨胀螺栓+蝴蝶卡固定，卡钉或膨胀螺栓的位置和数量为：长钢丝绳用8个，钢轨底边缘至两侧150 mm处各1个。

任务二 轨道电路设备配线

轨道电路施工应选择25 Hz轨道电路进行施工技能训练，用于6502电气集中和计算机联锁时定型组合不同。根据所选轨道电路类型，选择相对应的轨道电路原理图。按照原理图，选择定型组合内部配线图，制作组合侧面配线图、分线盘配线图，并认真核对图纸，确保图纸正确无误。

工具材料包括：

（1）必备工具：剥线钳、斜口钳、电烙铁、焊锡、扎带等。

（2）必备材料：23×0.15 mm 绝缘软线、绝缘套管。

（3）常用仪表：万用表。

一、组合内部配线

1. 定型组合内部配线焊接

（1）将定型组合固定在焊接台上。

将侧面端子板卸下，180°反转，重新将侧面端子固定在定型组合上。注意，此时侧面端子从右至左顺序为"03、02、01""06、05、04"，与原来顺序不同。

（2）用铁丝做成若干穿线钩，将其固定在组合背面走线槽位置。

（3）按照配线图，遵循先左后右、先下后上的顺序进行放线、焊线。焊接前，要量出两个焊接片间的线长，走线时不得直接连接两焊接片直线距离，必须经过组合下方走线槽位置成直角状连接，并在配线两端均留出 30~50 mm 的预留量。将软线剪断，右端在待焊端子下面穿线钩绕一圈，暂不焊接。

（4）焊线前，将焊接片表面用什锦平锉或砂布打磨，除去表面氧化层，用电烙铁沾焊锡在焊接片表面挂一层薄锡。

（5）套上塑料胶管。二元二位继电器插座板需 $\phi 8 \times 15$ mm 塑胶管，18柱端子板及侧面端子板需 $\phi 6 \times 20$ mm 塑胶管，如图 6-2-1 所示。

图 6-2-1 轨道组合设备

注意：二元二位继电器插座端子编号与普通继电器插座端子编号完全不同。

如图 6-2-2 所示，最下面从左至右为 1、2、3、4 线圈；共有 4 组接点，从左向右为第 1 组、第 2 组、第 3 组和第 4 组。

图 6-2-2　二元二位继电器插座端子编号

（6）将铜芯软线剥去 5 mm 的绝缘外皮，按照前文所述焊接方法，将软线牢固焊接在焊接片上，并检查有无虚焊。同一列端子，由下向上顺序焊接。焊接时，可在所焊焊接片下方垫一硬纸片，以防漏锡烫坏下方的塑胶管或导线，甚至造成两焊点间短路。如焊接片上有两根导线，则将两裸线头并在一起，用尖嘴钳顺时针方向（面对线头）拧在一起，套上塑料胶管，一起焊接到焊片上。绝不可一根一根地分开进行焊接。

（7）配线放到已放线右端，再进行右端的焊线。在焊接每根线条右端之前，应从左向右捋顺该线条，不要与已焊好的线条发生缠绕。线条不宜拽得太紧，要在两端焊接片处有 20～30 mm 余量。

（8）防护盒的配线采用压接线环连接。

2. 定型组合内部配线校对

（1）对照定型组合内部配线图，检查各个端子上有无多配或漏配。

（2）对照定型组合内部配线图，使用万用表欧姆档，逐根检查端子配线有无错配，同时检查配线是否有断线。

3. 定型组合内部配线绑扎

从组合左端继电器端子开始，将线条顺直，排列整齐，间隔 15 mm 用塑料扎带或尼龙线均匀绑扎。

4. 整理

绑扎完毕后，用螺丝刀将组合侧面端子板卸下，反转 180°，重新固定在定型组合上。此时从组合背面看，端子板端子列顺序从右向左依次为 01、02、03、04、05、06。

二、组合侧面配线

1. 填写配线铭牌

根据组合侧面端子配线图，填写配线铭牌。例如："12-505-15～1F-804-1"与"1F-804-1～12-505-15"。

2. 放线

（1）按照先放本排，再放排间，最后放分线盘的顺序放线。

（2）使用铁线或铜芯软线做若干穿线环，将其固定在组合架背面组合侧面端子旁走线槽上。

（3）量出组合侧面端子到组合架零层、组合架侧面、接口柜或分线盘端子的线长，并留出 150 mm 左右的预留量。按照走线槽布局，经过步骤（2）中的穿线环及组合架背面顶层走线孔，放置铜芯软线。走线时，力求直角拐弯。

（4）将填好的配线铭牌穿在所放铜芯软线上，软线两端均需穿配线铭牌，并系扣打结，防止铭牌脱落。

3. 焊接、压接、制环

4. 上端子

（1）环线上端子前，用套筒先拧紧端子螺杆的根部螺母。

（2）环线与螺母以及环线与环线间均应有合适的垫圈。

（3）环线根部塑料皮不可过长，以免压在两垫圈间；也不可过短，露出过长裸铜线。

（4）一个端子上最多上 3 个线环。

（5）线环上完后，用套筒拧上螺母，力矩要适度。过松会导致导电不良，过紧会损伤线环。最后用压紧螺母压紧。

5. 校对

（1）根据组合侧面端子配线图，检查各端子有无多配或漏配的线。

（2）使用万用表欧姆挡，检查端子配线是否错误，同时检查配线是否导通。

6. 绑扎

在完成室内设备导通试验后，可进行绑扎。整理配线时，从组合架最下面一层开始，先整理组合侧面端子横把；再整理组合架背面走线槽内配线，由下而上整理。

三、分线盘配线

如分线盘端子是普通柱式端子板，将电缆芯线绕制成环或制成防震压接环，上在分线盘端子上；如分线盘端子是万可端子板，将电缆芯线按照工艺要求连接到端子板上。不论是柱式端子还是万可端子其配线和绑扎均应符合分线盘配线标准。分线盘各部分应铭牌齐全，电缆用途加标记铭牌。

室内配线结束后，在插继电器之前，要对室内所有配线进行导通。导通前，在分线盘处，将室外电缆芯线从端子上全部拆下；在电源屏，将接向组合架、分线盘的电源线全部拆下；将组合架、组合侧面所有断路器搬到断开位置、熔断器管取下。这样可避免因设备内部接线影响导通的真实性。导通用电铃比较方便，导通测试主要包括以下内容：

（1）以组合内部配线图为准，导通组合内部继电器与继电器的端子间配线、导通继电器与组合侧面内侧端子间配线，以及熔断器的配线。

（2）以组合侧面端子为主，导通组合侧面端子到其他组合侧面端子、组合架零层端子之间的配线。

（3）以分线盘为主，导通分线盘端子至组合侧面端子间的配线。

（4）以接口柜为主，导通接口柜端子至组合侧面端子间的配线。

（5）以电源屏为主，导通电源屏至组合架、分线盘之间的电源线及其环线。

四、轨道电路室外配线

按照信号机点灯电路原理图，制作电缆配线图、箱盒配线图，并认真核对图纸，确保图纸正确无误。

工具材料准备包括：

（1）必备工具：剥线钳、斜口钳、套筒（4 mm、5 mm、6 mm）、螺丝刀、扎带、扳手、剥缆工具等。

（2）必备材料：7×0.52 mm 绝缘软线、绝缘套管、铜垫片（4 mm、5 mm、6 mm）、电缆等。

（3）常用仪表：万用表、兆欧表。

轨道电路室外配线包括方向盒配线、轨道变压器箱配线。其中方向盒配线按照施工基本技能中方向盒配线标准进行。

轨道变压器箱配线包括送电端和受电端变压器箱配线。电缆从箱内底部引出后就近沿箱壁走直型线把，芯线到所属端子位置后分线，从穿线板孔穿出后鹅头弯上端子，芯线均上在端子板远离设备的一侧。副管电缆及设备软线绕箱内设备四周绑把，芯线到所属端子位置后分线，从穿线板孔穿出后鹅头弯上端子，芯线（软线）均上在端子板靠近设备一侧。备用芯线应绕成弹簧弯预留在所属电缆根部。

根据设备组装，准确布放线把，应使线条顺直，绑扎均匀，线条两端套以套管，用 7×0.52 mm^2 的铜线绕环，并做标记，如图 6-2-3 与图 6-2-4 所示。

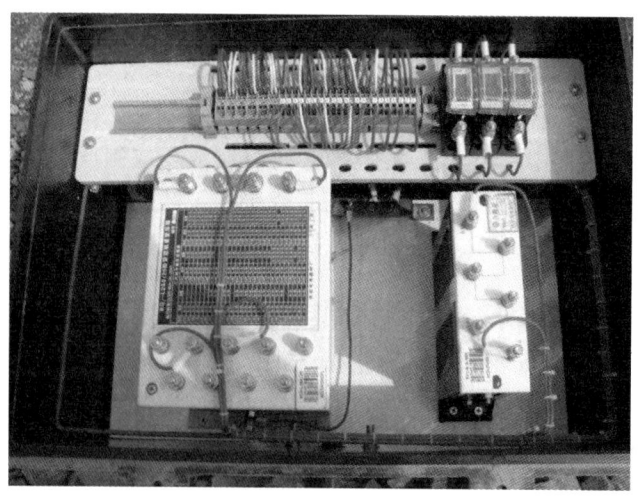

图 6-2-3 送电端 XB 箱内配线示意

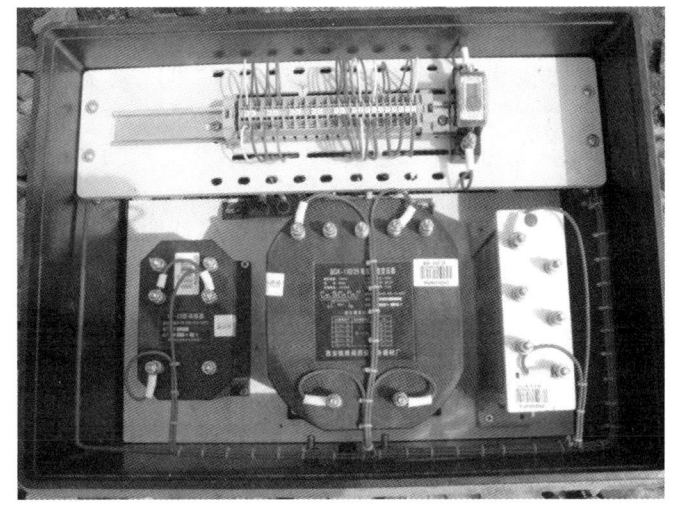

图 6-2-4　受电端 XB 箱内配线示意

任务三　轨道电路导通试验

一、室内模拟试验

1. 室内模拟电路制作

（1）用 BG-25 型轨道变压器，将 GJZ_{220} 与 GJF_{220} 临时转换为 GJZ_{18} 与 GJF_{18}。

（2）将 GJZ_{18} 与 GJF_{18} 连接到轨道电路分线盘端子上，并挂临时保险，如图 6-3-1 所示。

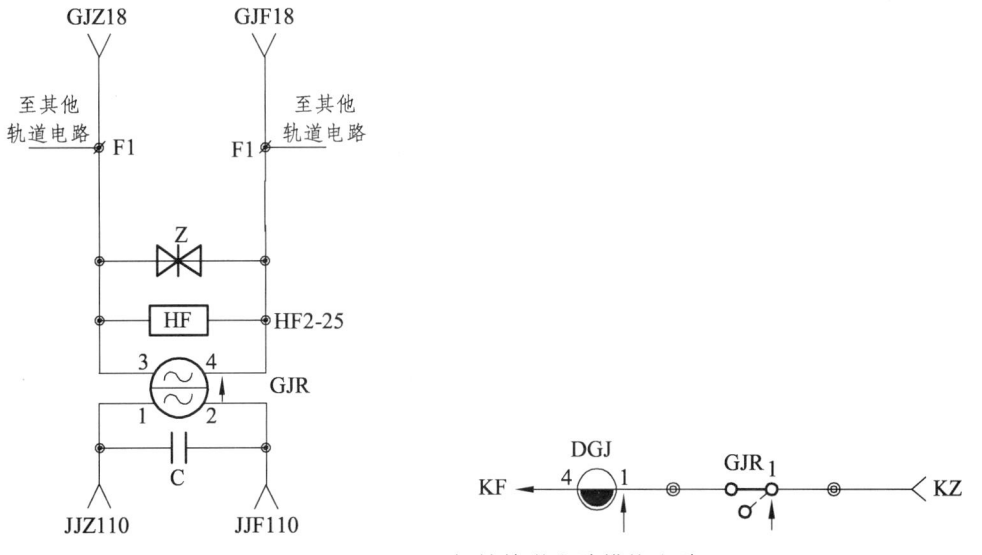

图 6-3-1　25 Hz 相敏轨道电路模拟电路

2. 插继电器

将继电器插入组合中，安装继电器之前要确定继电器型号，并确保继电器良好。安装时，要认真核对继电器鉴别孔与插座鉴别销的位置。

3. 送电试验

将电源接入组合中进行试验，GJR 继电器与 DGJ 继电器应励磁吸起。

二、室外单独试验

（1）将 GJZ220 与 GJF220 串接 1 A 熔丝熔断器，构成轨道电路送电电源。
（2）将送电电源接到分线盘上室外轨道电路送电网络的电缆芯线上。
（3）室外试验人员用万用表测试该轨道电路送电端变压器一次侧电压，应有不少于 180 V 交流电压，二次侧的低压输出值应符合变比要求。
（4）测量轨道电路受电端一次侧接分线盘端子处电压值，应不小于 15 V。
（5）测量轨道电压与局部电压相位是否满足要求。

三、室内外连通

将轨道电路模拟电路和临时轨道电源拆除，恢复轨道电路受电端电缆线与分线盘端子连接。将 GJZ220 与 GJF220 电源依次挂接轨道电路送电的熔断器，测量电源是否正确，确认无混电、接地现象。进行轨道电路的电气参数调整。

1. 区段核对

闭路式轨道电路采用分路轨面的方法，核对相应的轨道继电器应可靠落下，继电器残压不超标；开路式轨道电路短路轨面时，相应的轨道继电器应可靠吸起。区段被占用时，控制台对应的区段应显示红光带。一送多受区段核对时，开路式轨道电路的每个分支点都要进行短路；闭路式轨道电路必须采用逐个断开室外每个受电端，同时还必须核对每个分支受电端与室内继电的对应关系，分支轨道继电器落下时总轨道继电器应可靠落下。此外，为防止相邻区段电缆配线交叉，对工程或更换电缆的施工，开通前还应进行轨道电路开路试验，可分别卸开送、受电端端子电缆线头，核对区占用显示与断开电缆的区段应为同一区段（敌对轨道绝缘两俱均为受电端的轨道区卡控）开、短路试验时，应同时测量相邻轨道区段继电器电压是否变化。

2. 极性交叉

极性交叉是对轨道电路绝缘破损的保护措施，必须对每个区段的所有轨道绝缘处（包括双动道岔的渡线绝缘节）进行极性交叉测试。试验方法有短路法和电压法。

采取短路法时，可短路一侧绝缘，检查另一侧绝缘节上的电压，若增大说明该绝缘节节是极性交乏叉的；若短路一侧绝缘，另一侧电压减小说明极性不交叉；若短路一侧绝缘而另一侧绝缘处电压无变化说明被短路侧的绝缘本身已处于短路状态或绝缘节两侧区段的轨道电路过轨电缆配线存在短路等异常情况，需要进行处理。

在电气化区段，由于扼流变压器的存在，当绝缘节单边短路时会引起轨道电路红光带，短路绝缘节的方法不宜采用。此时可采用电压法，即采用交叉电压测量法进行极性交叉的测试检查：如图 6-3-2 所示，分别测量 $V_1 \sim V_6$ 电压，若 V_1、V_4 之和约等于 V_2、V_3 之和或 V_1、V_4 电压均大于 V_5、V_6 时，说明实现了极性交叉。也可采用专用的轨道电路极性交叉检查仪直接测量邻接区段是否交叉。

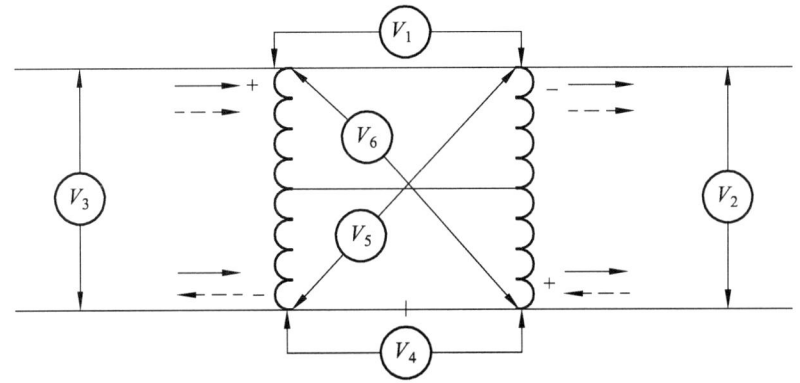

图 6-3-2　极性交叉电压测试法

3. 分路残压

在每个轨道区段最不利处所用标准分路电阻线分路轨面，受端继电器交流端电压应符合轨道电路传输特性要求，继电器应可靠落下。

项目七　信号系统调试

任务一　基本联锁试验

一、进路联锁试验

视频学习 7-1

（一）进路联锁试验

按进路表给定的进路号码，核对联锁进路号与所排进路的一致性。在进路表中，对通过进路等组合进路以接车进路号加发车进路号组合填写，不单独计入进路总数中。在试验组合进路时，特别要注意黄闪黄显示或 1/18 号及以上大道岔进路，检查是否存在与该进路平行或变通的条件而信号显示不符合黄闪黄显示要求的进路，如存在上述进路，则组合进路编号应与大号码组合进路相区别，信号显示和发码条件也应按普通道岔进路处理。

1. 进路变通

指在站场中存在着与基本进路平行或"八字"迂回条件时，通过变通方法而办理的进路。办理变通进路时需要按压进路始终端之间相应的变通或调车信号按钮。当站场中存在"小八字"或因运营要求禁止使用的迂回进路，在试验中应检查不能排出。在试验中发现存在多条变通进路情况时，若确有需要，应对进路表进行补充完善，请设计单位签认变通进路，并对每条变通进路进行试验。

2. 信号开放前试验内容

（1）道岔位置不对信号不能开放。将所办进路上的所有道岔逐组置于不符要求的位置并单锁，试排该条进路，其信号应不能开放。

（2）区段占用不能开放信号。模拟区段占用后办理进路，此时进路应不能锁闭（引导进路和调车进路的无岔区段除外）。试验时，必须对进路内各区段逐个进行试验。

3. 信号开放后试验内容

（1）道岔无表示信号关闭。办理进路并开放信号后，将与进路有关的所有道岔表示逐组断开（可采用断开室内道岔表示电路熔丝或断路器的方法），每次应能关闭信号。

（2）区段占用信号关闭。短路列车进路内的任一轨道区段，列车信号机应立即关闭；短路调车进路内的道岔轨道区段时（有白灯保留电路的进路内方第一轨道区段除外），调车信号机亦应立即关闭。试验时，必须对进路内各区段逐个进行试验。

（3）信号开放后锁闭道岔。办理某条进路开放信号后，逐组单独操纵与该进路有关的道岔（包括进路上的所有道岔、不在进路上但与该进路上某组道岔同一个区段的其他道岔、防护道岔等），这些道岔均应处于锁闭状态。

（4）调车信号白灯保留。调车信号开放后，车列由接近区段压入信号机内方时，调车信号机的白灯必须保留在开放状态（机走线和机务段出口处以及机待线上的调车信号机除外），直到车列出清接近区段（接近区段留有车辆时，检查车列出清进路内方第一个轨道区段）或退出进路内方所有区段时白灯方可关闭。

4. 重复开放信号

信号开放，在列车或车列尚未进入其防护的进路时，信号因故关闭后，在造成信号关闭的因素消除之后，再次按压进路始端按钮，信号机应能重复开放。

信号开放，列车、车列通过后整条进路未解锁时应不得自动重复开放（办理自动通过除外）。

二、进路解锁试验

（一）取消进路解锁

办理进路并锁闭，但信号未开放，或信号已开放但未构成接近锁闭时，采取按压总取消按钮和进路始端按钮的方式办理取消进路手续（计算机联锁办理取消进路的方式以各有关厂家提供的操作说明为准），进路应能立即解锁。计算机联锁办理取消进路的方式以厂家提供的使用说明书为准。

（二）进路正常解锁

采用模拟列车或车列走行条件进行三点检查（占用本区段、出清前一区段、占用后一区段并出清本区段，进站内方第一区段等特殊情况除外），进路自始端起，各区段在出清后延时3 s，依次向终端解锁。年度联锁关系检查试验时结合列车或车列走行进行试验。

（三）人工延时解锁

开放信号并人工模拟占用接近区段，采取按压总人工解锁按钮和进路始端按钮的方式取消进路，此时信号应立即关闭并按规定延时后解锁。试验时，按开放信号、人工短路接近区段（接近区段由多个区段组成时应分别短路）、办理总人工解锁的步骤，记录自按压进路始端按钮和总人工解锁按钮起至进路上第一个区段解锁止所用的时间，应符合各种进路解锁的延时要求（普速车站进站、接车进路及正线出站信号机的延迟解锁时间为 3 min，侧线出站及调车信号机的延迟解锁时间为 30 s，高速车站的延迟解锁时间根据列车运行速度及规定分别适当增加）。

在接近区段出现瞬间红光带时，电气集中电路在红光带消失后可按取消进路方式解锁进路；对于计算机联锁来说，当列车进路的接近区段出现瞬间红光带时，考虑接近区段分路不良的影响，对接近锁闭的解锁方式采取了防护处理，即接近区段闪过红光带后，即使红光带消失也应按人工延时解锁方式解锁进路。

某些计算机联锁设备在确认系轨道电路瞬间故障造成红光带时，可通过二次办理的方式来解锁进路，即先按压总取消和进路始端按钮来取消进路始端，此时进路仍不能解锁；补开信号后再办理第二次取消方可将进路解锁，这种方法是为提高作业效率设置的保留措施。

（四）区段人工解锁

在 6502 电气集中电路中，列车或车列经过进路、办理总取消或总人工解锁手续后，如整条进路或部分区段未能解锁时，在区段空闲条件下，应能办理故障解锁（当进站信号机内方设有无岔区段并在开放进站信号后，如该无岔区段故障使信号关闭后，将不能采取任何人工方式解锁进路，必须办理一次引导接车进路，待列车接入后才能进行区段故障解锁）。试验时，应分别试验区段空闲和占用两种情况，按压总人工解锁按钮和该区段的故障解锁按钮，空闲时应能解锁（列车或车列占用进路时，运行前方区段虽然空闲，但不论采用何种操作方法均应不得解锁），占用时应不能解锁。计算机联锁办理区段人工解锁的方式以厂家提的使用说明书为准。

（五）随时关闭信号

在任何情况下，已开放的信号应能进行人工关闭。试验方法如下：
（1）同时按压总取消按钮及进路始端按钮，信号应能及时关闭。
（2）同时按压总人工解锁按钮及进路始端按钮，信号应能及时关闭。
（3）同时按压总人工解锁按钮和进路上任一区段故障解锁按钮（紧急关闭信号），信号应能及时关闭。

实际使用中如已用前两种方法关闭信号，严禁再同时按压总人工解锁按钮和故障解锁按钮，否则将使该区段立即解锁。计算机联锁车站的操作方法以联锁厂家使用说明为准。

紧急关闭信号后的进路解锁方法：在 6502 电气集中电路采用紧急关闭信号的方法关闭信号后，应确认接近区段无车，或有车但已与司机联系确认车已停妥，且进路空闲后，进行解锁进路，当未接近锁闭时可按总取消解锁进路，当接近锁闭时可按人工解锁方法解锁进路，当出现进路内方异常造成的非正常关闭信号需要解锁进路，可按先办理进路总取消再按区段故障解锁方法进行操作。

在某些计算机联锁电路中对关闭后的进路解锁方法的要求：如铁科院研究所系列的计算机联锁电路，在始端未解锁时必须以人工延时的方式解锁始端；在始端解锁而终端未解锁时，必须按压人工解锁按钮和进路终端按钮方式经 30 s 延时后解锁进路终端（TR-9 及 ADX 联锁的控制台终端未解锁时始端按钮上加有方框标记，始端解锁后转为终端按钮上加方框标记，始、终端均无方框标记说明始终端均已解锁）；只有进路始、终端均不存在时，才能按压事故解锁按钮和区段按钮来解锁进路。由于联锁电路制式的不同，相关解锁方式以联锁厂家提供的使用说明书为准。不论何种制式的车站联锁，列车或车列进入进路内方后，其运行前方区段不论采用何种操作方法均不得解锁。

（六）防止迎面解锁

在列车运行前方的道岔区段提前错误解锁，称为列车迎面错误解锁。试验时，模拟列车或车列按正常方式运行，从压入信号机内方第一个区段起，对前方未占用进行故障解锁，这些区段应不能解锁。

（七）全站轨道停电恢复

办理进路后，如发生全站轨道电路供电电源停电再恢复时，应防止进路中轨道继电器的上电励磁顺序与列车出清顺序相一致而造成提前错误解锁。试验时，将能排列的所有调车或列车进路办好，断开轨道电源并恢复，此时进路不应错误解锁。

三、敌对信号和敌对照查联锁试验

同时行车会危及行车安全的任意两条进路是敌对进路。下列进路规定为敌对进路：
（1）同一到发线上对向的列车进路与列车进路。
（2）同一到发线上对向的列车进路与调车进路。
（3）同一咽喉区内对向重叠的列车进路或调车进路。
（4）同一咽喉区内对向重叠或顺向重叠的列车进路与调车进路。重叠进路指两条方向相同、互相间有部分或全部重合的进路。
（5）进站信号机外方制动距离内接车方向为超过 6‰ 下坡道，而在该下坡道方向的接车线末端未设有线路隔开设备时，该下坡道方向的接车进路与另一端咽喉的接车进路、非同一到发线顺向的发车进路以及另一端咽喉的调车进路。
（6）防护进路的信号机设在侵限绝缘处禁止同时开通的进路。

同一到发线上对向的调车进路允许同时建立，但对于调车作业较少的中间站，当同一到发线上对向的调车进路无须同时开通时，也可作为敌对进路。股道、无岔区段有车占用时允许向其排列调车进路，便于取车。但不允许两端同时向无岔区段办理调车进路。

敌对进路必须互相照查，不得同时建立。

敌对信号、敌对照查试验方法：

（1）敌对信号：先办理某条进路后，再办理所有与其有关的敌对进路，敌对信号均应不能开放。

（2）敌对照查：向某一股道办理列车进路时，必须检查该股道另一端未办理列车及调车进路的条件；向某一股道办理调车进路时，必须检查该股道另一端未办理列车进路的条件。如另一端已办理有关进路，则所办进路不应锁闭。

四、防护道岔和带动道岔联锁试验

为了防止侧面冲突，有时需要将不在所排进路上的道岔处于防护位置并予以锁闭，这种道岔称为防护道岔。

（一）常见的防护道岔

（1）如图 7-1-1 所示，排列 D3 至 D9 的进路，尽管 1 号道岔不在该进路上，但仍然要 1 号道岔锁闭在反位。为的是防止 1 号道岔在定位时，一旦下行列车在长大下坡道运行失控而冒进下行进站信号机，在 5 号道岔处造成侧面冲突。将 1 号道岔锁在反位，该失控列车最多进 1 号道岔侧向，不致造成侧面冲突。

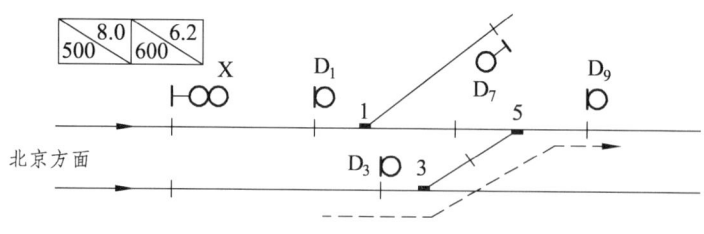

图 7-1-1　防护道岔案例一

（2）如图 7-1-2 所示，下行经 3/5 号道岔反位接车时，1 号道岔不在该进路上，专用线方面也无长大坡道，但因 1 号道岔是引向专用线的道岔，应使其锁闭在定位，开通安全线方向，以免专用线方面调车车列闯入 D3 信号机在 5 号道岔处造成侧面冲突。

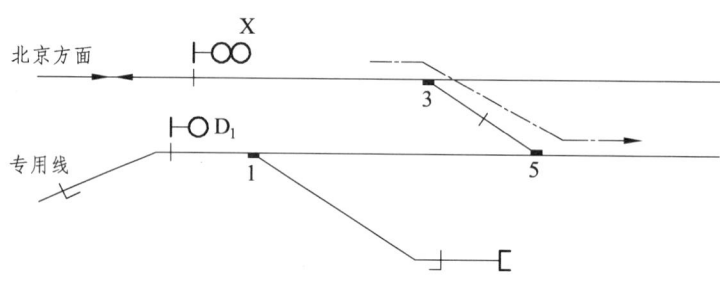

图 7-1-2　防护道岔案例二

（3）经由交叉渡线的一组双动道岔反位排列进路时，应使与其交叉的另一组双动道岔防护在定位。

在实现进路锁闭时，应把同一道岔区段内的所有道岔都锁闭，但为了满足平行作业的需要，排列进路时需把某些不在进路上的道岔带动至规定位置，并对其锁闭。这种道岔称为带动道岔。

如图 7-1-3 所示，排列经 1/3 道岔反位接发车进路时，需要把不在所选进路上的 5/7 道岔带动到定位。因 5/7 道岔的 5 与 1/3 道岔的 1 同属 1-5DG 区段，若 5/7 道岔反位时锁闭了下行 Ⅱ 道接车进路，它就被锁在反位，不能再排经 5/7 号道岔定位的进路。如东郊方面至 3 道的接车进路须等 1-5DG 解锁后才能建立，这就影响了平行作业的进行，降低了效率。

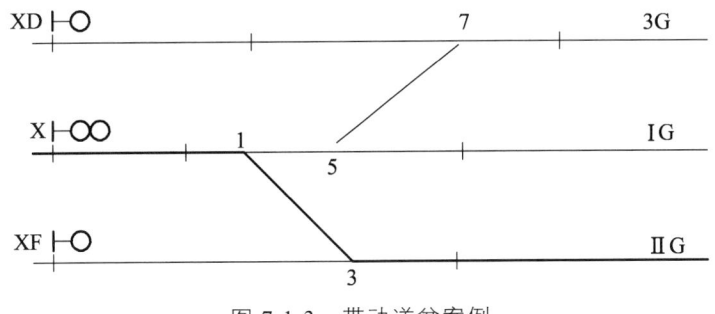

图 7-1-3　带动道岔案例

对防护道岔必须进行联锁条件的检查，防护道岔不在防护位置，进路不能建立。对带动道岔则无须进行联锁条件检查，能带动到规定位置就带动，带动不到（若它还被锁闭）也不影响进路的建立，它不涉及安全，只是影响效率。

（二）防护道岔和带动道岔的联锁试验

（1）防护道岔：进路表中防护道岔用中括号[ ]标注。办理某条进路时，按进路表规定的所有防护道岔应被带到规定位置，并被锁闭在该位置，信号开放后将连续检查防护道岔的位置，通常称为"带、查、锁"。防护道岔因故不能被带到规定位置时（试验时可将该道岔单锁于不符要求的位置），该进路应不能锁闭；进路锁闭后，操作防护道岔应不能转换；信号开放后，如防护道岔失去表示，该信号应自动关闭。

（2）带动道岔：进路表中带动道岔用大括号{ }标注。办理某条进路时，按进路表规定所有带动的道岔应被带到规定位置；若带动道岔未带动到规定位置或被带动的道岔失去表示时，不影响进路排列和信号开放，已开放的信号不应关闭。试验时可将带动道岔置于需要带动的相反位置，进行排路试验，确认带动到规定位置；信号开放后，断开带动道岔表示，确认信号不关闭；单独操纵带动道岔时，若该带动道岔与进路中其他道岔不在同一区段时，应可以操纵。将带动道岔置于需要带动的相反位置并进行单独锁闭，进行排路试验，确认道岔不能带动，信号可以正常开放；信号开放后，去除带动道岔的单锁条件，确认道岔仍在原位置。

五、侵限绝缘联锁试验

在道岔区段设于警冲标内方的钢轨绝缘除双动道岔渡线的绝缘外，其安装位置距警冲标不得少于 3.5 m，当不得已必须装于警冲标内方小于 3.5 m 处时，应按照侵入限界考虑。侵限绝缘的情况比较复杂，要根据站场平面进行仔细分析。

（一）常见的侵限绝缘有

（1）当某一道岔区段与相邻轨道区段的绝缘节到该道岔警冲标距离小于 3.5 m 时，此绝缘节为侵限绝缘。如图 7-1-4 所示，经 235 号道岔反位办理进路时，必须检查 255DG 区段的空闲条件。在联锁表中与进路相关的侵限绝缘在轨道区段栏内标注。

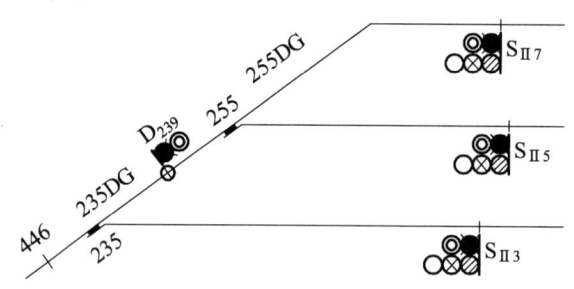

图 7-1-4 侵限绝缘案例一

（2）某一道岔区段与相邻道岔区段的绝缘节到该道岔警冲标距离小于 3.5 m，当相邻区段的道岔开通本道岔区段或相邻道岔失去位置表示时，该绝缘节为侵限绝缘；当道岔不开通本区段时，该绝缘节就不是侵限绝缘，即根据相邻道岔位置条件来决定，称为条件侵限绝缘。在进路表中条件侵限绝缘在轨道区段检查栏内附加道岔位置条件标注。在图 7-1-5 中，经过 36/38 号道岔反位进路的轨道区段栏内填写〈22/24〉22DG，表示 22/24 号道岔在定位时需检查 22DG 的空闲条件，反之 22/24 号道岔在反位时就不需要检查 22DG 的空闲。

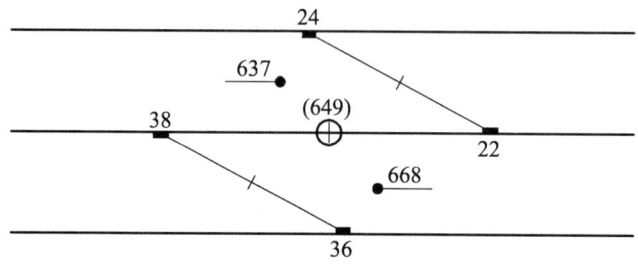

图 7-1-5 侵限绝缘案例二

（3）交叉渡线中间两道岔定位的岔心位置设置的绝缘一般为侵限绝缘（见图 7-1-6）。当该侵限绝缘处设有单置调车号机时，经道岔定位排列向该调车信号机为终端（图中 D_{15}）的调车信号时，与经交叉渡线（图中 15/17）反位的进路按敌对处理，此时不再单独检查侵限绝缘条件；而经另一渡线道岔（图中 11/13）反位的进路对绝缘节相邻区段按侵限进行检查。

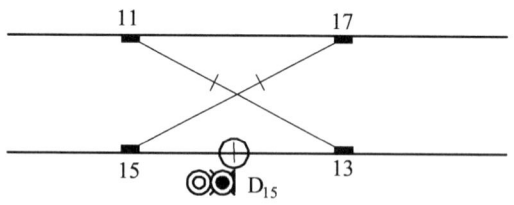

图 7-1-6 侵限绝缘案例三

（4）当道岔区段的相邻区段轨道电路虽然处于条件侵限状态，但该区段是道岔区段，且该相邻道岔在排列进路中是作为防护道岔处理的，若防护道岔带动并锁闭在规定位置，则该侵限绝缘就不成立，因此在排列进路过程中以检查防护道岔位置为主，该侵限绝缘节在进路中不需要检查，可以视为假侵限（见图 7-1-7）。

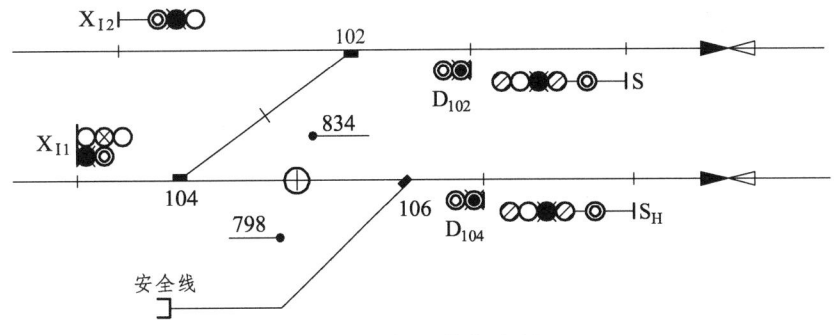

图 7-1-7 侵限绝缘案例四

（二）侵限绝缘试验方法

（1）在办理经某一区段的进路前，将该区段侵限绝缘处相邻区段人为短路，此时办理该条进路应不能锁闭。

（2）办理进路并开放信号后，将侵限绝缘处相邻轨道区段人为短路，此时防护该进路的信号应及时关闭。

六、调车中途返回解锁试验

调车中途返回解锁是调车进路的一种自动解锁方式。通常在转线调车作业时涉及这种解锁。

转线调车作业时，整个调车作业过程包括牵出作业和返回作业两个阶段。为牵出作业建立的进路称为牵出进路，为返回作业建立的进路称为返回进路，也叫折返进路。牵出进路可能是一条短调车进路，也可能是一条长调车进路。当转线的调车车列被牵出时，往往走不完牵出进路的全程，就根据反向的调车信号折返了。如图 7-1-8 中，由 IG 转线到 IIG 去的调车作业，因为调车车列较长，牵出时开放了出站信号机 S_1D 和 D7，调车车列牵出越过反向的调车信号机 D13 后停车，占用了 3DG 区段，但没有占用 5DG 区段。停车后，根据 D13 的白灯显示，车转到 IIG 去。在牵出作业过程中，无论牵出进路是短调车进路还是长调车进路，只要被调车车列占用过而又没有沿牵出方向通过，就不符合正常解锁的条件，不能按照正常解锁方式解锁，需要采取其他解锁方式，这种特殊解锁方式称作调车中途返回解锁。而返回进路是能够正常解锁的。

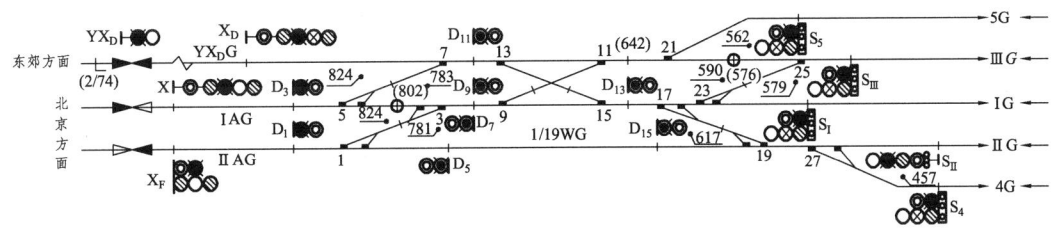

图 7-1-8 调车中途返回站场

牵出进路不能正常解锁时可能有两种情况：一是牵出进路全部区段都没有解锁；二是牵

出进路有一部分区段已经解锁，还留有一部分区段没有解锁。在上例中，由 IG 牵出作业时，办理的牵出进路是一条长调车进路，包括 S_1 至 D_7 和 D_7 向 D_3 的两条短调车进路。中途返回解锁的两种情况是按短调车进路进行分析的。由 IG 向 ⅡG 的转线调车作业中，S_1D 所防护的牵出进路有两个区段，17-23DG 和 9-15DG。只有 17-23DG 区段解锁，以 D_{13} 为折返信号的返回进路才能建立。而 9-15DG 区段就不同了，虽然车列牵出时顺序占用过 17-23DG、9-15DG 和 3DG，但并没有出清 9-15DG 区段，当调车车列折返时，先出清 3DG 区段，后出清 9-15DG 区段，这不符合正常解锁的条件，所以，9-15DG 区段不能正常解锁。这是牵出进路不能正常解锁的第二种情况，即牵出进路一部分区段解锁，一部分区段没有解锁。D_7 所防护的牵出进路也有两个区段，3DG 和 5DG 区段。对 3DG 区段来说，因为车列没有占有过 5DG 区段，缺少第三点检查，当车退出后不能正常解锁。就 5DG 区段而言，车根本就没有占用过，第二点和第三点检查都没有，更不能正常解锁。这就是牵出进路不能正常解锁的第一种情况，即牵出进路全部区段都没有解锁。

（一）整条牵出进路未解锁时的试验内容

（1）车列根据折返信号全部退出牵出进路时，整条牵出进路应能自动解锁。

（2）原牵出进路存车，车列退出接近区段时，原牵出进路不应解锁。试验时可人工模拟调车占用接近区段和牵出进路后，去掉接近区段的占用条件，核对进路解锁情况。

（3）原牵出进路无折返信号时，车列退出牵出进路，接近区段仍占用，牵出进路不应解锁。试验时可人工模拟调车占用接近区段和牵出进路后，去掉牵出进路占用条件，核对进路解锁情况。

（4）出站兼调车信号机防护的进路不得按中途返回方式解锁，即车列占用牵出进路并未出清接近区段（股道）时，牵出进路出现分路不良，即牵出进路上第一个区段红光带出现后又消失，随后车列全部进入牵出进路（牵出进路无红光带），此时整条牵出进路不应解锁。试验时，可人工模拟调车占用接近区段和牵出进路内方的第一区段且其余区段未占用时，先去掉牵出进路第一区段占用条件，后去掉接近区段占用条件，牵出进路不应解锁。

（二）部分牵出进路未解锁时的试验内容

（1）当车列驶入调车进路后，全部出清作为折返点的信号机内方各区段，此时原牵出进路以折返信号机为界分为两段，折返信号机防护内方的牵出进路已解锁，折返信号机防护外方的原牵出进路未解锁，开放折返信号后模拟车列依次占用折返信号机内方区段并逐个退出原牵出进路未解锁的各区段的条件，检查车列确已根据开放的折返信号机驶入该信号机内方，且出清全部未解锁的区段后，该部分区段应自动解锁。

（2）牵出进路部分未解锁的区段存车，车列退出该区段时不应解锁。试验时，可人工模拟调车占用折返信号机外方的区段，并办理折返进路，模拟车列进入折返进路，同时保留原牵出进路区段的占用条件，再按折返进路运行方向顺序去掉各轨道区段的占用条件，核对进路解锁情况。

（3）折返进路未占用，即使原牵出进路区段失去分路，该区段应不能解锁。试验时，可人工模拟调车占用至牵出进路的区段后，未办理折返进路或办理折返进路但未占用时，模拟原牵出进路逐个退出各区段的占用条件，核对进路解锁情况。

原牵出进路出现"走过"现象时，折返后原未解锁进路仍不允许解锁。"走过"是指原牵出进路以折返信号机为界，若车列在原牵出进路走行时已出清了折返信号防护外方的某一个（或多个）道岔区段使得该区段已经解锁，则再排列折返信号时，原牵出进路未解锁区段与折返信号机之间存在着已经解锁的轨道区段，在车列折返过程中将经过这些解锁的区段，这在调车作业中是十分危险的，因此调车作业时应严格禁止"走过"现象。当出现"走过"现象时，即使车列按折返顺序出清原牵出进路，原牵出进路上未解锁的区段也不能按中途折返方式解锁。

原牵出进路的中途折返信号机外方有多个轨道区段的站场进行折返试验时，均需试验外方每个轨道区段为折返起始点的解锁情况。

任务二　特殊联锁试验

一、引导信号联锁试验

视频学习 7-2

开放引导信号有引导进路锁闭和引导总锁闭两种方式。

（1）引导进路锁闭方式主要适用于进路内轨道区段故障（故障区段上的道岔无需转换时）或部分信号开放条件不满足的情况（如需要显示的灯泡断丝、延续进路不能建立等）。按引导进路锁闭方式开放信号时，先将进路上所有道岔操纵到规定位置，再按压引导信号按钮，开放引导信号（计算机联锁车站操作方式以联锁厂家提供的使用说明书为准），控制台或显示器上的信号复示器显示一个红色灯光和一个白色灯光。接车进路上道岔（包括中岔）无表示或位置不符，进路锁闭式引导信号应不能开放。

（2）引导总锁闭方式主要用于进路中道岔无表示或其他条件不满足时开放引导信号。试验时，按下引导总锁闭按钮，使本咽喉所有道岔处于锁闭状态后，再按压引导信号按钮，应可开放引导信号。

当进路中某轨道区段故障而进路引导方式开放引导信号后，如轨道电路故障恢复，应立即使该区段由区段锁闭转为进路锁闭状态，试验时单操该区段的道岔应不能转换。

进站（接车进路）信号机红灯灭灯时，引导信号应不能开放。进路式锁闭或引导总锁闭方式开放引导信号，列车压入进站（接车进路）内方第一轨道区段时，引导信号应自动关闭。进站（接车进路）内方第一轨道区段故障，开放引导信号时，应长时间按压引导信号按钮至列车占用该轨道区段时止。计算机联锁车站进站内方第一个区段故障时，鼠标点击生效后显示 15 s 的倒计时，在此时间内重复点击可保证引导信号不被关闭。

办理引导解锁需同时按压进路始端按钮和总人工解锁按钮。取消引导总锁闭可人工拉出引导总锁闭按钮来解锁全咽喉的道岔（计算机联锁车站操作方式以联锁厂家提供的使用说明书为准）。

当进站（接车进路）信号正常开放后，进路内方出现红光带时，均可直接按压引导按钮开放引导信号，使进路锁闭转为引导进路锁闭。继电式电气集中采用按压总人解和进路始端按钮的方式一次解锁，有些计算机联锁把上述进路作为两条进路储存起来，解锁时需办理两次解锁操作，操作方式以联锁厂家提供的使用说明书为准。

二、6‰下坡道联锁试验

进站信号机外方制动距离内有大于 6‰的下坡道时，所有能办理接车的股道必须设有延续进路。

1. 正常排列延续进路

延续进路的始端为同方向出站信号机，终端为安全线上的车挡、牵出线或专用线入口处的调车信号机、进出站口的进站信号机或站界标等。办理方式为顺序按压接车进路始、终端按钮和延续进路终端按钮。

2. 延续进路未建立进站信号不能开放

延续进路建立是指道岔位置正确、进路空闲、没有建立敌对进路、道岔和延续进路已经锁好等，即延续进路上这些条件完全具备后，方可开放进站信号（引导信号除外）。试验时，应对上述条件逐项做缺失试验，检查进站信号应不常开放。

3. 信号开放后延续进路上道岔锁闭

有延续进路的进站信号开放后（不含引导信号），延续进路上的道岔应处于锁闭状态。试验时可单独操作有关道岔进行检查。

4. 道岔位置不对延续进路不能排列

延续进路上的有关道岔位置不符合规定要求或无表示时，延续进路不能建立。试验时可人为将道岔置于不符要求的位置并单锁或断开道岔表示，检查延续进路能否锁闭。

5. 延续进路区段占用进路不能排列

延续进路上的有关区段被占用时，延续进路不能建立。可人为分路延续进路上的有关区段，检查延续进路能否锁闭。延续进路锁闭后，可不一直检查延续进路上的轨道区段空闲。

6. 延续进路敌对信号

与延续进路重叠的对向接车和调车信号、顺向重叠的调车信号等均属延续进路的敌对信号。试验时，在开放敌对信号后，检查延续进路应不能建立；在办理延续进路并锁闭后，检查敌对信号应不能开放。

7. 接车进路未锁闭延续进路不能锁闭

此要求主要是为了减少对延续进路一端作业效率的影响。试验排列接车进路后进路未锁闭时，检查延续进路应不锁闭。

8. 正常接车延续进路 3 min 解锁

在正常接车情况下，须在列车占用股道 3 min 后，才准许延续进路自动解锁；当列车占用延续进路后，延续进路不得解锁。

9. 取消解锁及人工解锁

解锁顺序应为接车进路先解锁，延续进路才能解锁；在接车进路未解锁时，延续进路应不得解锁（包括故障解锁）。试验方法：模拟列车占用接近区段，办理接车进路人工解锁，在 3 min 延时解锁时间内办理延续进路取消、人工解锁及故障解锁手续，检查延续进路应不能解锁。

10. 延续进路不限时解锁

在列车头部进入股道 3 min 且接车进路最末道岔区段解锁后，因故障导致延续进路不能正常解锁时，可采用按压坡道解锁按钮的方法使延续进路立即解锁。

11. 办理延续进路的出发信号

延续进路转为发车进路后，出站信号应能开放。可能有两种情况：一是接车进路未解锁；二是接车进路已解锁，但延续进路还未解锁。在此两种情况下，先办理闭塞条件，之后只要单独按压延续进路的始端列车按钮，延续进路将转为正常发车进路，出站信号应能开放。

三、到发线出岔联锁试验

到发线出岔电路又称中岔电路，在股道中间的道岔称为中岔，中岔的技术条件既要满足调车作业的方便，又要保证接、发列车的安全。

1. 正常开放信号

包括中岔所在股道办理所有接、发车进路时，在具备开放条件时信号应能正常开放。

2. 带动中岔

办理中岔所在的股道接、发列车进路时，有关中岔应能被自动带到规定位置。试验时，先将有关中岔先置于不符要求的位置，再办理接、发列车进路，检查有关中岔应被带到规定位置。

3. 锁闭中岔

办理中岔所有的股道接、发列车进路时（包括进路式引导信号），有关中岔应被锁闭在规定位置，方可开放信号。信号开放后，单操有关中岔，应不能动作。

4. 中岔位置不正确不能开放信号

如中岔因故不能被带到规定位置或无表示时，有关接、发列车（包括进路式引导）信号应不能开放。试验时，可将中岔单锁在不符要求的位置或人工切断中岔表示，检查有关信号应不能开放。

5. 中岔部分的敌对信号

当防护中岔的调车信号机开放时，通向该到发线的接车进路不得建立，但发车进路可以建立。

6. 取消和人工解锁

（1）接车进路：办理接车进路取消解锁和人工解锁时，中岔区段应在咽喉区接车进路解锁后自动解锁；咽喉区最后一个道岔区段未解锁时，中岔不允许解锁。试验时，接车进路办理人工解锁，在进站信号关闭但接车进路未解锁的延时时间内，单操中岔应不能动作。

（2）发车进路：取消发车进路时，中岔与发车进路同时解锁。办理发车进路人工解锁在出站信号关闭但发车进路未解锁的延时时间内，单操中岔应不能动作。

7. 股道不留车发车正常解锁

分别试验岔前、中岔及岔后区段被列车占用并办理发车进路，在列车占用咽喉区第一个道岔区段并全部出清股道后，才准许中岔解锁；模拟发车，人工确认。

8. 股道留车发车正常解锁

发车时，如股道留有车辆，需在咽喉区第一个道岔区段解锁后，才准许中岔解锁（如中岔区段留车，则转为对中岔进行区段锁闭）。试验时模拟发车，分别在岔前、中岔及岔后区段留车及第一个区段解锁前、后，检查中岔是否解锁。

9. 接车未占用中岔解锁

接车时，如列车未占用中岔区段，在咽喉区最后一个道岔区段正常解锁后，经延时 3 min 后中岔自动解锁。

10. 接车压留中岔解锁

接车时，如列车停留在中岔区段，咽喉区道岔区段正常解锁后，中岔区段不应解锁。试验时，采用人工模拟列车运行并停留在中岔区段，单操道岔应不能动作。

11. 接车出清中岔解锁

列车占用并按顺序出清中岔区段后，该区段应能按三点检查方法正常解锁；列车停留中岔区段，在间隔一段时间后再出清，停留车列如沿原接车方向发车或调车，出清中岔区段后应自动解锁；如停留车列向原接车相反方向发车或调车，在出清中岔区段后，应办理故障解锁手续使中岔区段解锁；试验时，模拟列车运行来确认解锁时机。计算机联锁车站的中岔，经 3 min 延时并出清区段后自动解锁。

12. 停电恢复故障解锁

当发生停电恢复时，6502 电气集中车站在先解锁中岔股道两端的咽喉区道岔区段后，方可采用故障解锁方式解锁中岔。在停电恢复试验时，在咽喉区道岔未解锁时以区段故障解锁方式（按压中岔所在咽喉的总人工解锁按钮和中岔区段故障按钮），确认中岔应不能解锁；在咽喉区道岔解锁后，以区段故障解锁方式解锁中岔，使 SJ 和 FSJ 吸起，这时除该区段白光带应消失外，试验操纵中岔应能转换，以确认 SJ 和 FSJ 确已吸起。计算机联锁车站的解锁方式以厂家提供的使用说明书为准。

四、非进路调车联锁试验

非进路调车作业是为了满足推送线向调车区固定进路反复取送车辆而设计的调车作业方式。

1. 信号开放

推送线上在条件满足后办理非进路调车,不论是正向还是反向信号机均应自动处于开放状态。

2. 带动道岔

按压非进路调车按钮后,与推送线有关的道岔均应被自动带到规定位置。试验时,预先将道岔置于相反位置,按压非进路调车按钮,检查确认道岔均已被自动带到规定位置。

3. 锁闭道岔

非进路调车信号开放后,与该推送线有关的道岔应全部被锁闭。试验时,可在开放非进路调车信号后,单独操纵与该推送线有关的道岔,应不能转换。

4. 道岔位置不正确不能开放信号

办理非进路调车时,如该推送线上的道岔无表示或表示位置不符合规定要求,所以有关信号不能开放。试验时,可将与该推送线有关的道岔逐组单锁在与进路要求不符的位置,办理非进路调车,信号应均不能开放。

5. 道岔区段占用不能开放信号

与推送线有关的任何一个区段如被占用,办理非进路调车时信号应均不能开放。试验时,人工分路与推送线有关的每个道岔区段,所有信号应均不能开放。

6. 敌对信号

与非进路调车相敌对的信号。试验时,先开放敌对信号后,有关非进路调车应不能办理,或先办理非进路调车后,有关敌对进路应不能办理。

7. 正常调车不关闭信号

办理非进路调车后推送线上的调车信号不随正常调车而关闭。试验时,在办理了非进路调车后的推送线上人工模拟调车,检查有关调车信号应不关闭。

8. 取消进路经 30 s 延时解锁

办理了取消非进路调车手续后,推送线上所有调车信号应及时关闭,但关道岔处于进路锁闭状态,需经延时 30 s 后自动解锁。试验时,在办理取消进路的延时解锁时间内(非进路表示灯闪光),操纵道岔不应转换。

9. 区段占用不能解锁

办理取消非进路调车手续后,需推送线上所有道岔区段均处于空闲状态(无岔区段或前后有调车信号机防护的道岔区段除外),非进路调车进路经延时 30 s 后能解锁(有车占用道岔区段此时转为区段锁闭）。试验时，逐个区段进行人工分路，办理取消非进路调车，检查非进路调车进路是否能解锁。

10. 区段故障人工解锁

办理非进路调车后，当发生该推送线上有关区段故障时，拉出非进路调车按钮，然后按压非进路调车故障复原按钮后，应能使非进路调车设备复原。

五、结合部联锁试验

（一）与区间联系电路试验

1. 自动闭塞离去区段占用

自动闭塞区段的出站信号能否开放或开放时显示什么灯光，应检查离去区段的条件。一离去占用时，有关出站信号应不能开放；出站信号开放后，一旦一离去出现红光带，出站信号应立即关闭（一离去区段设有通过信号机的特殊情况除外）。三显示自动闭塞一离去区段空闲时出站信号显示黄灯，一、二离去区段空闲时出站信号显示绿灯；四显示自动闭塞区段一离去区段空闲时出站信号显示黄灯，一、二离去区段空闲时显示绿黄灯，一、二、三离去区段空闲时显示绿灯。有特殊运营要求或两站场间距离较近时，离去条件由邻站的站联条件提供。

（1）当两站间仅有一个闭塞分区未设通过信号机时，该闭塞分区作为一离去条件，邻站的进站信号开放正线接车信号作为二离去空闲条件，邻站的下一列车（进路或出站）信号机开放正线信号作为三离去空闲条件。

（2）当两站间设有两个闭塞分区即区间含有一架通过信号机时，该通过信号机外方闭塞分区作为一离去条件，通过信号机防护内方闭塞分区作为二离去条件，邻站进站信号开放正线接车信号作为三离去空闲条件。试验时按相关设计文件进行。

2. 半自动闭塞

试验内容包括半自动闭塞设备电路和与车站联锁结合电路的所有技术条件。以 64D 单线半自动闭塞为例，其试验要求如下：

（1）接、发车站正常办理及各种表示灯显示，按设计技术要求进行试验。

发车站按压闭塞按钮请求闭塞时发车表示灯亮黄灯，接车站接车表示灯亮黄灯；接车站按压闭塞按钮同意接车后，接车站接车表示灯亮绿灯，发车站发车表示灯亮绿灯；列车出站压入进路内方最末轨道区段（该区段为半自动闭塞轨道区段）时，发车站发车表示灯亮红灯，接车站接车表示灯亮红灯；列车到达接车站接车进路内方第一区段（该区段为半自动闭塞轨道区段）时，接车站接、发车表示灯均亮红灯；接车进路解锁后，接车站按压复原按钮，接车站接车表示红灯熄灭，发车站发车表示红灯熄灭，闭塞机复原。某些计算机联锁以方向箭头代替接、发车表示灯，箭头向站内时表示接车，箭头向站外时表示发车，箭头的颜色含义与表示灯的颜色含义是一致的。在试验过程中，应同时注意电铃或语音提示。

（2）未办妥半自动闭塞，办理发车进路时，信号不应开放。

（3）发车站半自动闭塞区段轨道电路故障，闭塞不能办理。

（4）出站信号开放后，发车站轨道电路故障，出站信号应立即关闭，接车站接车表示灯和发车站发车表示灯亮红灯；故障恢复时，闭塞应不能自动复原，需由发车站经人工办理事故复原。

（5）发车站列车出发后，接车站半自动闭塞轨道电路故障，闭塞应不能自动复原，需由接车站办理事故复原。

（6）引导接车时，需由接车站采用事故复原方法办理复原。

（7）发车站办理取消时应先取消发车进路再办理取消闭塞手续。

（8）办理闭塞并在列车出发后，接车站在列车未到达时应不能办理闭塞复原。

（9）办理闭塞后，如未办理发车进路，发车站可利用发车轨道区段进行调车。

（二）局部控制联锁试验

把集中控制的联锁道岔改为调车员现场操纵称为局部控制道岔。

未经信号楼值班员同意（操作方式为按下局部控制按钮 JA）时，现场调车员应不能局部控制道岔；一旦值班员将道岔控制权交给现场调车员，未经调车员同意（操作方式为拉出接受局部控制按钮 JSA），值班员应不能收回道岔控制权；试验时可分别在此两种情况下，由现场或信号楼内操纵道岔，应不得转换；调车信号的开放与否应由有关道岔的开通位置决定；其他联锁关系按正常联锁电路试验。

（三）机务段同意联锁试验

机车由集中联锁区进入机务段时，必须得到机务段的同意才能开放有关调车信号。一旦机务段按压同意按钮（JTA）后，除机车进入自动取消同意外，机务段无权人工取消同意，此时信号楼控制台的机务段同意表示灯应点亮白灯。

试验方法为：机务段未按压同意按钮，检查进入机务段的有关调车信号应不能开放；开通机务段的调车信号开放且机车未进入时，检查机务段应不能取消同意；每次办理"机务段同意"仅一次有效。

任务三 ATS 子系统调试

一、ATS 子系统的基本功能

本节只介绍 ATS 系统在现场调试中主要功能检验。对于软件的测试、软件的模拟运行等不在本节介绍，与系统的接口及系统间设备的接口也不再介绍。

ATS 子系统包括控制中心（OCC）ATS 系统和后备站级 ATS 系统。ATS 子系统的主要功能包括以下几个方面：

（1）人机接口功能。

（2）时刻表系统。

（3）列车监视和追踪。
（4）列车进路自排。
（5）列车自动调整。
（6）报警、报告、记录存档。
（7）本地车控室运营值班员工作站的监控。

二、调试应具备条件

（1）列车自动监控（ATS）系统设备安装完毕并符合设计规定；根据设计图纸已完成对室内及与轨旁终端配线的检测。

（2）电源设备、中心机柜与轨旁间通信正常，轨旁计算机联锁、ATP 设备、轨道数据库及轨旁通信控制计算机可正常工作；安装试验完毕并满足试验需求；DCS 子系统调试完成。

（3）列车自动监控系统（ATS）中心服务器（含主、副机）与中心 1 000 Mb 工业交换机及光、电网络间通信正常。

（4）ATS 子系统的中心和站级 ATS 软件已经经过实验室检测并发布。

注意：以上试验条件在不同的试验阶段实际要求是不同的。

三、调试内容及程序

（一）时刻表的编制与测试

1. 测试过程具备的前提

（1）时刻表服务器已经安装测试完毕。
（2）与通信服务器间通信已经试验完成。
（3）时刻表编辑软件、时刻表编辑数据（基本数据、线路数据、可变的情景数据、调度员的运行策略）已经具备。
（4）具有一名信号 ATS 系统工程师，一名有经验的运营调度员。

2. 编制与试验过程

（1）打开时刻表服务器电源，输入正确的操作员指令，对时刻表服务器预装时刻表编辑软件、时刻表编辑数据（基本数据、线路数据），并运行。

（2）打开时刻表编辑界面，依据运行要求，按照系统提示依次输入情景数据，如交路运行间隔、全线停站时间、车组、停车场等。

（3）输入调度员策略，如列车终点折返策略（站前或站后）、出入停车场策略等。

（4）对形成的时刻表进行模拟运行测试，检查输入错误并修改。

（5）将运行测试好的时刻表存入时刻表库。通常需要编辑多种运行间隔的时刻表，和节假日、星期天等特殊时刻表以备调度员调用。

（6）调度员向通信服务器发送当日运用时刻表。

（7）打开通信服务器电源（通常是开启的），输入操作口令后下载当日时刻表，激活并运行。

(8)观察大屏与 HMI 显示的轨道详细图内容是否完全一致,随列车的前进车次号是否步进一致。

(9)在运行中,调度员根据运行情况调整时刻表,可以修正情景数据、调度员策略数据,如停站时间、加减车、扣车等。以上所有试验结论由信号系统(ATS)工程师记录并签字存档。

3. 试验结论

如果以上操作均正常实现,说明时刻表的编辑和使用是正常的,试验通过。一般在调试过程中会发生各种问题,如时刻表生成、下载、修改的问题,其故障原因可能是软件问题,也有可能是操作不规范、输入错误造成的。

(二)ATS 系统的 HMI 界面及冗余试验

1. 试验前提条件

(1)中心和站级的 ATS 系统软件已经安装。
(2)联锁系统、ATP 系统、DCS 系统、车载设备已经完成相关调试。
(3)一列有装备的试验列车停在站台,车上有两名司机,一名信号系统工程师;中心有两名信号(ATS)系统工程师;联锁区域站有一名信号(ATS)系统工程师。
(4)调度无线系统能正常使用。
(5)调试员和车站值班员已经掌握操作方法。

2. 试验过程

(1)中心调度和车站值班员都从登录窗口登录服务器。

(2)车站值班员通过菜单向中心要求获得控制权,中心调度同意后车站值班员获得控制权。中心调度通过菜单向车站要求获得控制权,车站值班员同意后中心调度获得控制权。

车站值班员通过菜单向中心要求获得控制权,若中心调度不同意,车站值班员可通过强制命令获得控制权。中心调度通过菜单向车站要求获得控制权,若车站值班员不同意,中心调度不能获得控制权。

(3)中心调度获得控制权后,通过菜单动作现场道岔,现场道岔随操作分别左右转动,通过无线应答确认和中心屏幕显示一致。

车站值班员获得控制权后,通过菜单动作现场道岔,现场道岔随操作分别左右转动,通过无线应答确认和中心屏幕显示一致。

(4)当中心调度获得控制权后,排列 1 站(已经停车的车站)至 3 站间的进路,列车出发,这时关闭通信服务器主机,排列 3 站至 4 站间的进路,进路正常排出,屏幕显示列车运行正常;恢复主通信服务器主机后,关闭备通信服务器(这时正在工作),排列 3 站至 4 站间的进路,进路正常排出,屏幕显示列车运行正常;之后拔出中心 ATS 机柜工业交换机一路光纤,排 4 站至 5 站间的进路,进路正常排出,屏幕显示列车运行正常;插上中心 ATS 机柜工业交换机一路光纤之后,拔出中心 ATS 机柜工业交换机二路光纤,排 5 站至 6 站间的进路,进路正常排出,屏幕显示列车运行正常;同时拔出中心 ATS 机柜工业交换机一、二路光纤,中心屏幕黑屏且主线路通信报警,车站级显示器正常,车站值班员排列 6 站至 7 站间的进路,进路正常排出。同样在联锁集中站分别拔出本地 ATS 交换机的任一条通信光纤，试验是否影响本地 ATS 系统正常通信。

（5）车载设置运行最高为联锁级（IL）。

依照试验计划由中心值班员排列从 1 站（已经停车的车站）至 3 站间的进路，列车前方进路始终端的信号机逐步向前开放。这时，在中心 OCC 的屏幕详细线路图上和车站显示器详细线路图上逐步排列的进路被显示出来。

列车由司机启动向前，越过信号机，信号机关闭，从屏幕详细线路图上（中心和车站）看到列车沿着线路向前长大区段地占用和出清，并越过信号机时，信号机显示关闭。运行到 4 站停下。通过无线应答确认详细线路图显示与现场一致。

（6）车载设置运行最高为点式级（ITC）AM 模式。

依照试验计划由中心值班员排列从 3 站（已经停车的车站）至 6 站间的进路，列车前方进路始终的信号机逐步向前开放。这时，在中心 OCC 的屏幕详细线路图上和车站显示器详细线路图上逐步排列的进路被显示出来。

列车由司机启动向前，越过信号机，信号机关闭，列车获得移动授权，司机确认授权，屏幕详细线路图上列车显示颜色变化（显示色谱由设计阶段定义），从屏幕详细线路图上（中心和车站）看到列车沿着线路向前长大区段地占用和出清，并越过信号机时，信号机显示关闭。运行到 4 站停下。通过无线应答确认详细线路图上显示与现场一致。

（7）车载设置运行最高为连续级（CTC）AM 模式。

依照试验计划由中心值班员排列从 6 站（已经停车的车站）至 10 站间的进路，列车前方进路始终端的信号机逐步向前开放。这时，在中心 OCC 的屏幕详细线路图上和车站显示器详细线路图上逐步排列的进路被显示出来。

列车获得移动授权，由司机确认授权，屏幕详细线路图上列车显示颜色变化（显示色谱由设计阶段定义），列车启动向前，越过信号机，信号机关闭，从屏幕详细线路图上（中心和车站）看到列车沿着线路向前小区段地占用和出清，并越过信号机时，信号机显示关闭。运行到 10 站停下。通过无线应答确认详细线路图上显示与现场一致。

（5）、（6）、（7）三种试验由车站值班员获控制权后，由车站值班员排列进路把同样过程试验一遍（可能由多个值班员完成一次试验的进路排列），此处不再重复。

以上所有试验结论由中心信号系统（ATS）工程师记录并签字存档。

3. 试验结论

试验验证了 ATS 系统热备冗余结构的可靠通信以及中心级 ATS 向后备站级 ATS 的无忧切换；中心和车站 ATS 系统的操控功能和 ATS 系统详细线路图上的显示，以及列车在不同模式下运行显示器详细线路图的不同情况。这仅是显示器显示的一部分示例介绍。

（三）ATS 系统的监督与追踪、自动排列进路、自动列车调整及调度列车调整

1. 试验前提条件

两辆装备列车前后分别停在同一线路上，如前面第一辆列车 A 停在 2 站站台，后面第二辆列车 B 停在其后区间的一定距离。两辆列车的车载设备已经开启，列车均设定运行于 CTC

等级下的 AM 模式，且车门控制预选"自动（开启/关闭）"。两辆列车均有驾驶司机、车上信号系统工程师、监理或业主代表；控制中心 OCC 有调度和 ATS 系统工程师（或车站值班员和 ATS 系统工程师），具备调试用无线电台。

2. 试验过程

（1）中心调度和车站值班员登录并打开工作界面。

（2）列车均设定运行于 CTC 等级下的 AM 模式。

（3）中心调度下载一个用于试验的时刻表。打开从 2 站出发至 5 站的信号机自动排列进路。这时，中心和车站显示屏的详细线路图上显示 2 站列车前方自动排列了进路，且信号机开放。

（4）调度员打开车组号管理对话框对车次号修改，给列车 A 车次修改号为【231011】，接着给列车 B 车次号修改为【231012】，完成修改后，被修改的车次号即时被显示在中心和车站显示屏的详细线路图上；列车【231011】启动越过 2 站出站信号后获得移动授权，中心和车站显示屏上列车【231011】的显示色谱发生了变化，司机启动【231011】车 ATO 按钮，列车加速前行；这时列车【231012】由司机启动前行并获得移动授权，中心和车站显示屏上列车【231012】的显示色谱发生了变化，司机启动【231012】车 ATO 按钮，列车也加速运行；在中心和车站显示屏的详细线路图上显示列车追踪运行且它们车次号随列车占用光带前行而步进。

（5）列车【231012】到达 2 站台自动停车，发车指示器（DTI）开始倒计时（时刻表拟定的值），列车车门和安全门打开，中心呼叫【231012】司机确认列车门和安全门打开，同时确认安全门开关和发车指示器（DTI）显示并与显示屏幕比较；列车车门和安全门关闭，DTI 倒计时结束，列车重新获得移动授权，这时前方信号是灭灯状态（状态在设计联络时确定），中心呼叫【231012】司机确认与显示屏一致，司机启动【231012】车 ATO 按钮，列车启动前行。

（6）列车【231011】到达 3 站台自动停车，发车指示器（DTI）开始倒计时（时刻表拟定的值），列车车门和安全门打开，中心呼叫【231011】司机确认列车门和安全门打开，同时确认安全门开关和发车指示器（DTI）显示并与显示屏幕比较；列车车门和安全门关闭，DTI 倒计时结束，列车重新获得移动授权，这时前方信号是点亮状态，中心呼叫【231011】司机确认与显示屏一致，司机启动【231011】车 ATO 按钮，列车启动运行。最终列车【231011】停在 5 号站台，车指示器（DTI）倒计时结束，信号机不能开放，列车不能得到移动授权。列车【231012】停在列车【231011】后区间的一定距离。

（7）中心调度打开自 5 站出发至 10 站的信号机自动排列进路。列车【231011】获得移动授权，由司机启动 ATO 按钮继续向前运行，调度员在 6 站增加列车停站时间 30 s，列车到达 6 站停车，发车指示器（DTI）开始倒计时，这时 DTI 的停车时间显示应增加了 30 s 开始倒计时，列车车门和安全门打开，中心呼叫【231011】司机确认列车门和安全门打开，同时确认安全门开关和发车指示器（DTI）显示并与显示屏幕比较。

（8）【231011】列车门和安全门关闭，DTI 倒计时结束，列车重新获得移动授权，这时前方信号是点亮状态，中心呼叫司机确认与显示屏一致，司机启动【231011】车 ATO 按钮，列车启动运行。这时调试员已经将 7 站停车时间修改为比原时刻表设定减少 20 s，列车到达 7

站停车，发车指示器（DTI）开始倒计时，这时 DTI 的停车时间显示减少 20 s，列车车门和安全门打开，中心呼叫【231011】司机确认列车门和安全门打开，同时确认安全门开关和发车指示器（DTI）显示并与显示屏幕比较。

（9）【231011】列车门和安全门关闭，DTI 倒计时结束，列车重新获得移动授权，这时前方信号是点亮状态，中心呼叫司机确认与显示屏一致，司机启动【231011】车 ATO 按钮，列车启动运行。这时调度员通过窗口已经将 8 站的停站时间修改为通过不停即跳停，列车到达 8 站后不停直接通过向 9 站运行。中心呼叫【231011】司机确认安全门开关和发车指示器（DTI）显示并与显示屏幕比较。

（10）这时调度员通过窗口已经将 9 站的停站时间修改为扣车，列车到达 9 站后停车，发车指示器（DTI）显示"H"，列车门、安全门打开并不关闭，中心呼叫【231011】司机确认车门状态、指示器（DTI）显示并与中心显示屏幕对比。

（11）列车【231012】运行过程和列车【231011】类似但它的各站停站时间正常，信号机全部是灭灯。最后停在列车【231011】后区间的一定距离。

（12）中心调度取消列车【231011】的"扣车"，并开放 10 到 13 站的信号自动排列进路。列车【231011】车门和 9 站安全门关闭，列车【231011】获得移动授权，调度通过电台通知列车司机晚发 120 s，待发车计时器正计时到 120 s 时，车次号外框变红，司机确认 ATO 按钮，列车加速运行。列车【231011】至 10 站时比时刻表晚点，到达 10 站后停车，发车指示器（DTI）倒计时时间会以较短的时间开始（时刻表设定的最小值），车门关闭，倒计时结束，列车【231011】再次获得移动授权，司机按压 ATO 按钮列车出发，运行至 11 站停车，发车指示器（DTI）倒计时时间会以较短的时间开始（时刻表设定的最小值），车门关闭，倒计时结束，获得移动授权后继续运行，至 12 站停车后，发车指示器（DTI）倒计时时间会以较短的时间开始(时刻表设定的最小值)，车门关闭，倒计时结束列车【231011】再次获得移动授权，司机按压 ATO 按钮列车出发向 13 站运行，列车【231011】按照时刻表运行至 13 停车，车次号外框变为正常，发车指示器（DTI）倒计时时间会以时刻表的时间开始，司机严格按照发车指示器 DTI 的时间运行至最终站折返，折返后列车的车次号自动改变为新号。

（13）调度修改列车【231012】11 站停车为 3 分钟，列车【231012】进入 11 站停车，发车指示器（DTI）开始倒计时 180 s，车门和安全门打开，中心呼叫【231012】司机确认车门状态、发车指示器（DTI）显示并与中心显示屏幕比较。这时中心调度人工排列 11 站至折返线进路，进路排出，车门和安全门关闭，发车指示器（DTI）倒计时 180 s 结束，信号开放，列车【231012】获得移动授权，司机确认 ATO 按钮，列车出发，运行至折返线停车。

（14）由现场工程师在设备房做如下操作：

① 拉开未有列车占用的车站的一路电源，中心显示器会有显示电源报警的闪烁和声响，并确认所在站显示终端与中心显示一致，然后恢复设备。

② 拔开未有列车占用的车站的一架信号机的保险，中心对应信号机显示闪烁和声音报警，并确认所在站显示终端与中心显示一致，然后恢复设备。

③ 拔开（或切断）道岔表示电源，对应道岔在中心闪烁，并有声音报警，并确认所在站显示终端与中心显示一致，然后恢复设备。

（15）中心调度调出实际运行图（实际运行记录图），会发现列车【231011】从 10 站至

13 站间的运行时间比计划运行图时间（时刻表横轴）缩短了；各停站时间是时刻表允许的最短停站时间（时刻表横轴比计划短了）。

（16）中心调度下载运行图后，关闭中心 ATS 系统；同样的方法测试站级 ATS 系统（除了跳停设置 10 项试验）。

（17）所有测试由中心信号系统（ATS）工程师进行记录并签字存档。

3．试验结论

经过上述试验过程全线测试，如果测试符合上述现象说明车次号可以人工改变、也可以折返后自动改变，ATS 系统的监督与追踪、自动排列进路、自动列车调整及调度列车调整的基本功能已经实现，同时也测试了 HMI 的显示和 ATS 的相关操控和显示功能。

（四）对 ATS 系统报警、报告、记录存档检查

试验完毕，打开 ATS 的记录窗口察看已经发生的报警、操作记录、运行报告是不是已经记录，并检查记录是否完整，生成需要的报告。对于所记录内容的不同文档进行审查文档的完整性，核对报警、操作记录、运行内容是否符合运营需求。打印结论性文档，如一天的实际运行记录，检验打印操作的可行性。通常软件不会发生漏记错记等类似错误（除非软件没有编写该功能）。

同时对测试发生的问题应拷贝下来，作为进行分析问题原因的依据，同时还可以从维护终端打开回放功能回放当时情境。

任务四　DCS 子系统调试

数据通信子系统（DCS）是一个宽带通信系统，为 CBTC 系统内各子系统的数据通信提供快速、可靠、安全的数据交换通道。DCS 系统主要由轨旁骨干网络、轨旁有线接入网络、车载数据通信网络和车地双向通信网络组成。

一、调试应具备条件

（1）轨旁无线骨干网测试、轨旁无线天线（漏缆）的调试工作完成。

（2）轨旁联锁系统试验、轨旁 ATP 系统测试完成，ATS 系统至少站级可以运行。

（3）车载动态调试、车载无线测试完成。一辆装备列车停在出发信号机前，车载设备已经开启，列车设定运行于 CTC 等级下的 SM 或 AM 模式。

（4）驾驶司机、车上调试工程师、监理或业主代表、车站值班员和信号调试工程师（或控制中心 OCC 调度和调试工程师）均已到位，具备调试用通信电台。

（5）轨道电力已经具备，且有全线试验计划。

二、调试内容及程序

（一）列车无线设备双套冗余测试

司机启动列车，开启车载设备，接到移动授权，列车司机依照命令驾驶列车前行，这时由车载信号系统工程师去掉前端车头的两个接收天线机柜侧的连接电缆，列车依旧前行；恢复前端连接电缆，去掉后端车头的两个接收天线机柜侧的连接电缆，列车依旧前行；恢复电缆连接，通知设备室信号工程师断开任意无线骨干网光纤，列车依旧前行；上下行轨道均进行试验。

试验结论：经过如上试验说明无线设备双套冗余实现。

（二）列车无线漫游功能测试

司机依照调试要求，接到移动授权，启动列车前行直到线路尽头（或试验终点），上下行区域和停车场都应运行。

试验结论：列车运行后，由车载信号工程师在车载无线服务器上，运行无线"连接日记"检查连接状况，在运行的任何地点至少有一个无线接入点接入车载无线，证明列车的无线漫游功能实现。

（三）列车接收数据稳定性测试

司机依照调试要求，接到移动授权，启动列车前行，行进中由车载信号工程师运行车载服务器制造数据包丢失情况，直到列车产生降级，但不会产生紧急制动。

试验结论：列车运行后，由车载信号工程师在车载无线服务器中，运行无线"连接日记"检查连接状况，记录在降级前有一个不少于 5 s 的稳定接收数据，证明在数据接收过程中，即使发生短时数据包丢失，列车也可以正常接收并正常运行。如果真正发生无线丢失，列车产生降级运行，说明接收数据具有稳定性，同时证明无线系统与其他车载系统的通信及关联功能工作正常。

（四）无线遮蔽性测试

本项试验需要三辆列车。三辆列车依次在同侧线路上顺向运行。第一辆列车在 SM 模式下运行且减速，使得后两辆列车追踪至移动闭塞最小距离，这时第二列和第三列的无线工作正常。

试验检查和结论：列车在前后遮蔽情况下，不阻碍列车继续收发无线报文。

任务五　ATP 子系统调试

ATP 子系统设备调试主要是对其基本功能的测试。由于系统功能是相互制约和联系的，单一的系统软件在实验室已经进行了全面测试（如联锁、ATP、ATS 软件的测试）。通常在进行实际测试时，测试内容会融入综合系统功能测试之中，或者通过某项测试达到测试几项功能的目的，而不是单一地去测试某项功能，从而较大地提高了现场试验的效率。

ATP 的主要功能包括以下方面：与联锁接口及信息传递；与中心 ATS 和服务诊断系统的接口及信息传递；跟踪和保护列车运行控制；控制和保护旅客的上下车；传递 ATS 所发出的命令；与车辆接口及信息传递；列车的位置、速度和方向确认，行车级别和运行模式的管理；驾驶控制列车运行并保护列车运行；保证旅客在列车停稳后打开车门上下列车的安全；向车载 PIS 系统提供相关信息等。

一、调试应具备的条件

（1）车辆：车辆的接口已经调试完成，车辆系统调试完成且已经上电。

（2）车载系统：车载设备静态调试、动态测试已经完成。

（3）轨旁系统：ATP 系统调试前应对线路轨旁设备限界进行一次全面检测，设备限界符合要求时再进行系统检验；联锁子系统调试完成；相关单项设备试验完成（如紧急停车按钮等）；数据通信已经完成（包含轨旁数据通信，无线系统）；ATS 系统调试至少完成站级；对应的软件已经安装。

（4）组织管理：调试计划已经批准；系统调试工程师已经安排；配合调试的安装方、运营方、车辆方、监理方人员已经到位。

二、调试内容及程序

由于线路试验的内容广泛，同时所有线路位置具有的功能都必须测试，这里只重点介绍一些涵盖 ATP 功能检验的典型试验。

（一）正线点式等级（ITC）下的监督模式（SM）列车运行试验

1. 试验条件

一辆装备列车停在信号机前，车载设备已经开启，列车设定运行于 ITC 等级下的 SM 模式。驾驶司机、车上调试工程师、监理或业主代表、车站值班员和调试工程师（或控制中心 OCC 调度和调试工程师）均已到位，具备调试用通信电台。

2. 试验过程

选择正线上任意一条进路，由车站值班员或 OCC 调度按照调试计划排列进路，即从信号机 A 排列到同向信号机 D 之间，中间不停站。

进路排列后，从信号机 A 到同向信号机 D 之间的进路排出，信号机 A 信号开放。司机按压确认按钮，车载显示界面（HMI）上显示推荐速度和紧急制动触发速度。

驾驶员依照推荐速度驾驶列车前进，当前端驾驶室通过主信号机（有可变应答器的信号机）可变应答器时，HMI 上显示目标距离，且推荐速度和紧急制动速度相应升高。列车在推荐速度下行驶，就不会产生紧急制动，HMI 上显示的速度曲线与要求的速度曲线保持一致。在通过道岔或弯道等限制区域内，速度曲线受到限速而减速。当列车接近信号机 D 和运营停车点时，推荐速度持续降低至零。列车停止后，列车位于接近信号机 D 的位置,且在 HMI 上没有速度表示。

在运行过程中，若加速至警告速度应会报警，继续加速至紧急制动速度，列车会紧急制动，直至速度为零（可在不同进路里试验）。

列车停稳后，若人工强制加速启动列车，列车会紧急制动直到速度为零（可在不同停车点试验）。

所有线路和车辆运行状态从车站和中心的 ATS 显示终端可以实时查看。所有完成的测试内容由测试系统工程师整理记录并归档。

3. 试验结论

本试验验证的功能有：ATS 系统与轨旁 ATP 系统的通信；车载 ATP 系统与雷达的接口；列车的定位；列车完整性监督；ITC 级列车的移动授权在越过前方信号机应答器时获得列车速度的监控、超速防护；区域防护；列车停稳；车载 ATP 系统与 HMI 的接口；车载 ATP 系统与测速元件的接口；车载 ATP 系统对列车的运行安全保护，对列车 ITC 级和 SM 模式的管理；轨旁 ATP 与 ATS 系统的接口，且能将轨旁状态数据实时传输并显示在车站的 LCD（或中心的大屏）上被 ATS 采用，完成状态信息和诊断服务功能。

（二）正线连续控制等级（CTC）下的监督模式（SM）列车运行试验

1. 试验条件

一辆装备列车停在信号机前，车载设备已经开启，列车设定运行于 CTC 等级下的 SM 模式。驾驶司机、车上调试工程师、监理或业主代表、车站值班员和信号调试工程师（或控制中心 OCC 调度和调试工程师）均已到位，具备调试用通信电台。

2. 试验过程

选择正线上任意一条进路，由车站值班员或 OCC 调度按照调试计划排列进路，即从信号机 A 排列到同向信号机 D 之间，中间不停站。

由车站值班员或调度完成进路排列后，在 ATS 上显示列车前端的信号机开放行车信号，轨旁信号机本身为灭灯状态（这是系统设定的一个在 CTC 级下的功能）；列车 HMI 上显示得到移动授权，同时看到目标距离增加或目标速度增加；推荐速度在 HMI 上显示高于零，紧急制动触发速度高于推荐速度。

驾驶员启动列车，在推荐速度下驾驶时列车不会发生紧急制动，HMI 上的速度曲线显示与要求的速度曲线保持一致。在道岔或弯道等限制区域内，速度曲线受到限速而减速。当列车接近信号机 D 和运营停车点时，推荐速度持续降低至零。列车停止后，列车位于接近信号机 D 的位置，且在 HMI 上没有速度表示，这时信号机切换为灭灯显示。

在运行过程中，若加速至警告速度应会报警；继续加速至紧急制动速度，列车会紧急制动直到速度为零（可在不同进路里试验）。

列车停稳后，若人工强制加速启动列车，列车会紧急制动直到速度为零（可在不同停车点试验）。

所有线路和车辆运行状态从车站和中心的 ATS 显示终端可以实时查看。所有完成的测试内容由测试系统工程师整理记录并归档。

3. 试验结论

本试验验证的功能有：ATS 系统与轨旁 ATP 系统的通信；轨旁 ATP 系统与联锁的通信；车载 ATP 系统与雷达的接口；列车的定位；列车完整性监督；CTC 级列车的移动授权在开放进路时获得（同时证明车载与轨旁连续通信正常）；列车速度的监控、超速防护；区域防护；列车停稳；车载 ATP 系统与 HMI 的接口；车载 ATP 系统与测速元件的接口；车载 ATP 系统对列车的运行安全保护，对列车 CTC 级和 SM 模式的管理；轨旁 ATP 与 ATS 系统的接口，且将轨旁状态数据实时传输至 ATS，被 ATS 采用显示在车站的 LCD（或中心的大屏）上，完成状态信息和诊断服务功能。

（三）正线连续控制等级（CTC）下的两列装备列车的追踪运行

1. 试验条件

两辆装备列车前后停在同一线路上，如前面第一辆列车停在站台，后面第二辆列车停在其后区间的一定距离。两辆列车的车载设备已经开启，列车均设定运行于 CTC 等级下的 AM 模式，且车门控制预选"自动（开启/关闭）"。两辆列车均有驾驶司机，车上调试工程师，监理或业主代表；车站值班员和调试工程师（或控制中心 OCC 调度和调试工程师），具备调试用通信电台。

2. 试验过程

由车站值班员或调度按照调试计划排列进路。对第一辆列车，排列一条至最后一站的进路，且进路内信号机的进路自动追踪功能被激活；对第二辆列车，排列一条至第一辆列车尾端的进路。停站时间已经由 ATS 系统设定为默认时间。

车站值班员或调度完成进路设定后，第二辆列车的 ATO 按钮闪烁，HMI 上显示获得移动授权、目标距离、推荐速度、紧急制动触发速度。司机按下闪烁的 ATO 按钮，第二辆列车按推荐速度曲线开始运行，接近第一列车后自动停止，这时 ATS 上显示基于逻辑区段的列车位置，当第二辆列车停止时，ATS 系统上两辆列车间没有不被占用的逻辑区段。

第一辆列车启动，以低速向前方行驶，第二辆列车驾驶员不做任何操作，就会自动跟随第一辆列车运行。

第二辆列车的驾驶员将手柄推前加速，HMI 显示改为 SM 模式，列车速度提高，当列车超过推荐速度时，发出报警声，驾驶员继续加速时，列车紧急制动，HMI 上显示紧急制动。当列车的速度低于它的紧急制动触发速度，停止紧急制动。

第二辆列车的驾驶员将手柄置于中间位置，ATO 按钮闪烁，驾驶员按下闪烁的 ATO 按钮，该列车自动以低速度保持一个安全距离跟随在第一辆列车后面。第一辆列车的驾驶员减速至更低的速度时，第二辆列车如第一辆列车一样自动减速至更低的速度，在 ATS 系统上可以看到这两辆列车的运行，两辆列车以一个更近的距离跟随。第一辆列车的驾驶员利用手柄推前加速到推荐速度，第二辆列车自动加速追踪第一辆列车，这时两辆列车的跟随距离增大。

第一辆列车停在前方站台的停车窗内，第一辆列车的车门和相关屏蔽门不会自动打开，第二辆列车自动停在被占用的站台前。

第一辆列车驾驶员按压站台侧车门的按钮，第一辆列车的车门和相应屏蔽门先后（几乎同时）打开；第一辆列车驾驶员按下按钮关门，列车门和屏蔽门先后（几乎同时）关闭，列车的 ATO 启动按钮闪烁，HMI 上显示获得移动授权、目标距离、推荐速度、紧急制动触发速度（这时前方进路是开放的）。

第一辆列车驾驶员通过按 ATO 启动按钮激活 AM 操作模式，列车开始自动运行，第二辆列车不用驾驶员任何操作，应会安全进入站台停车。

两辆列车继续在 ATO 下运行，即两辆列车都以 CTC 级和 AM 模式，在站台间以线路限速运行，两辆列车自动停在车站停车窗口内，第二辆列车以第一辆列车同样的速度进入站台，停止时两辆列车自动开启或关闭站台侧车门，站台的屏蔽门与车门先后基本同步开启/关闭。

第一辆列车以 AM 模式离开第二个站台后，驾驶员拉动手柄降低车速到一个较低的速度，第二辆列车追上第一辆列车时自动减速但无紧急制动，两辆列车继续运行。

当前后列车均停稳后，前方经过司机操作使列车退行，当列车退行约达 2 m 时会产生紧急制动，当退行操作两次后，列车将被锁闭，退行操作无效。

所有线路和车辆运行状态从车站和中心的 ATS 显示终端可以实时查看。所有完成的测试内容由测试系统工程师整理记录并归档。

3. 试验结论

本试验验证的功能有：ATS 系统与轨旁 ATP 系统的通信；轨旁 ATP 系统与联锁的通信；轨旁 ATP 系统间的跨区域通信；轨旁 ATP 系统与联锁的强制命令（灭信号灯）；车载 ATP 系统与雷达和测速电机的接口；车载 ATP 系统与 HMI 的接口；列车的定位；列车完整性监督；车载 ATP 系统与 HMI 的接口；CTC 级列车的移动授权在开放进路时获得（同时证明车载与轨旁连续通信正常），轨旁 ATP 系统对区域内的列车同时给予移动授权；列车速度的监控、超速防护；列车追踪运行；安全列车间隔；列车停稳；车门监督和控制；退行监督；车载 ATP 系统对列车的运行安全保护，对列车 CTC 级和 SM、AM 模式的管理；轨旁 ATP 与 ATS 系统的接口，且将轨旁状态数据实时传输至 ATS，被 ATS 采用显示在车站的 LCD（或中心的大屏）上，完成状态信息和诊断服务功能。

（四）车门监督和控制

1. 试验条件

专用的车站站台，一辆装备列车停在站台前方。车载设备已经开启，列车设定运行于 CTC 等级下的 AM 模式，选择门模式为"自动开启/关闭"。驾驶司机、车上调试工程师、监理或业主代表、车站值班员和信号调试工程师（或控制中心 OCC 调度和调试工程师）均已到位，具备调试用通信电台。

2. 试验过程

列车停留在两站区间，驾驶员按压车门开启按钮开启列车两侧车门，关闭的车门不开启。

驾驶员设置运行模式为 SM，驾驶列车进入站台停车窗，HMI 上有停准显示，当列车停在站台停车窗内，靠近站台的车门不自动开启。驾驶员按压非站台侧车门的按钮，车门打不开；按压站台侧车门的按钮，车门打开。如果站台安装了屏蔽门，屏蔽门也会随即打开（ITC 级下屏蔽门不会打开）。

这时 HMI 上会显示关门命令提示，如果驾驶员试图启动列车，列车将无法启动。

驾驶员按下关闭站台侧车门的按钮，车门关门，如果安装有屏蔽门，屏蔽门也会随即关闭（ITC 级下屏蔽门不会关闭）。ATO 按钮闪烁，获得移动授权。启动列车驶离站台并且无紧急制动，HMI 显示门关闭。

列车的运行和屏蔽门的联动在车站 ATS 终端的 LCD 和中心 ATS 上有直观显示。所有完成的测试内容由测试系统工程师整理记录并归档。

3. 试验结论

本试验验证的功能有：车门的监督与牵引的控制；速度监督、列车的定位；车载 ATP 与车辆的通信，车载 ATP 与轨旁 ATP 的通信；轨旁 ATP 与 ATS 的通信；乘客的换乘安全保护；车载 ATP 对列车的驾驶和保护。

（五）特殊区域防护测试

1. 试验条件

任意地点，一辆装备列车的车载设备已经开启。驾驶司机、车上调试工程师、监理或业主代表、车站值班员和信号调试工程师（或控制中心 OCC 调度和调试工程师）已经到位，具备调试用通信电台。

2. 试验过程

由车站值班员或调度按照调试计划排列进路，并在列车前方设定线路限制速度低于线路设计速度（如 50 km/h），长度至下一站台前。列车设定运行于 CTC 等级下的 SM 模式。

1）临时限速（TSR）区域防护测试

驾驶员根据推荐速度曲线驾驶列车前进并接近 TSR 区域，当到达 TSR 区域时，在 HMI 上推荐速度降至低于临时限制速度。如果驾驶员加速列车，当运行速度高于推荐速度时，发出告警声，当运行速度高于紧急制动速度时，车载 ATP 启动紧急制动，列车保持紧急制动直至停车。

驾驶员按照新推荐速度曲线行车，当列车的最小安全尾端位置离开 TSR 区域，推荐速度升至线路设计速度，这时列车根据新的推荐速度曲线加速时，列车不会发出告警声和紧急制动。

当列车驶进 TSR 区域，值班员设置该区域 TSR 降低至更低的速度（如 20 km/h）。列车此时实际速度超过新的安全速度曲线，紧急制动启动，列车保持紧急制动直至停车。

2）紧急停车（EMP）区域防护测试

列车在 CTC 级下驶向站台，当 HMI 上显示的目标距离少于 400 m 后，下一站台相应的 EMP 操作员按下 EMP 按钮不少于 3 s，在 HMI 上同时显示为目标距离减小（V_MAL 减少至

EMP-RAUZ 开始处),EMP-RAUZ 状态在 ATS 上显示为关闭。列车行至靠近 EMP-RAUZ 开始处停止,HMI 上显示目标距离为 0 m,推荐速度为 0 km/h,安全速度接近 0 km/h。若这时驾驶员推动手柄向前使列车加速,触发紧急制动,列车不进入 EMP-RAUZ。

当 EMP 操作员放开 EMP 按钮,HMI 上目标距离增加,推荐速度和安全速度也相应增加。EMP-RAUZ 状态在 ATS 上为正常。

列车在 CTC 级下驶向站台,当 HMI 上显示的目标距离少于 400 m 时,下一站台相应的屏蔽门(PSD)被操作员打开,在 HMI 上同时显示为目标距离减小(V_MAL 减少至 PSD-RAUZ 开始处),PSD-RAUZ 状态在 ATS 上显示为关闭。列车行至靠近 PSD-RAUZ 开始处停止,HMI 上显示目标距离为 0 m,推荐速度为 0 km/h,安全速度接近 0 km/h。

若这时驾驶员推动手柄向前使列车加速,触发紧急制动,列车不进入 PSD-RAUZ。

当操作员把屏蔽门关闭后,HMI 上目标距离增加,推荐速度和安全速度也相应增加。EMP-RAUZ 状态在 ATS 上为正常。

所有完成的测试内容由测试系统工程师整理记录并归档。

3. 试验结论

本试验验证的功能主要有:车载 ATP 实现了对特殊区域的防护授权功能;列车的车地通信;线路数据库的检查;轨旁 ATP 与 ATS 间的通信。

(六)自动换端和无人自动折返测试

1. 试验条件

自动换端在站台区域或折返点;自动折返在有折返的站台区域。一辆装备列车的车载设备已经开启。驾驶司机、车上调试工程师、监理或业主代表、车站值班员和信号调试工程师(或控制中心 OCC 调度和调试工程师)已到位,具备调试用通信电台。

2. 试验过程

1)自动换端测试

当一辆 ITC 或 CTC 级的列车停在站台(或虚拟)停车位置,并且打开站台侧车门和屏蔽门,自动折返按钮闪烁,HMI 上显示自动换端功能的绿色符号并闪烁,驾驶员按下自动折返按钮,HMI 上显示由绿色闪烁变为黄色点亮,这时驾驶员设置方向控制手柄回到中间位置并锁住驾驶室,本端驾驶室的 HMI 关闭。

驾驶员到另一端驾驶室,用钥匙开启另一端的驾驶开关,并且 5 s 内设置方向手柄为前向驾驶方向,尾端驾驶室的 HMI 开启,列车控制级别在驾驶室换端后无改变,列车门及屏蔽门仍然打开。完成首尾自动换端,列车改变运行方向为相反方向。

2)无人自动折返测试

无人自动折返测试一般在系统各项测试基本完成后进行,只有在大小交路两端的站台区域才有此功能,大环路(指整个线路是环形)的线路平时基本不用,而且驾驶管理规定驾驶员必须在列车上,所以该功能实际开通后基本不被使用。

当一辆 CTC 级列车停在有折返功能的任意一个站台停车位置,并且打开站台侧车门和屏蔽门,自动折返按钮会闪烁,关闭车门和屏蔽门。

按压自动折返按钮，HMI 上显示由绿色闪烁变为黄色固定显示，驾驶员打开站台侧驾驶室车门，下车后锁闭车门。

驾驶员到站台上自动折返按钮箱打开箱门，按下站台的自动折返按钮，这时列车自动运行至折返轨，然后折返运行至另一侧站台并停在站台停车位置，列车停稳后，自动打开车门和屏蔽门。

当列车折返运行时，司机走到另一侧站台的另一端，等列车停稳后，打开驾驶室车门进入驾驶室，这时本端已经转为驾驶端且运行级别仍然是 CTC。列车实现了全部无人自动折返测试。

所有完成的测试内容由测试系统工程师整理记录并归档。

3. 试验结论

本测试分别验证的功能主要有：自动换端功能，自动折返功能，轨旁 ATP 移动授权功能；列车的车地通信；线路数据库的检查；车门监督与控制功能；停稳防护；联锁接口等。

任务六 ATO 子系统调试

ATO 子系统的功能是与 ATP 的功能相辅相成的，不能把它们割裂开来孤立地去认识和理解，ATO 与 ATP 功能通过设备间的数据和命令交互共同执行列车运行，它们间的相关功能相互支持同时实现。

一、调试应具备条件

（1）车辆：车辆的接口已经调试完成，车辆系统调试完成且已经上电。
（2）车载系统：车载设备静态调试、动态测试已经完成。
（3）轨旁系统：ATP 系统调试前应对线路轨旁设备限界进行一次全面检测，设备限界符合要求时再进行系统检验；联锁子系统调试完成；相关单项设备试验完成（如紧急停车按钮等）；数据通信已经完成（包含轨旁数据通信、无线系统）；ATS 系统调试至少完成站级；对应的车载软件已经安装。
（4）组织管理：调试计划已经批准；系统调试工程师已经安排；配合调试的安装方、运营方、车辆方、监理方人员已经到位。

二、调试内容及程序

（一）速度曲线、巡航和惰行

1. 试验条件

一辆装备列车停在出站信号机前，车载设备已经开启，列车设定运行于 CTC 或 ITC 等级下的 AM 模式。驾驶司机、车上调试工程师、监理或业主代表、车站值班员和信号调试工程师（或控制中心 OCC 调度和调试工程师）均已到位，具备调试用通信电台。

2．试验范围

本线所有进路。

3．试验过程

列车停在正线 A 站站台停车窗，车头驾驶室车载设备开启，运行方向设置为前向，列车准备向下一车站继续运行。列车预设为 CTC 或 ITC 等级下 AM 模式运行。中心或本地运行值班员按照信号系统试验要求排列一条从 A 站站台至 X 站站台的进路（所有站台可以是虚拟站台，即可以是折返区域的停车处）。列车获得移动授权，司机按压 ATO 按钮（ITC 级下列车接近主信号机后获得移动授权）列车出发，向 X 站站台的停车窗运行，在 HMI 上显示牵引指示灯点亮，同时显示有目标距离，实际速度，告警速度和紧急干预速度。运行中实际速度始终不超过告警速度，在经过弯道处制动指示灯点亮，运行速度自动降低。运行过程中牵引指示灯并不是一直点亮。目标距离逐渐减小，接近 X 站台时制动指示点亮，列车速度逐渐降低，并最终停在停车窗，运行过程不发生紧急制动（EB）。

4．试验结论

在 ATO 系统控制下，列车能够完成对列车运行速度曲线的计算，并在 ATP 系统的支持下控制列车按速度曲线运行，同时能够自动调整牵引和制动的时间和大小，具有巡航和惰行功能。

（二）列车调整和 ATO 对车门的控制

1．试验条件

一辆装备列车停在出站信号机前，车载设备已经开启，列车设定运行于 CTC 等级下的 AM 模式，车门控制模式设定为"AA"。驾驶司机、车上调试工程师、监理或业主代表、车站值班员和信号调试工程师（或控制中心 OCC 调度和调试工程师）均已到位，具备调试用通信电台。

2．试验范围

所有站台区域。

3．示例试验过程

列车停在正线 A 站站台停车窗，车头驾驶室车载设备开启，运行方向设置为前向，列车准备向下一车站继续运行。列车预设为 CTC 等级下 AM 模式运行，车门控制模式设定为"AA"。OCC 控制中心或本地运行值班员按照信号系统试验要求排列一条从 A 站站台至 X 站站台的进路，列车获得移动授权。司机按压 ATO 按钮，列车出发，向 X 站站台运行。运行过程不发生紧急制动（EB），到达 X 站站台（或虚拟站台），列车停在停车窗，在 HMI 上停车窗显示"绿色"，列车车门和屏蔽门（PSD）自动开启并打开，停站时间结束后，屏蔽门（PSD）和列车车门自动关闭。值班给出前方进路，列车再次获得移动授权，司机按压 ATO 按钮，列车再次出发。

4. 试验结论

列车经过运行能够准确停在停车窗，在 ATP 子系统、DCS 子系统、ATS 子系统支持下，完成列车到达停稳时间，车门自动开门功能，并在到达监控停车时间后关闭车门，监控停车时间由 ATS 事先设定，与车载数据库（TDB）预存一致，不一致时以 ATS 系统新设定为主。列车启动时间也同时通知 ATS 系统，所以在列车停站过程中实现了 ATO 对车门的控制和列车调整功能。

（三）停车精度

1. 试验条件

一辆装备列车停在出站信号机前，车载设备已经开启，列车设定运行于 CTC 等级下的 AM 模式，车门控制模式设定为"AA"。驾驶司机、车上调试工程师、监理或业主代表、车站值班员和信号调试工程师（或控制中心 OCC 调度和调试工程师）均已到位，具备调试用通信电台。

特别提示：进行停车精度试验前，需要完成 ATO 系统与牵引制动控制系统间在轻载和重载下牵引与制动曲线的结合调试。

2. 试验范围

所有站台区域。

3. 示例试验过程

列车停在正线 A 站站台停车窗，车头驾驶室车载设备开启，运行方向设置为前向，列车准备向下一车站继续运行。列车预设为 CTC 等级下 AM 模式运行，车门控制模式设定为"AA"。OCC 控制中心或本地运行值班员按照信号系统试验要求排列一条从 A 站站台至 X 站站台的进路，列车获得移动授权。司机按压 ATO 按钮，列车出发，向 X 站站台运行，运行过程不发生紧急制动（EB），到达 X 站站台，列车停在停车窗，在 HMI 上停车窗显示"绿色，车门和屏蔽门（PSD）自动开启并打开。测量第二车门中心与屏蔽门中心的距离（第一车门不上下旅客），应精确到厘米级，误差应在 ±30 cm 内，通常车门在屏蔽门前为正，将测量结果记录。

4. 试验结论

如果列车停在停车窗且误差在 ±30 cm 内，说明列车在本站台可以精确停车。通常开始时会有一些不能满足，需要检查并进行软硬件调整后才能满足。

由于不同列车的制动不尽相同，造成停车精度存在一定差异，但要求每列车必须满足误差在 ±30 cm 内。一辆列车运行一段时间后，由于制动刹瓦的变化其停车精度也会变化，因此要经常检查每列车的停车精度。

任务七　正线列车的全系统试验

正线列车的全系统试验是指对正线运行列车的车载系统进行的与轨旁设备间的一系列试验。它与列车在试车线进行静态调试和动车调试的内容和目的不同，主要是检验车载与轨旁设备的一致性、有效性，列车运行控制状况与性能的检验，满足合同要求技术指标的程度。

针对不同信号系统以及不同线路，全系统试验的方法根据实际状况有所差别，但是其基本原则都是从简单基本系统到复杂高级系统，从低等级系统到高等级系统，从单一系统到综合系统。

全系统试验一般顺序为电子地图试验，无线系统试验，人工监督下速度试验，列车停车试验，自动换端试验，车门监督试验，后退监督试验，联锁级下限制人工驾驶模式（RM），ITC 级下的人工监督模式（SM）和自动驾驶模式（AM），CTC 级下的人工监督模式（SM）和自动驾驶模式（AM），无人驾驶折返等。

一、列车系统功能试验

（一）试验前提条件

（1）信号系统与车辆已经试验结束，例如，OPG 的速度、雷达与地面应答器的验证已经完成，车载 ATP 与车辆制动配合、车载 ATO 与车辆制动配合已经满足对列车的控制。

（2）轨旁系统已经完成试验，包括 ATS 站级设备、联锁系统、无线系统、ATP 系统已经完成单项系统试验。

（3）有完备的装备列车一列；审批的试验作业计划；有参与试验的司机和工程师；有配合的运营工作人员；其他相关专业的试验配合人员均已到位。

（二）试验内容

列车系统功能试验的主要内容如表 7-7-1 所示。

表 7-7-1　列车系统功能试验表

试验内容	相关系统功能	备注
ATS 的显示	ATS 系统	车载和场面
列车故障监督试验	ATS 系统	车载
SM 下速度监督	ATP 和 ATO 系统	
ITC 级下信号机前停车	ATP 和 ATO 系统	
CTC 级下信号机前停车	ATP 和 ATO 系统	
ITC 级下 SM 模式正线运行	ATP 和 ATO 系统	
CTC 级下 SM 模式正线运行	ATP 和 ATO 系统	
首尾自动换端	ATP 和 ATO 系统	
退行监督	ATP 系统	
车门监督	ATP 系统	
进入/离开 CTC 控制区域	ATP 系统	
进路终端的速度	ATP 和 ATO 系统	
跨越控制区域试验	ATP 和 ATO 系统	
通过中间站不停车	ATP 和 ATO 系统	
列车自动排路试验	ATP 和 ATO 系统	
进路解锁试验	ATP 系统	
保护区段试验	ATP 和 ATO 系统	
临时限速试验	ATP 和 ATO 系统	
紧急停车 EMP 启动下正确停车	ATP 和 ATO 系统	在危险区域前停下
ATO 速度曲线	主要是 ATO 系统内容	
ATO 精确停车	主要是 ATO 系统内容	
PSD 联动试验	ATP 系统	
自动折返及折返间隔试验	ATP 和 ATO 系统	

（三）试验步骤

（1）按计划登记要点，试验相关人员上车。

（2）司机启动列车，启动车载系统，检查相关 HMI 显示是否正确，无线信息和车次号是否接收正常，并根据试验要求的内容预设列车运行等级和模式。

（3）得到发车指令后，以 RM 模式驾驶列车以 25 km/h 的速度离开停车库。

（4）列车运行至转换轨停下，等待获得正线进入授权。不同级别获得的授权不一样，未获得授权的列车不能进入正线。

（5）当车载 HMI 上显示已经获得移动授权，这时机车手柄在"0"位，司机可以同时按压"ATO 按钮"，列车根据预设的最高模式和获得的授权运行至前方停车点（一般是第一站的站台停车）。

（6）按照计划调试系统的内容（如首尾自动换端，后退监督等），依照测试文件逐项试验，并填写试验表格记录试验结果。

（7）试验要全面。例如，"进入/离开 CTC 控制区域"只能在车辆段出入口进行试验；"跨越控制区试验"要试验所有具有跨越 ECC 区域的地方，且上、下行都需试验；"通过中间站不停车"所有中间站都要试验；"ATO 精确停车"要求在 ATO 模式下运行，所有停车误差要求在 ±30 cm 内，记录不满足地点进行电子地图或 ATO 运行速度曲线相关参数调整。

（8）每天试验完成后，列车回库至转换轨处会得到降级报警，按压同意后列车降为 RM 模式运行。若入库信号没有开放，列车停车。若已经开放入库信号，列车降级后运行，入库后关闭所有设备并向调度销记。

（9）当天的试验内容必须将车载记录复制下来，并与现场记录一起进行分析，及时解决测试问题。

（10）对试验中不满足功能要求的地方，在修正车载或地面设备数据、位置后，必须重新试验，直到满足功能要求。

（四）试验方法

在试验过程中，列车控制级别由低级向高级转换时，不需要司机进行模式转换确认；由高级向低级转换时，需要司机对相应的转换进行确认，如果司机未对新的列车控制级别进行确认，则原来的列车控制级别保持有效状态，列车将在原来的列车控制级别下最后获得的一个移动授权（MA）内停车。

在 ATO 测试中，主要完成列车推荐速度曲线的一致性测试。ATO 系统根据由 ATP 系统获得的信息，计算出推荐速度曲线、紧急干预速度曲线、紧急制动减速曲线，三个速度曲线在运行中供司机使用。推荐速度曲线、紧急干预速度曲线、紧急制动减速曲线三个速度从低到高，从安全、告警到危险强制制动。通过 ATO 系统的控制，正常情况下列车应运行在推荐速度曲线值附近，当前推荐速度和当前紧急制动干预速度 EBI 都显示在 HMI 上。

采用人工驾驶控制模式，当运行速度超过告警速度 WSP 时，列车就会产生音响报警。如果告警后司机未能采取制动降速致使速度达到了紧急制动减速值时，列车 ATP 系统会自动发出制动指令，紧急制动以确保列车在危险点前停车。这些情况在测试阶段都要进行详细逐车试验。采用 ATO 控制模式，列车没有发生制动等故障情况时，在 ATO 的连续控制下，列车在推荐速度曲线上行驶而不用人去参与正常运行，而且加速和减速均匀进行，让人感觉列车行驶非常平稳。

进行后退监督试验时，列车后退 2 m 应会产生紧急制动，要注意测量从后退到紧急制动停下的距离是多少。

测试过程中，发生故障时不要急于立即停车处理故障，而是恢复列车状态断续试验，但要记录故障地点、时间、发生时状态、故障现象，以备事后分析，每天需要把车载试验记录复制下来，以便相关专家进行故障分析。

二、多车追踪及跑图试验、144 h 试验

（一）多车追踪及跑图试验

多车追踪试验是为检验列车运行的间隔，系统的安全性和可靠性，检验联锁、ATS、ATP、ATO、无线的综合水平而进行的初步试验。

跑图试验是采取与实际相近的运行图进行全线运行试验，目的是为空载度运行做准备，包括 10 min、8 min、4 min 和 2 min 间隔从低到高的密度和强度检验，一般从编制的 10 min 间隔开始空载跑图运行，逐渐缩短到 2 min 的正常运行。跑图运行是正常状态模拟运行，主要是检验系统的能力是否满足要求，同时也是练习调度的行车指挥能力和司机的驾驶水平，信号工程师主要完成对调度、司机、信号维护的实际操作技术培训和支持，并对出现故障进行处理。

1. 多车追踪及跑图试验前提条件

（1）轨旁系统已经全部试验结束，有足够的已经完成前面三节试验内容的列车（由于车辆制造误差原因，每列车必须完成相关单车试验后才能投入到多车试验），这时最好已经完成中心 ATS 的调试，且大屏显示功能已经实现，时刻表功能已经完成。

（2）多车运行需要 3 列以上的车和 6 名以上的值班司机，中心调度正常值试验班的试验由信号系统工程师组织指挥。

（3）跑图试验需要多车追踪试验已经完成，运行图已经编制完成，有足够的完成试验的列车和培训合格的司机。中心调度正常值试验班，试验由调度组织指挥。

2. 多车追踪及跑图试验内容和方法

1）多车追踪试验内容

（1）多列车试验设定模式时，根据调度设定的运行模式分别跑大小交路，观察列车运行间隔、速度控制及制动情况。

（2）前方列车运行在故障状态下（关闭车载设备），后方列车的追踪情况。

（3）前方列车故障停车，后方列车的追踪距离。

（4）与前方列车保持较小距离时，观察前方列车紧急制动情况。

（5）进行连续追踪折返试验，检验系统的折返通过能力。

（6）追踪情况下，中间列车通过中间站和扣车试验。

（7）前后车分别进行迟发车试验，检验列车运行自动调整功能。

（8）同一控制区内，放入足够多列车同时运行，检验系统承载能力。

2）多车追踪试验方法

（1）由信号工程师根据试验计划登记要车，分别与司机一起上车。

（2）调度中心根据试验要求内容通过中心 ATS 服务器发布命令设定运行模式，如车队模式。

（3）司机启动机车和信号系统，并根据 HMI 提示发车到正线。

（4）信号工程师依据进行计划内容指挥中心给出试验进路和运行级别进行列车间的相互试验。

（5）对上述试验内容逐项试验并记录分析试验情况，分析试验中出现的问题，不同系统和专业的问题由不同系统和专业进行及时解决后对该内容重新试验。

3）跑图试验内容

进行 10 min、8 min、4 min 和 2 min 间隔的运行图和不同交路的运行。

4）跑图试验的方法

调度依照试验计划下载当日运行图，调度依照计划命令列车依次上线运行，且在运行中不断调整运行计划，进行加车和减车试验。

以每日的故障率和正点率评价系统的可靠性、可用性、安全性。

（二）144 h 试验

系统完成多车追踪试验和跑图试验，达到联锁、ATP/ATO 子系统提供 100%的安全运行时，组织进行 144 h 的连续试验，以检验系统的可靠性和可用性，同时检验满足合同技术指标的情况，在很多情况下 144 h 试验进行有很多困难，包括组织方式、统计故障的方法等，所以这一过程在实际执行中可能不进行或部分进行。由于试验本身的困难性和不确定性，目前许多城市地铁正在取消该项试验。

完成这些试验后应可以安排空载度运行，一般按规定空载度运行需要进行三个月，同时对运营系统的司机、调度、信号、车站操作人员等工作人员进行实际工作能力的培训。

需要说明的是运行试验问题复杂多样，涉及不同专业也会涉及许多系统，需要组织相关专家进行分析，往往对试验进程产生较大影响。

（三）考核标准

1. 应知应会考核

（1）基本联锁试验内容和方法。

（2）特殊联锁试验内容和方法。

（3）ATS 系统调试内容和方法。

（4）DCS 系统调试内容和方法。

（5）ATP 系统调试内容和方法。

（6）ATO 系统调试内容和方法。

（7）列车系统调试内容和方法。

（8）多车追踪及跑图试验、144 h 试验内容和方法。

2. 信号系统调试技能考核

考核内容为道岔联锁试验、信号机联锁试验、轨道电路联锁试验及进路联锁试验的操作方法和试验结果判断，考核时间为 10 min，考核标准如表 7-7-2 所示。

表 7-7-2　信号系统调试技能考核评分表

项目及配分	考核内容及评分标准	扣分因素及扣分	得分
试验（8分）	1. 操作前不核对观察设备状态，扣1分		
	2. 试验方法不正确，扣2分		
	3. 不会判断试验结果，扣2分		
	4. 试验过程中，出现异常无法排除扣1分		
	5. 试验项目不全，扣2分		
	6. 试验完成后，设备未恢复，扣2分		
	7. 操作在10 min内完成。每超30 s扣1分，超时2 min停止考核		
	试验共计8分，上述内容按规定扣分，扣完8分为止		
安全及其他（2分）	1. 未按规定着装，扣1分		
	2. 操作错误，扣1分		
	安全及其他共计2分，上述内容按规定扣分，扣完2分为止		
合计			

参考文献

[1] 阮振铎. 铁路信号设计与施工[M]. 北京：中国铁道出版社，2012.
[2] 穆中华. 城市轨道交通信号工程施工[M]. 成都：西南交通大学出版社，2012.
[3] 中国铁路通信信号集团公司天津工程分公司. 客货共线铁路信号工程施工技术指南[M]. 北京：中国铁道出版社，2007.
[4] 中华人民共和国铁道部. 铁路信号联锁试验暂行办法[M]. 北京：中国铁道出版社，2010.

附录

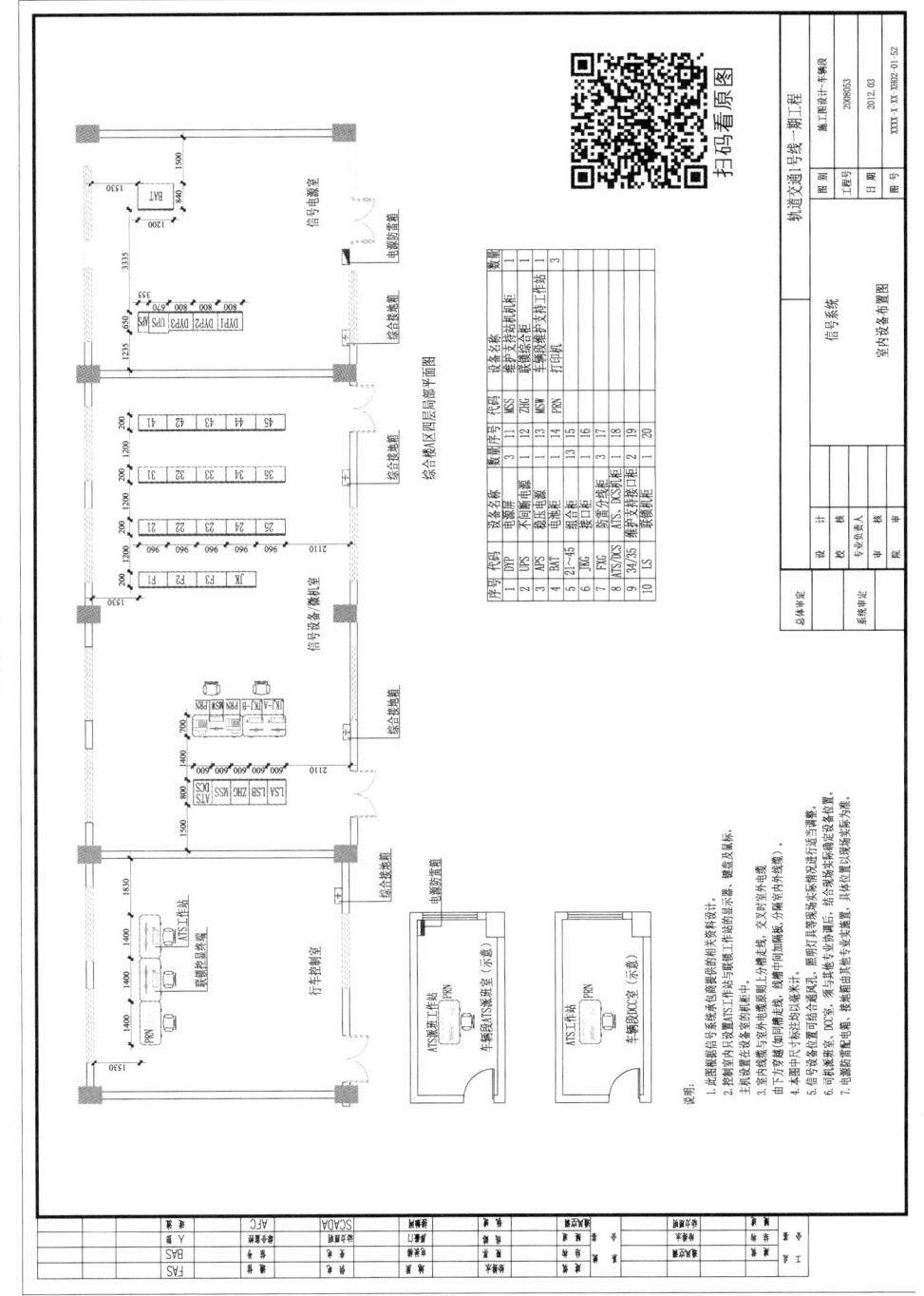

图 A-1 车辆段室内设备布置图

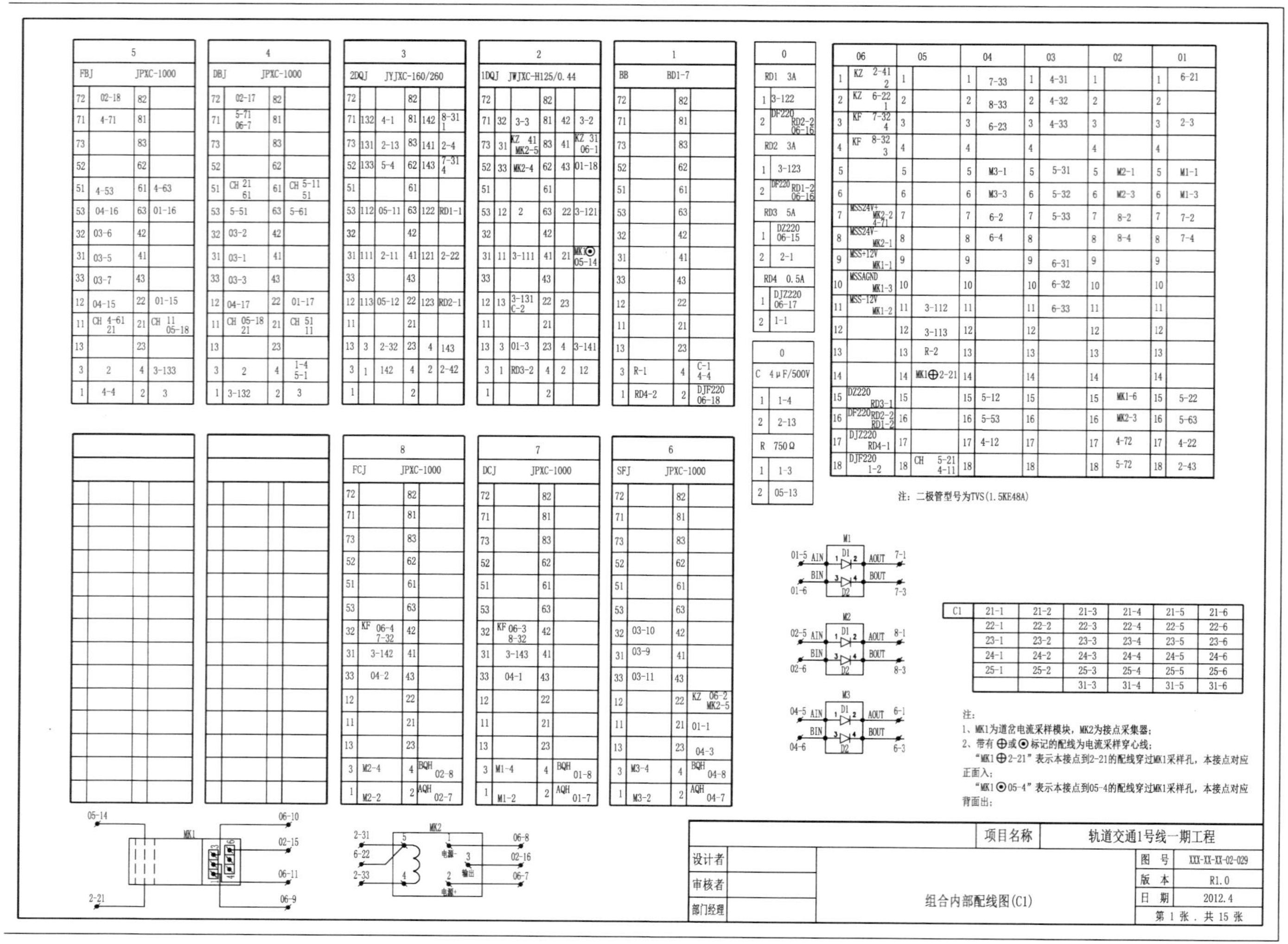

图 A-2 道岔组合内部配线图

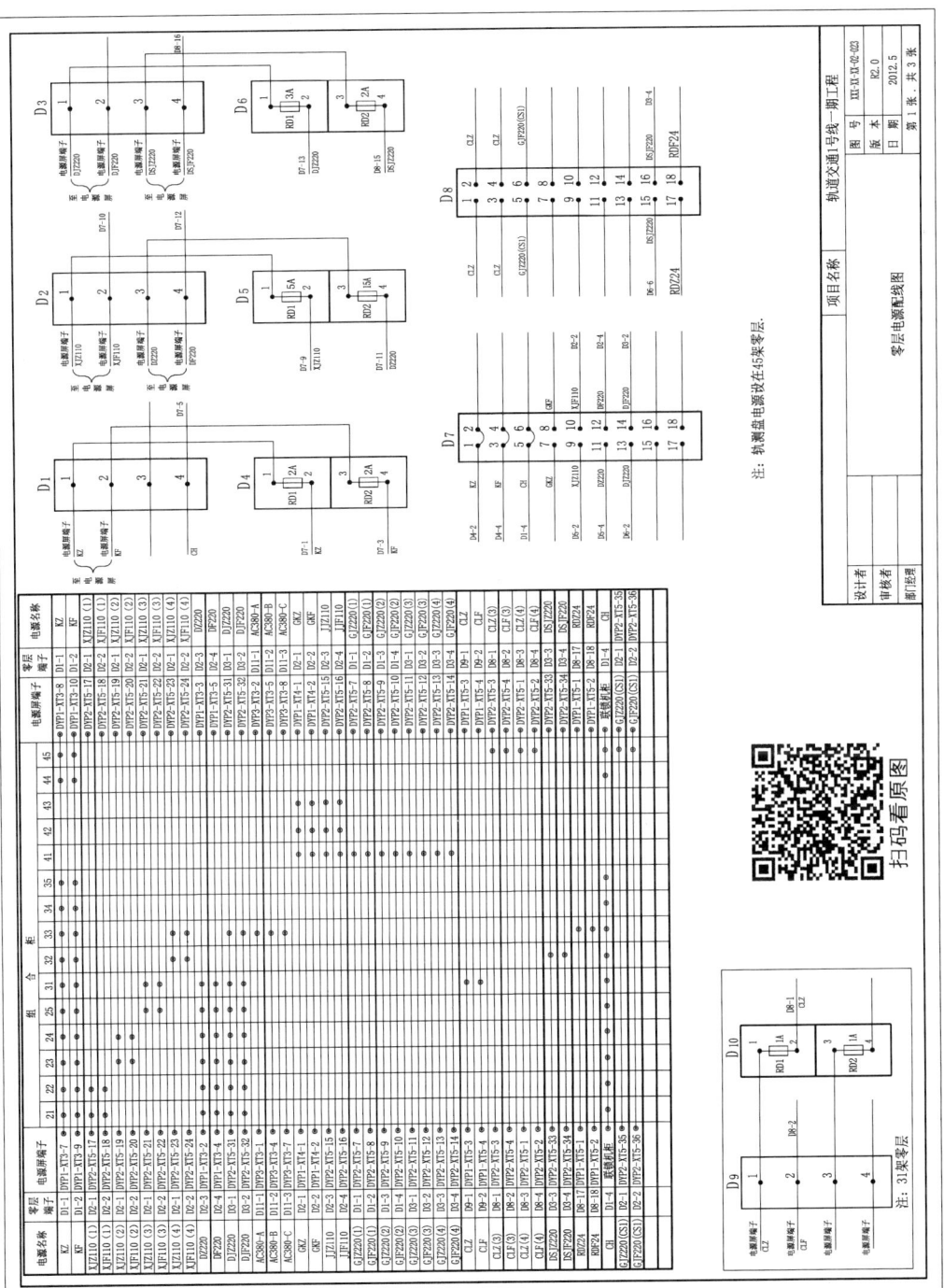

图 A-3 零层电源配线图

图 A-4 接口柜配线图

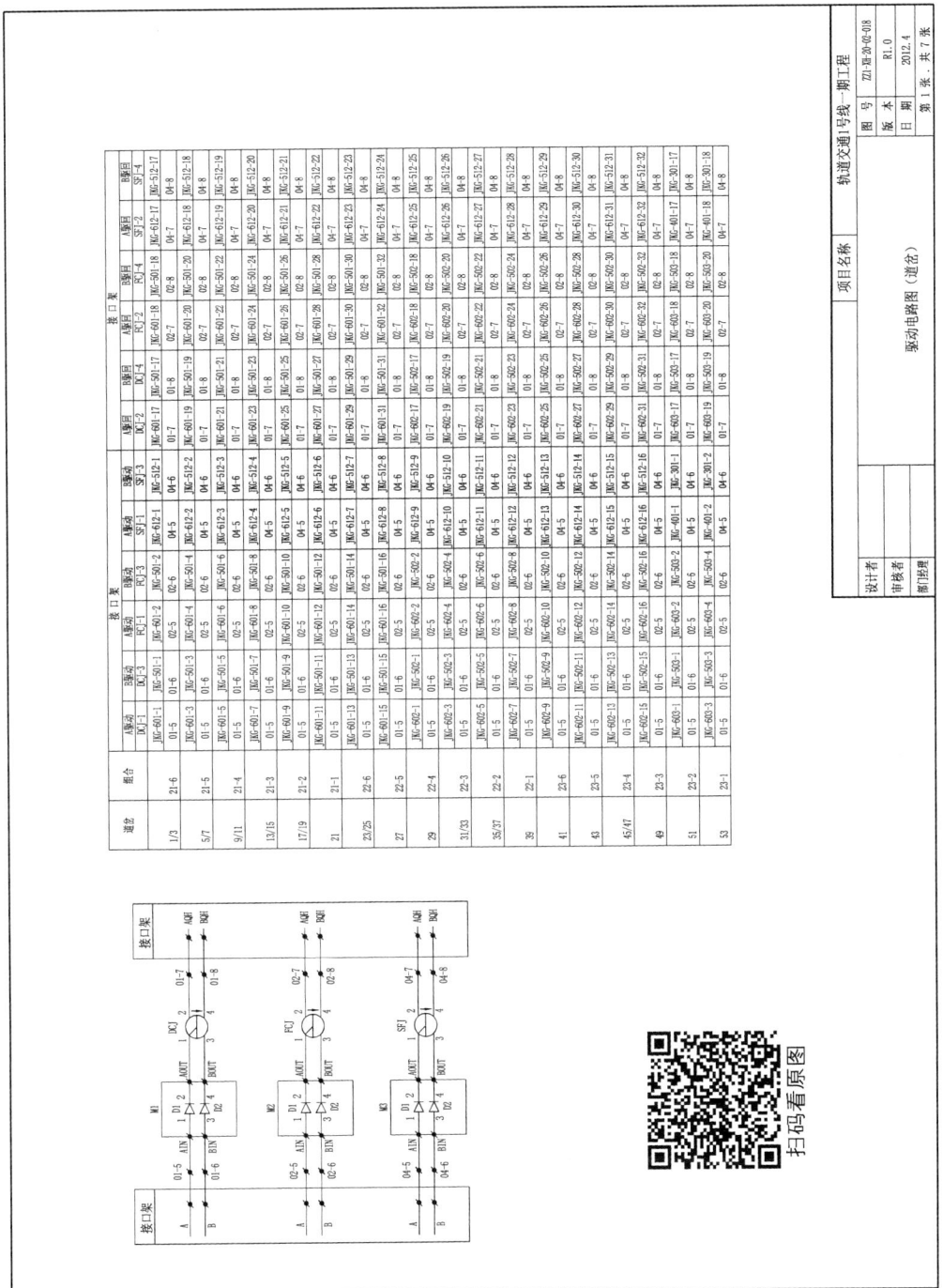

图 A-5 道岔驱动电路图